교육과정철학 총서 18

불교수행과 교과교육

이 미 종

교육과학사

교육과정철학 총서

총서 서문

교육학의 한 분야로서의 교육과정은 행위와 현상이라는 두 가지 상이한 관점에서 파악될 수 있다. 행위로 파악될 때 교육과정의 관심사는 어떤 내용을 어떤 방법으로(그리고 어떤 목적을 위하여) 가르칠 것인가라는 질문으로 표현될 수 있다. 교육과정 개발 업무에 종사하는 연구자들이나 교실에서 수업을 담당하는 교사들은 장차 어떤 내용을 어떤 방법으로 가르쳐야 할 것인가를 처방해야 하는 위치에 있으며, 이 점에서 그들의 관심은 일차적으로 행위로서의 교육과정에 있다고 말할 수 있다.

그러나 이러한 교육과정 행위는 다소간 체계적인 교육이 실시된 경우에는 언제나 이루어져 왔고 현재에도 이루어지고 있다. 이점에서 교육과정 행위는 그 자체로서 하나의 현상을 나타내고 있다. 행위로서의 교육과정이 '처방'의 대상이 된다면 현상으로서의 교육과정은 '이해'의 대상이 된다. 현상으로 파악될 때 교육과정에는 장차의 행위를 처방하기 이전에, 또는 그것과는 별도로 이해되어야 할 내용이 많이 있다. 이 경우에 교육과정 연구자는 교육과정 현상에 관련되는 이론적 질문을 정립하고 그것에 대하여 이때까지 어떤 대답들이 주어져 왔으며 자신은 또한 어떤 대답을 할 수 있는가를 확인한다.

행위로서의 교육과정에 대한 관심은 장차 가르칠 내용과 방법을 처방한다는 뜻에서 '전향적' 관심이라고 부를 수 있으며, 이에 비하여 현상으로서의 이해한다는 뜻에서 '후향적' 관심이라고 부를 수 있을 것이다. 실지로 수행되는 교육과정 연구는, 교육과정이 행위와 현상이라는 두 가지 측면의 결합으로 이루어져 있는 한, 어떤 것이든지 그 두 가지 관심 중의 어느 하나도 완전히 도외시 할 수는 없을 것이다. 교육과정 연구는 앞을 내다보는 일과 뒤를 돌아다보는 일을 동시에 해야 한다는 뜻에서 참으로 야누스의 얼굴을 하고 있다고 말할 수 있다. 구체적으로 말하여, 교육과정에 대하여 전향적 관심을 가지는 사람은 자신이 처방하고자 하는 교육과정 행위가 종래의 교육과정 현상에 관한 이해에 바탕을 둔 것이 되도록 해야 하며, 그와 마찬가지로 후향적 관심을 가지는 사람은 자신이 이해하고자 하는 교육과정 현상이 현재 그리고 장차 교육과정 실무에 종사하는 사람들의 행위와 무관하지 않음을 염두에 두어야 한다.

그러나 또한, 전향적 관심과 후향적 관심이라는 두 가지 관점은 성격상 정반대된다고 할 만큼 이질적인 것이며, 그렇기 때문에 교육과정 연구자는 그 중의 어느 한쪽에 더 강조를 둘 수밖에 없다. 그 총서에 포함된 저작들은 거의 전적으로 후향적 관심을 표명하고 있다. 그 저작들은 이때까지 이루어져 왔고 현재에도 이루어지고 있는 교육과정 행위, 그리고 그것이 나타내는 현상을 이해할 목적으로 그 현상에 관한 철학적 질문을 제기하고 그 대답을 모색하고자 한다. 교육과정 현상에 관한 철학적 질문을 제기한다는 것은 교육과정 행위의 논리적 가정과 함의를 드러내는 것을 가리킨다. 다시 말하여 그것은, 우리가 하고 있는 교육이 이런이런 내용을 이런이런 방법으로 가르치는 행위라고 우리는 어떤 논리적 가정과 함의를 받아들이지 않으면 안되는가를 확인하는 작업이다. 간단하게 말하여 그것은 교육과정 행위를 한 걸음 뒤쪽으로 물러서서 그것이 나타내는 의미를 이해하는 것을 뜻한다. 그리고 그것이 이해의 대상으로 삼는 교육과정 행위는 어느 시대 어느 사회에서나 있었으며, 또한 그와 같이 시간과 공간을 달리하는 교육과정 행위는 올바른 인간을 형성한다는 근본적인 관심에 있어서는 오늘날 우리의 교육행위와 공통성을 나타내고 있을 것이다.

교육과정에 대한 전향적 관심은 반드시 특정한 사태 – 예컨대 특정 교과목을 특정 단계의 학생에게 가르치는 것 – 를 전제로 하며, 따라서 그 특정한 사태에서의 교육과정 행위에 종사하는 사람에 국한하여 의미를 가진다. 여기에 비하여 교육과정에 대한 후향적 관심은 실제적인 교육과정 행위를 초월하여, 올바른 인간을 형성하는 일에 관심을 가지고 있는 모든 사람에게 보편적으로 의의를 가진다. 그 뿐만 아니라, 교육과정 현상에 들어 있는 논리적 가정과 함의는 궁극적으로는 올바른 인간으로 사는 올바른 삶의 의미에 관련되는 만큼, 교육과정에 대한 후향적 관심은 필연적으로 그 관심을 가지는 당사자로 하여금 자신의 인간됨과 그 인간됨의 직접적인 반영으로서의 자신의 삶을 돌아보게 할 것이다. 이 총서에 참여하는 저자들은 적어도, 저자와 독자 모두에게 자신의 인감됨과 삶을 돌아보게 하는 데에까지 이르지 못하고 교육과정 연구는 그 만큼 결함을 안고 있다는 한 가지 사실에 합의하고 있다. 각각의 저작이 이 합의를 얼마나 충실하게 반영하는가는 저자의 역량과 독자의 판단에 달려 있다.

1998년 봄

李洪雨

서 문

교과교육을 받은 이상적 경지는 어떠한 상태를 가리키는가? 이 상태는 불교수행을 한 결과 도달하고자 하는 이상적 경지와 동일한 상태라고 말할 수 있는가? 이 책의 목적은 이 문제를 해결하려는 데에 있다. 이 책은 이 문제를 해결하기 위하여 양방의 분석을 시도한다. 불교수행에 관련된 개념들－예컨대, 진여, 망심, 훈습 등－의 분석과 교과교육에 관련된 개념들－예컨대, 교과, 전달, 교사 등－의 분석이 그것이다.

이 양방의 분석은 불교수행과 교과교육을 칸트의 인식론과 키에르케고르의 간접전달 논의에 의거하여 이해하려는 시도에서 이룩된 것이다. 대승기신론을 비롯하여 대부분의 불교이론서는 수행이 도달하고자 하는 이상적 경지, 즉 진여(眞如)가 수행 이전에 먼저 주어진 것처럼 설명한다. 불교가 믿음을 기초로 하여 성립하는 '종교'인 한 믿음의 대상을 수행 이전에 먼저 상정할 수밖에 없겠지만, 그것이 특별한 의미의 종교인 만큼 그 믿음의 대상으로서의 진여 또한 특별한 의미를 가진다고 말할 수 있다. 칸트의 인식론에 의거하여 불교수행을 이해할 경우, 진여는 불교수행이 의미를 가지기 위하여 요청되는 그 무엇으로서, 실지로 도달 가능한 불교수행의 목적이라기보다는 불교수행을 끊임없이 독려하는 그것의 추진력이라고 말할 수 있다.

그 추진력은 방편을 통하여 발휘될 수밖에 없다. 진여는 '빈 것'(如實空)이면서 동시에 '비지 않는 것'(如實不空)으로서 일체의 사물과 현상을 무형태로 포함하는 만큼, 그 표현과 실현을 위해서는 매체-즉, 방편-를 필요로 하는 것이다. 그러나 방편에는 진여뿐만 아니라 그 이외의 요소 또한 포함되어 있다. 그리하여 방편을 통하여 진여를 실현하기 위해서는 특별한 노력을 필요로 하며, 키에르케고르의 간접전달 논의는 그 노력의 일단을 보여준다. 사실상, 불교의 역사는 이 특별한 노력의 전개 과정이라고 보아도 무방하다.

이 책은 교과교육에 대해서도 마찬가지의 분석을 시도한다. 칸트의 인식론에 의거하여 교과를 이해할 경우, 교과는 이념을 논리적 가정으로 하여 성립하는 만큼 교과는 진여의 표현과 실현을 가능하게 하는 방편이라고 말할 수 있다. 이념은 그 인식론적 지위에 있어서는 진여와 동일한 실체를 가리키기 때문이다. 이렇게 말하고 보면 교과를 배우는 사람은 누구나 교과의 지식을 배우면서 그와 동시에 진여를 획득한다고 보아야 마땅하다. 그러나 여타의 방편과 마찬가지로 교과를 통하여 진여를 실현하기 위해서는 특별한 노력을 필요로 한다. 교과를 가르치는 동안에 이루어지는 교사의 다양한 조치는 자신도 모르는 사이에 이루어지는 여래의 신비스러운 행위와 갖가지 훌륭한 기능과 마찬가지로 학생들이 진여를 획득하도록 하기 위한 특별한 노력이라고 말할 수 있다.

이상의 양방의 분석에 의하면, 교과교육을 받은 이상적 경지는, 교과교육과 불교수행을 하는 당사자가 개인적으로 어떠한 생각을 가지고 있는가와는 상관없이, 불교수행을 한 결과 도달하고자 하는 이상적 경지와 다른 것이라고 말하기 어렵다. 이 책의 이 주장은 저자가 박사학위 논문 '불교의 방편 개념에 비추어 본 교과교육의 의미'를 쓰는 동안 보다 분명한 형태로 가지게 되었지만, 따지고 보면 아주 희미한 씨앗의 형태로나마 이러한 생각을 가지게 된 것은 대학 시절 이홍우 선생님의 「교육과정탐구」(박영사)를 접한 이후부터라고 말할 수 있다. 이 책은 그 당시 저자에게 교과의 중요성이 일상생활의 문제해결에 있는 것이 아님은 물론이요 더 나아가 지식 전달 이상으로 인격에 영향을 주는 데에 있다는 신념을 강하게 심어주었다. 교직에 종사하면서 그 신념을 실현하고자 노력하였지만, 세월의 흐름과 더불어 그 신념은 거의 기억의 뒷편으로 사라져 가고 있었다.

그러나, 그 신념의 그림자가 다소간 남아 있기 때문인지, 저자는 천우신조로 1995년 이홍우 선생님의 「대승기신론」 강의를 청강하면서 선생님 밑에서 공부하고 싶다는 생각을 하게 되었다. 그럼에도 불구하고 저자는 개인 사정으로 몇 년의 세월을 더 보낸 후 둘째를 낳으면서, 그 당시가 저자의 인생에 주어진, 공부할 수 있는 마지막 기회라는 생각으로 선생님 밑에서 공부하기로 결단하게 되었다. 선생님의 제자로서 선생님과 함께 보낸 처음 한 학기는 말 그대로 놀라움의 연속이었다. 선생님께서 제기하신 질문은 한 순간도 저자를 놓아주지 않았으며, 선생님을 비롯하여 그 공부에 참여한 사람들이 주고받는 내용은 저자를 한없이 초라한 상태로 몰아넣었다. 저자는 과연 그 자리에 있었는가! 저자의 귀는 과연 사람의 귀인가! 그 내용의 중요성이 절실하게 느껴지면 느껴질수록 저자는 더욱 초라해졌다. 선생님의 생각 일체를 저자의 생각으로 만들고 싶었다.

이 책은 그 노력의 결과로 만들어진 것이다. 그러나 선생님의 정성어린 지도가 없었다면, 이 책은 저자의 능력으로는 도저히 쓸 수 없는 그런 내용과 구조로 되어 있다. 선생님께서는 아이디어의 구성에서부터 글의 조직에 이르기까지 저자보다도 더 정확하게 이 책의 내용을 파악하신 후, 저자가 그 내용을 이해할 수 있도록 안내하셨다. 그러나 저자의 무능 탓에 선생님의 지도를 이 책에 온전히 담을 수 없는 것이 못내 아쉬움으로 남는다. 그럼에도 불구하고 저자는 안타깝게도 지금까지 그 무능을 보완하려는 노력을 게을리 한 것이 사실이다. 다만, 저자는 10년 전 천우신조로 잡다한 일상사를 뒤로 하고 공부하기로 결단을 내릴 수 있었던 것처럼, 다시 한 번 선생님의 일거수일투족을 저자의 것으로 만들 기회가 주어지기를 바랄 뿐이다.

끝으로, 어려운 여건 속에서도 이 책의 출판을 허락해 주신 교육과학사의 김동규 사장님께 진심으로 감사드린다. 그리고 이홍우 선생님을 비롯하여 성경재 여러 선생님들을 만날 수 있는 기회를 만들어 준 남편, 엄마의 보살핌이 절대적으로 필요한 어린 나이에, 책과 씨름하는 엄마 곁에서 묵묵히 기다려 준 우리 아들딸, 각종 가족 행사에 참여하지 못할 때에 따뜻한 배려를 아끼지 않은 여러 가족들에게 감사드린다. 그리고 출판된 이 책을 보셨다면 틀림없이 기뻐하셨을 아버님께 이 책을 바친다.

2010년 봄

이미종

차 례

제1장 서론

불교가 인도 철학사에서 이룩한 업적은 여러 가지 관점에서 규정될 수 있을 것이다. 또한, 불교가 하나의 일관된 사상 체계를 나타내고 있는 만큼, 그 다양한 관점들은 서로 관련을 맺으면서 불교의 전체적인 사상 체계를 드러내어 줄 수 있을 것이다. 그 관점 중의 하나로서, 불교는 그 이전부터 인도에 전해 내려오던 여러 사상을 비판적으로 검토하면서 '연기설'(緣起說)을 확고한 형이상학적 기반 위에 올려놓았다는 관점을 들 수 있다. 연기설은, 그 핵심에 있어서는, 이 세계가 이 세계 이외의 다른 세계의 힘에 의존하지 않고도 성립한다는 것을 설명함으로써 '인간이 어떻게 하여 한편으로 고(苦)로서의 삶을 지속하면서 다른 한편으로 고(苦)로부터의 해탈을 이룰 수 있는가'라는 문제를 해결하기 위하여 고안된 개념이다. 연기설이 이 문제를 어떻게 해결하려고 하였는가를 이해하기 위해서는 우선 고(苦)로부터의 해탈과 관련하여 연기설이 부정하고자 한 생각을 알아볼 필요가 있다.

석가모니 당시에 인도는 정통파 우파니샤드 철학과 비정통파 육사외도 철학이라는 두 가지 견해로 갈라져 있었다. 우파니샤드 철학에 의하면, 인간이 고(苦)로부터의 해탈을 이루는 것은 감각 · 사유 작용을 제거하여 마음을 한 곳에 묶어두는 '명상' 또는 '요가'라고 하는 특별한 수행 방법에 의하여 가능하다(길희성, 1986, pp. 30~42; Kalupahana, 1976, pp. 3~15). 우파니샤드 철학이 이 수행 방법을 고(苦)로부터의 해탈 방법으로 제시한 데에는 인간의 인식 능력과 그 대상에 대한 다음과 같은 생각이 가정되어 있다. 즉, 인간은 감각과 사유 작용이 멈춘 상태에서도 대상을 인식하는 특별한 능력을 가지고 있으며, 그 능력에 의하여 인식되는 대상은 인간의 감각 · 사유 능력과 무관하게 실체로 있는 특별한 존재이다. 브라흐만이나 아트만과 같은 형이상학적 실체가 바로 그 특별한 인식 대상인 것이다. 우파니샤드 철학에서는 그 형이상학적 실체가 만물보다 시간상 먼저 있으면서 만물을 만들어낸다고 주장한다.

그러나 석가모니가 보기에, 우파니샤드 철학은 형이상학적 실체의 존재방식과 그 인식에 관하여 그릇된 견해를 나타내고 있다. 그리하여 우파니샤드 철학은 '해탈의 방법'을 잘못 설정하는 오류를 저지른다. 가령 형이상학적 실체라는 것이 우파니샤드 철학에서 주장하듯이 인간의 감각 · 사유 작용과 무관하게 별도로 존재하는 것이라면, 인간은 도대체 어떻게 그것을 알 수 있겠는가? 인간은 감각 · 사유 능력 이외에 다른 인식 능력을 가지고 있지 않으며, 따라서 인간이 감각 · 사유 능력을 떠나서 무엇인가를 판단한다는 것은 원칙상 불가능하다. 비록 초감각이라는 별도의 인식 능력이라는 것이 있다고 하더라도 그 능력에 의하여 파악된 대상은 사람에 따라 제각기 특이한 모습으로 나타나며, 따라서 그것만으로는 그 대상이 객관적으로 존재한다고 보기 어렵다. 그러나 석가모니가 보기에, 이것보다 우파니샤드 철학이 안고 있는 더 큰 문제점은, 감각과 사유 능력이 인간에게 주어진 유일무이한 인식 능력임에도 불구하고, 그 능력은 고(苦)로부터의 해탈과 관련하여 아무런 의미도 가질 수 없다는 점에 있다. 우파니샤드 철학에서 감각 · 사유 능력은 고(苦)로부터의 해탈을 도와주기는커녕 고(苦)로서의 삶을 지속하도록 하는 원인이 될 뿐이다. 그리하여 석가모니는 우파니샤드 철학에서 말하는 형이상학적 실체, 즉 아트만은 '없다'고 주장한다.

그렇다면, 석가모니는 형이상학적 실체를 인정하지 않는 육사외도 철학과 동일한 주장을 한 것인가? 육사외도 철학은 각기 다른 여섯 가지 사상을 나타내는 만큼, 그들 사이에 서로 구분되는 면이 없는 것은 아니다. 예컨대 '인간이 경험하는 이 세계는 어떻게 생겨났는가'라는 질문에 대하여, 이 세계는 실체를 가진 몇 가지 '물질적 요소'들의 우연적 또는 필연적 결합으로 되어 있다고 주장하거나 '정신적 실체'와 '물질적 실체'의 결합으로 이루어져 있다고 주장하는 등등, 각기 다른 대답을 내어놓으며, 그 차이에 따라서 도덕적 삶을 부정하고 육체적 쾌락만을 추구하거나, 이와는 정반대로 전생으로부터 이어진 현생의 고(苦)에서 벗어나기 위하여 철저한 금욕 생활을 영위하는 등등, 각기 다른 수행 방법을 채택한다.[1] 그럼에도 불구하고 그들 사이에는 뚜렷하게 드러나는 공통점이 한 가지 있다. 그것은, 그들이 우파니샤드 철학에 반대하여 형이상학적 실체는 '없다'는 결론을 내린 후, 우리가 경험하는 이 세계를 절대적 존재와 무관하게 설명한다는 점이다. 그들이 비록 철저한 고행이나 금욕 생활을 영위함으로써 인도 사상의 근간을 이루는 '고(苦)로부터의 해탈'을 추구하는 것처럼 보인다 하더라도, 사실상 그들은 '현실에서의 삶' 이외에 그것과 차원을 달리하는 삶을 인정하지 않는다. 그들에게는 해탈이라는 것도 어디까지나 현실에서의 안락한 삶을 영위하기 위한 수단일 뿐이다. 그리하여 육사외도는 세부적인 차이에도 불구하고 공통적으로 '해탈의 의미'를 잘못 파악하는 오류를 저지른다고 말할 수 있다.

석가모니의 고민은 바로 여기에 있었다. 한편으로 형이상학적 실체가 '있다'고 할 경우에는 우파니샤드 철학이 안고 있는

---

1) 육사외도(六師外道)의 사상은, 이미 그 이름에 나타나 있듯이, 석가모니의 비판에 의하여 우리에게 전해지며, 그런 만큼 그들의 사상을 그 자체로 이해하는 것은 그리 쉽지 않다. 「장아함경」의 '사문과경'(沙門果經)에 의하면, 전자의 주장은 각각 유물론의 선구자로 추정되는 아지타 케사캄바린(Ajita Kesakambalin)의 주장과 도덕부정론자로 알려진 푸라나 캇사파(Pūrana Kassapa)의 주장이며, 후자의 주장은 자이나교의 교주인 니간타 나타풋타(Nigaṇṭha Nathāputta)의 주장이다. 자세한 내용은 권오민(2004), 「인도철학과 불교」, 민족사, p. p138~164 참조.

문제점－즉, '해탈의 방법'을 잘못 설정하는 문제점－에 부딪힐 수밖에 없으며, 다른 한편으로 형이상학적 실체가 '없다'고 할 경우에는 육사외도 철학이 안고 있는 문제점－즉, '해탈의 의미'를 잘못 파악하는 문제점－에 부딪힐 수밖에 없다. 석가모니가 보기에, 이 문제점은 공통적으로 고(苦)로부터의 해탈과 관련하여 우리가 경험하는 이 세계가 아무런 의미를 가지지 못하는 것으로 파악하는 오류로 나타난다.[2] 이 경우에 당연히 제기되는 문제는, 우리가 경험하는 이 세계가 의미를 가지기 위해서는 그것이 어떻게 파악되어야 하는가라는 것이다. 석가모니가 보기에, 이 문제를 해결하는 유일한 방법은 형이상학적 실체는 '있으면서 없는 것'이라고 말하는 것뿐이다. 그러나 이것은 순전히 머릿속에서 생각하여 알아낼 수 있는 것이 아니라 눈으로 직접 보고 확인할 수 있는 것이어야 한다(增谷文雄, 1993, pp. 65～71). 연기설에서는 이러저런 고민－어떻게 해야 해탈의 의미와 해탈의 방법을 바르게 설명할 수 있는가, 형이상학적 실체는 '있으면서 없는 것'이라고 말하는 방법은 무엇인가 등등－에 대한 석가모

2) 우파니샤드 철학과 육사외도 철학은 표면상 각각 '해탈의 의미'와 '해탈의 방법' 중의 어느 한 가지를 잘못 파악하는 오류를 저지르는 것처럼 보이지만, 해탈의 두 가지 요소 중에서 어느 한 가지를 잘못 파악하는 한 그 나머지 한 가지도 잘못 파악한다고 보아야 한다. 그리하여 결국 우파니샤드 철학과 육사외도 철학은 공통적으로 우리가 경험하는 이 세계가 어떤 방식으로든지 고(苦)로부터의 해탈을 이루는 데에 중요한 공헌을 한다는 생각을 하지 못하는 것이다.

니의 해결책이 포함되어 있다고 말할 수 있다. 그러므로 석가모니의 해결책을 이해하기 위해서는 연기설의 핵심 아이디어를 정확하게 이해하지 않으면 안된다. 연기설의 핵심 아이디어는 '사람들이 올바른 견해, 올바른 견해라고 말하는데 도대체 무엇을 올바른 견해라고 말할 수 있습니까'라는 제자 가전연(迦旃延)의 질문에 대한 석가모니의 다음의 대답에 가장 잘 나타나 있다.

> 이 세상은 두 가지 견해로 가득 차 있다. 하나는 '있다'는 견해이며, 다른 하나는 '없다'는 견해이다. [대상을] 접촉하면 집착이 생기게 마련이다. 사람들은 접촉한 것에 집착함으로 인하여 '있다'는 견해를 가지거나 '없다'는 견해를 가지게 된다. 그러나 집착하지 않을 경우, 마음은 대상과 얽혀 있다고 하더라도, 매이지 않으며 머무르지 않으며 헤아리지 않는다. 그리하여 마음은 나에게 괴로움이 생기면 생기는 대로, 괴로움이 사라지면 사라지는 대로 그냥 둔다. 마음은 그것에 의하여 의심이나 미혹에 빠지지 않으며 다른 것에 의지하지 않고 스스로 안다. 이것을 '올바른 견해', 또는 '여래가 말한 올바른 견해'라고 말한다.
>
> 어째서 그런가? '세상이 일어나는 것'을 있는 그대로 아는 사람에게는 '없다'는 견해가 생기지 않는다. '세상이 소멸되는 것'을 있는 그대로 아는 사람에게는 '있다'는 견해가 생기지 않는다. 이것은 두 극단을 떠나 중도(中道)의 입장에서 말한 것이다. 이른바 '이것이 있음으로 말미암아 저것이 있으며, 이것이 생김으로 말미암아 저것이 생긴다'는 말은 바로 그것을 가리킨다. 보다 구체적으로 말하여, 무명(無明)으로 말미암아 행(行) 이하의 모든 괴로움 덩어리가 있는 것이며, 무명(無明)의 소멸로

말미암아 행(行) 이하의 모든 괴로움 덩어리가 소멸되는 것이다.

(世間有二種 依若有若無 爲取所觸 取所觸故或依有或依無 若無此取者 心境繫著 使不取不住不計 我苦生而生 苦滅而滅 於彼不疑不惑 不由於他而自知 是名正見 是名如來所施設[說]正見 所以者何 世間集 如實正知見 若世間無者不有 世間滅 如實正知見 若世間有者無有 是名離於二邊 說於中道 所謂 此有故彼有 此起故彼起 謂緣無明行乃至純大苦聚集 無明滅故行滅乃至純大苦聚滅, 雜阿含經 제12권, 301 迦旃延經)

이 인용문에 나타나 있듯이, 우파니샤드 철학과 육사외도 철학이 안고 있는 문제점에서 벗어나는 유일한 방법은 '세상이 일어나는 것을 있는 그대로 아는 것, 세상이 소멸되는 것을 있는 그대로 아는 것'이다. 여기서 '있는 그대로 안다'는 것은 '이것이 있음으로 말미암아 저것이 있다는 것, 이것이 생김으로 말미암아 저것이 생긴다는 것, 이것이 없음으로 말미암아 저것이 없다는 것, 이것이 멸함으로 말미암아 저것이 멸한다는 것'(此有故彼有 此起故彼起 此無故彼無 此滅故彼滅)을 아는 것을 가리킨다. 이것은 우파니샤드 철학이나 육사외도 철학에서처럼 이 세계를 가능하게 하는 궁극적인 원인을 상정하지 않고도 이 세계가 성립한다는 것을 설명한다.[3] 이것이 바로 '연기설'이다. 연기설에

3) 브라흐만이나 아트만과 같은 형이상학적 실체가 우파니샤드 철학에서 상정한 궁극적인 원인이라면, 육사외도 철학에서 상정한 궁극적인 원인은 5원소와 같은 경험적 실체이다. 물론, 육사외도 철학에서 말하는 궁극적인 실체를 이와 같이 단일화하여 말할 수 있는가에 대하여 의문의 여지가 없는 것은 아니다.

의하면, 이 세계는 우파니샤드 철학에서 주장하듯이 그것보다 시간상 먼저 있으면서 그것을 만들어내는 형이상학적 실체에 의하여 만들어진 것도 아니요, 육사외도 철학에서 주장하듯이 물질적 요소 또는 정신적 실체의 우연적 또는 필연적 결합에 의하여 만들어진 것도 아니다. 이 세계는 그것을 구성하는 사물이나 현상들이 서로서로에 의존하여 생기기도 하고 사라지기도 한다. 말하자면, 이 세계는 이 세계 이외의 다른 세계의 힘에 의존하지 않고도 그 자체로 성립하는 것이다.

이렇게 말하고 보면 당장, 연기설에 의하여 세계의 성립을 설명하는 것이 어떻게, 인간이 한편으로 고(苦)로서의 삶을 지속하면서 다른 한편으로 고(苦)로부터의 해탈을 이룰 수 있다는 점을 설명하는가, 다시 그것이 어떻게 해탈의 의미와 해탈의 방법을 바르게 설명하는가, 또다시 연기설이 어째서 형이상학적 실체에 대하여 '그것은 있으면서 없는 것'이라고 말한 셈이 되는가라는 의문이 떠오른다. 이 의문을 풀기 위해서는 우리가 경험하는 이 세상의 성립에 관하여 연기설에서는 어떤 방식의 설명을 하는가를 좀더 면밀히 살펴볼 필요가 있다. 연기설에 의하면, 우리가 경험하는 이 세상은 원인도 없이 아무렇게나 만들어진 것이 아니다. 이 세상은 '원인'에 의하여 만들어지며, 그런 만큼 그 원인이 사라지면 그 원인에 의하여 만들어진 일체의 결과도 사라진다. 위의 인용문에서 석가모니는 이것의 한 사례로서 '무명(無明)으로 말미암아 행(行) 이하의 모든 괴로움 덩어리가 있으며, 무명(無明)의 소멸로 말미암아 행(行) 이하의 모든 괴로움 덩어리가 소멸된다'(緣無明 行乃至純大苦聚集 無明滅故 行滅乃至純大苦聚滅)고 말한다. 물론, 우파니샤드 철학과 육사외도 철학에서도, 비록 종류는 다를망정, 원인을 상정하지 않는 것은 아니다. 그러나 그들이 상정한 원인은, 그것이 그것의 결과보다 시간상 먼저 존재하면서 그 결과를 낳는 원인인 한, 사물과 현상 세계에 의미있게 적용되는, 원인과 결과의 관계에서의 원인—즉, '인과적 원인'—에 불과하다. 그 원인은, 연기설의 원인과는 달리, 그것이 낳은 결과로서의 사물과 동일한 차원에 속하며, 그런 만큼 그 결과는 원인이 사라진다고 하더라도 그대로 남게 된다. 그리하여 비록 '요가'나 '명상'이라는 수행을 통하여 그 원인과 합일된다고 하더라도, 그 수행은 고(苦)로부터의 해탈과 아무런 관련이 없는 것으로 된다.

그러나 연기설에서의 원인은 인과적 원인과는 다른 특별한 의미를 가진다. 연기설에 의하면, 우리의 눈앞에 펼쳐진 바로 이 세계 이외에 다른 세계는 없다. 연기설에서의 원인은 바로 이 세계가 있다는 사실, 이 세계는 원인도 없이 아무렇게나 만들어진 것이 아니라는 사실로부터 추론된다.[4] 연기설에서의 원인은 현

4) 사실상, 석가모니는 'A라는 원인으로 말미암아(緣) B라는 결과가 생긴다(起)'로 요약되는 연기설과 그것의 특수적 표현인 12연기설을 말함으로써 이 세계의 성립과 그 안에 살고 있는 인간의 심리상태를 설명할 뿐, A와 B의 관계를 본격적인 논의의 주제로 삼지 않는다. 그리하여 석가모니 사후 설일체유부는 A와 B의 관계를 우파니샤드 철학이나 육사외도 철학에서처럼 시

상 '안'에 있는 것으로서, 그것에 지배되는 현상이 있다면 있다고 보지 않으면 안되는 모종의 법칙과 질서를 가리키는 것이다. 현상은 다른 것이 아니라 바로 그 자신 '안'에 있는 법칙과 질서에 의하여 만들어진다. 이런 의미에서의 원인은 '인과적 원인'과 구분하여 '논리적 원인'이라고 부를 수 있다. 이 논리적 원인은 인과적 원인과 마찬가지로 우리의 눈앞에 펼쳐진 이 사물과 현상을 만들어내지만, 인과적 원인이 그 결과보다 시간상 먼저 있으면서 그것을 만들어내는 것과는 달리, 그 결과와 동시에 있으면서 그 결과를 만들어낸다. 논리적 원인이 이와 같은 특징을 가지는 것은 그것이 그 결과와 동일한 차원에 속하지 않기 때문이다. 우리가 보는 이 세상이 경험적 차원이라면, 논리적 원인이 속하는 그곳은 '형이상학적 차원'이라고 말할 수 있을 것이다. 석가모니의 이 설명은 형이상학적 실체와 만물의 관계를 시간상의 선후 관계로 파악하던 종전의 사고방식을 논리상의 선후관계로 파악하는 사고방식으로 바꿀 것을 요구한다. 사고방식의

간상의 선후관계로 파악함으로써 A와 B를 실체화하는 실재론적 경향을 띠게 되며, 용수로 대표되는 중관학파는 이 경향을 바로잡기 위하여 '부정의 방법'(八不)을 사용한다. 중관학파가 '부정의 방법'을 사용한 것은 연기설이 순환론에 의존한 설명방식인 만큼 논리적 관점에서 볼 때 오류로 인식될 수밖에 없다는 데에, 그리고 이와는 반대로 논리적 관점에서의 오류에서 벗어나려고 할 경우 실재론적 경향을 띨 수밖에 없다는 데에 있다(홍성기, 1994, p. 38). 그러나 대승기신론의 '인'(因)과 '연'(緣)에 나타난 사고방식에 비추어 볼 때, 연기설에서의 원인과 결과는 이하에서와 같이 시간상의 선후관계가 아닌, 논리상의 선후관계로 해석되어야 한다.

이 전환은, 앞으로서의 고찰에서 드러날 바와 같이, 수행이나 교육과 관련하여 거의 무한하다고 말할 정도로 중요한 시사점을 제공한다.

석가모니는, 위의 설명에 나타나 있는 바와 같이, 연기설을 말함으로써 형이상학적 실체를 인정한다. 다만, 그 형이상학적 실체는 우리 눈앞에 펼쳐진 사물과는 전적으로 다른, 구체적인 형태를 띠지 않은 것, 즉 '형태를 띠기 이전'의 상태로 존재하는 것이다. 그도 그럴 것이 그 형이상학적 실체는, 그것이 구체적인 형태를 띠는 한, 우리 눈앞에 펼쳐진 사물 중의 하나에 불과한 것으로 된다. 그러나 구체적인 형태를 띤 사물이 '있는 것'이라면, 그것은 '없는 것'이다. 그러므로 형이상학적 실체와 관련하여 우파니샤드 철학과 육사외도 철학이 안고 있는 문제점을 해결하기 위하여 석가모니가 한 발언 — '형이상학적 실체는 있으면서 없는 것이다' — 은 다음과 같은 의미로 해석된다. 형이상학적 실체는 있기는 있되 구체적인 사물이 있는 것과는 다른 방식으로 존재하며, 따라서 구체적 사물이 '있는' 것이라면 그것은 '없는' 것이다. 형이상학적 실체는 있기는 있되, '아무 것도 없는 것' 또는 '아무 것도 아닌 것'으로 있는 것이다.

석가모니의 이러한 설명은 인간이 어떻게 하여 한편으로 고(苦)로서의 삶을 지속하면서 다른 한편으로 고(苦)로부터의 해탈이라는, 수행의 궁극적 목적을 달성할 수 있는가에 대한 대답을 시사한다. 인간의 삶은, 연기설에 따르면, 이 세상을 이루는 사물들에 의존할 수밖에 없다. 다른 사물에 의존하여 살아갈 수밖에 없는 한, 인간의 삶은 한 순간도 변화에서 벗어날 수 없으며, 따라서 고(苦)로서의 삶을 지속할 수밖에 없다. 그러나 그 고(苦)로서의 삶 이면에는 그것과 차원을 달리하는 형이상학적 실체가 있으며 그 형이상학적 실체에 비추어 고(苦)로부터의 해탈을 이룰 수 있다. 즉, 고(苦)로부터의 해탈은 고(苦)로서의 삶을 발판으로 하여 그 이면의 형이상학적 차원에 도달하는 것이다.

지금까지의 설명에 나타난 바와 같이, 석가모니는 우리가 경험하는, 서로서로에 의존하여 성립하는 세계를 출발점으로 하여 그 이면에 그것과 차원을 달리하는 형이상학적 세계가 있다는 것을 추론해냄으로써 연기설을 형이상학적 기반 위에 올려놓는다. 석가모니는 이와 같이 연기설을 제시함으로써 우리가 경험하는 이 세계를 형이상학적 실체와 관련하여 의미있는 것으로 '설명'하면서, 그와 동시에 4성제설(四聖諦說)을 제시함으로써 '실천'을 통하여 연기의 논리를 자신의 것으로 만들도록 한다.[5] 여기서 '실천'이라는 것은 '바르게 보는 것'(정견 正見),

---

5) 12연기설(十二緣起說)이 유전문(流轉門)과 환멸문(還滅門)이라는 두 가지 측면에서 고(苦)로서의 중생의 삶을 설명하는 '이론적' 교리라면, 4성제설(四聖諦說)은 실천을 통하여 연기의 논리를 깨닫도록 하는 '실천적' 교리이다. 사성제설은 12연기설을 공허한 이론이 아닌 살아있는 이론으로 만든다. 8정도(八正道)는 사성제설의 한 부분을 이루고 있는 도성제(道聖諦)를 설명한다. 자세한 내용은 이중표(2002), 「근본불교」, 민족사, p. 254~269 참조.

'바르게 생각하는 것'(정사유正思惟), '바르게 말하는 것'(정어正語), '바르게 행동하는 것'(정업正業), '바르게 생활하는 것'(정명正命), '바르게 노력하는 것'(정정진正精進), '바르게 정신 집중하는 것'(정념正念), '바르게 선정에 드는 것'(정정正定)으로 열거되는 8정도(八正道)를 가리킨다. 석가모니에 의하면, 이 여덟 가지를 실천할 경우에 사람은 누구나 연기의 논리를 깨달아 고(苦)로부터의 해탈을 이룬다. 그도 그럴 것이, 인간이 그런 줄도 모르면서 지속적으로 고(苦)로서의 삶을 이어가는 것(고성제苦聖諦)은 자신도 모르는 사이에 욕망과 집착에 의하여 연기의 논리를 부정하는 데에 원인이 있다(집성제集聖諦). 그러므로 그 근본 원인인 욕망과 집착을 제거하면 무명이 사라지는 것과 동시에 연기의 논리를 깨달아 고(苦)로부터 해탈하게 된다(멸성제滅聖諦). 8정도(八正道)의 수행은 이것을 이루기 위하여 필요한 것이다(도성제道聖諦).

석가모니 이후 불교는 오랜 역사를 거치면서 연기설의 사고방식을 기본 바탕으로 하여 다양한 양상으로 전개된다. 그 중의 가장 핵심적인 것은 고(苦)로부터의 해탈을 위한 다양한 수행 방법을 개발하는 것이다. 그도 그럴 것이, 수행은 그것을 제외하고는 불교에 남는 것이 없다고 말할 정도로 불교의 전부를 차지한다(빅쿠 분드하빠-라, 2000, p. 53). 널리 알려진 바와 같이, 불교의 수행 방법으로 손꼽히는 대표적인 것으로는 염불수행, 주력(呪力)수행, 절 수행, 독경(讀經)·간경(看經)수행, 사경(寫經)수행,

사불(寫佛)수행, 지관(止觀)수행, 선(禪)수행 등이 있다(교육원 불학연구소, 2005). 그러나 삶 그 자체가 수행이 된다고 할 정도로 그 이외의 다양한 수행 방법들, 예컨대, 생활선, 노동선 등도 수행에 포함된다(빅쿠 붇드하빠-라, 2000, p. 58~59). 불교에서 이와 같이 다양한 수행 방법의 개발에 관심을 기울인 것은 중생으로 하여금 인간으로서 도달할 수 있는 최고의 경지에 이르도록 하기 위한 것이다. 이것은 불교가 훌륭한 인간을 만드는 데에 관심을 가지고 있다는 것을 의미한다.

인류가 시작된 이후 인간은 한시도 멈추지 않고 자라나는 세대가 훌륭한 삶을 살 수 있도록 훈련하고 교육하는 일을 하였다. 문자의 발명 이전에는 그것이 경험과 모방 수준에서 이루어졌지만, 문자의 발명 이후 교육은 새로운 형태로 발전한다. 이제, 교육은 문자라고 하는 새로운 기술을 가르침으로써 그것을 인간 만사에 적용하는 전문적인 일로 그 성격이 바뀌고 그에 따라 교육을 전담할 학교라는 새로운 장소를 필요로 하게 된다(Boyd, 1992, p. 2). 학교는 문자를 통하여 이전과는 완전히 다른 형태의 교육을 하게 된다. 교과는, 세밀한 고찰을 필요로 하는 복잡한 개념이지만 간단하게 말하자면, 학교라는 교육 기관에서 문자를 통하여 가르쳐 온 지식을 가리킨다. 서양의 경우를 두고 말하면, 교과는 오랜 세월을 거치면서 중세 이후 7자유학과 — '문법, 수사학, 논리학'(三學)과 '산술, 기하학, 음악, 천문학'(四科) — 로 체계화되고, 시대와 장소에 따라 약간의 변화를 겪기는 하지만 르

네상스를 거쳐 현대에 이르기까지 그런대로 그 체계를 유지하면서 교육내용으로서의 지위를 누려온다. 현세대에는 누구나 학교에 가서 그 교과를 배우고 있다.

인류는 어째서 그토록 오랜 세월을 거치면서 교과를 가르치고 배워왔는가? 물론, 그것은 자라나는 세대를 훌륭한 인간으로 만들려는 열망에서 비롯된 것이다. 조금 전에 언급한 바와 같이, 불교에서 다양한 수행 방법에 관심을 기울인 것은 불교가 중생을 훌륭한 인간으로 만드는 데에 관심이 있었기 때문이다. 불교에서 수행 방법에 관심을 기울인 것이나 인류가 교과를 가르친 것은 모두 훌륭한 사람을 만들려는 관심 또는 열망에서 비롯된 것이라고 말할 수 있다. 사실상 현재와 같이 학교에서 교과를 가르치는 일이 일반화되기 이전, 불교의 사고방식이 삶의 중심을 차지하던 시대에 훌륭한 사람이 되고자 하는 사람은 누구나 불교 사찰을 찾아가 불교의 수행 방법을 배우고자 노력하였다. 그 사람들이 지금은 학교에 가서 교과를 배운다. 그렇다면, 이것은 교과를 가르치고 배우는 활동이 불교의 수행 방법에 해당된다는 것을 의미하는가? 불교적 의미에서의 수행은 방편을 활용하여 마음을 진여로 만드는 활동이다. 방편을 활용하지 않는 한 수행은 결코 이루어질 수 없다. 학교교육은 주로 교과를 가르치는 활동으로 이루어져 있다. 교과를 가르치지 않는 한 학교교육은 활동 그 자체가 성립할 수 없다. 이 점에서 불교수행에서의 방편과 학교교육에서의 교과는 동일한 지위를 차지한다고 말할 수 있다. 그렇다면, 이것은 교과가 불교적 의미에서의 방편으로서의 지위를 가진다는 것을 의미하는가? 이 연구의 목적은 바로 이 질문, '교과는 불교적 의미에서 방편으로서의 지위를 가질 수 있는가', 더 나아가 '교과는 전형적 형태의 방편이 될 수 있는가'를 확인하는 데에 있다.

그러나 현재 불교계나 교육계의 분위기로 보아 이 질문에 긍정적인 대답을 기대하기는 어려운 듯하다. 가장 먼저 떠오르는 근거로는, 앞에 열거된 다양한 수행 방법에 나타나 있듯이, 불교의 오랜 역사를 두고 발전시켜온 수행 방법 중에 교과를 가르치고 배우는 활동이 포함되어 있지 않다는 것을 들 수 있다. 비록 교과를 가르치고 배우는 활동과 비슷한 활동, 즉 경전을 가르치고 배우는 활동이 수행의 방법으로 포함되어 있지 않은 것은 아니지만, 경전의 내용은 표면상 교과의 내용과 완전히 다르다. 경전은 진여, 여래, 깨달음 등의 용어를 사용하여 인간이 수행을 통하여 도달해야 할 이상적 경지와 그 과정을 설명하는 반면, 교과는 경전에서 사용하는 용어와 완전히 다른 용어를 사용하여 인간이 대면하고 있는 사물과 현상을 설명한다. 학교에서 가르치는 교과 중에 경전에 등장하는 용어를 사용하여 무엇인가를 전달하는 교과는 없다. 사실상 여러 분야의 학문이 그것을 구성하고 있는 핵심 개념과 탐구 방법에 의하여 구분되는 만큼, 거기에 사용되는 핵심 개념이 다르다면 경전공부와 교과공부는 다른 것일 수밖에 없는 것이다.

더 나아가, 위의 질문에 부정적인 대답을 하는 사람들은 불교수행을 통하여 달성하려는 목적과 교과교육을 통하여 달성하려는 목적이 다르다는 것을 그 대답의 근거로 제시한다. 지관문수행에 관한 기신론의 설명에 전형적으로 나타나 있듯이, 불교수행은 '원인과 계기에 의하여 일어나는 현상계의 변화를 정확하게 파악하여'(分別因緣生滅相, 기신론 79) '상념에 지각되는 일체의 특징을 정지시키는 것'(止一切境界相, 기신론 79)을 목적으로 한다. 여기에 비하여 교과교육은, 기신론의 표현대로 '상념에 지각되는 일체의 특징'을 보다 분명하게 밝히는 것을 목적으로 한다. 다시, 불교수행은 상념에 지각되는 일체의 특징－보다 일반적으로는 개념－을 떠나는 것을 활동의 주요 목적으로 삼는 데 비하여, 교과교육은 개념을 떠나서는 활동 그 자체가 불가능하다. 경전구절을 해설하는 방식의 불교수행도 보통의 불교수행과 마찬가지로 '말로서 말을 없애려는 것'(因言遣言, 기신론 11)일뿐, 교과교육에서처럼 개념의 의미를 분명하게 한다든가 그 개념과 관련된 새로운 개념을 발견하는 등의 일을 하지는 않는다. 이와는 정반대로, 교과교육은 인간이 대면하고 있는 사물이나 현상을 이해하는 것을 목적으로 하면서, 주로 개념을 가지고 출발하여 그 개념의 의미를 분명하게 한다든가 그 개념과 관련된 새로운 개념을 발견하는 등의 일을 한다. 그런 만큼, 교과를 가르치고 배우는 일은 개념을 출발점으로 하여 개념에 도달하는 것을 최종 목적으로 삼을 뿐, 결코 개념(즉, 상념)을 떠나서 진여로 돌아가는 것을 목적으로 삼을 수 없는 것이다.

만약 위의 근거가 타당하다면, 교과를 가르치고 배우는 활동은 불교 수행의 '전형적' 형태는 고사하고 불교의 수행 방법 중의 하나에 포함될 수조차 없다. 그러나 교과와 경전의 내용상의 차이가 위의 질문에 대한 부정적인 대답의 근거로 제시되는 한, 그 근거가 타당하지 않다는 것은 비교적 쉽게 설명된다. 경전이 교과와는 달리 여래나 깨달음이라는 개념을 사용하여 무엇인가를 전달하는 것이 사실이지만, 교과들 역시 각각 다른 개념을 사용하여 무엇인가를 전달한다. 예컨대 '수학'이라는 교과는 '과학'이라는 교과와 완전히 다른 개념을 사용하여 무엇인가를 전달하는 것이다. 이 점에서 경전과 교과가 내용상의 차이를 나타낸다는 것은 교과들 사이에 그것을 구성하는 핵심 개념이 다르다는 것을 설명하는 것 이상으로, 위의 질문에 부정적인 대답의 근거로 제시되는 경우에서처럼 경전이 수학과 과학으로 통칭되는 교과와 범주적으로 다르다는 의미를 나타내지 않는다.

이와는 달리 불교수행의 목적과 교과공부의 목적의 차이를 그 근거로 제시하는 경우에는, 그 근거의 타당성 여부를 세밀하게 검토할 필요가 있다. 이것을 검토하기 위해서는, 한편으로 불교수행은 어떻게 마음을 진여로 만드는지, 다시 불교수행은 어떻게 상념에 지각되는 일체의 특징을 정지시킬 수 있는지를, 그리고 다른 한편으로 교과교육은 개념을 가르쳐서 무슨 목적을 달성하려고 하는지, 다시 교과교육은 상념에 지각되는 일체의 특징을 보다 분명하게 밝혀서 무슨 목적을 달성하려고 하는지를 밝히지 않으면 안된다. 그리고 이 두 가지 문제를 해결하기 위해서는 불교수행에 필수적으로 요청되는 '방편의 의미'와 교과교육의 핵심적 지위를 차지하는 '교과의 성격'을 자세히 고찰할 필요가 있다.

방편은 불교 이론체계 내에서 고립된 개념으로 논의될 수 있는 것이 아니다. 방편은 불교 이론 전체를 수행의 맥락에서 종합적으로 포괄하는 불교의 핵심 개념이다. 그러므로 '방편의 의미'를 밝히기 위해서는 수행의 맥락에서 불교 이론 전체를 종합적으로 검토할 필요가 있다.[6] 대승기신론(이하, 기신론)은 불교

---

6) 수행의 맥락에서 불교 이론 전체를 종합적으로 검토하기 위해서는 '불교에서 수행 방법으로 거론되는 이러저러한 수행 방법들이 어떻게 고(苦)로부터의 해탈을 가능하게 하는가'라는 문제를 따져볼 필요가 있다. 사실상, 석가모니를 위시로 하여 전개되는 불교의 역사에는 8정도라든가 6바라밀 등등이 고(苦)로부터의 해탈을 가능하게 하는 불교의 수행 방법이라는 주장은 나오지만, 그것들이 어떻게 고(苦)로부터의 해탈을 가능하게 하는가를 이론적으로 설명하는 논의는 나오지 않는다. 만약 이것을 이론적으로 설명할 수 있다면, 불교에서 수행 방법의 전형적 형태로 거론되는 불교식 수행 이외의, 인간의 다른 활동도, 불교식 수행과 마찬가지로, 마음을 진여로 향하도록 한다는 점이 확인될지 모른다. 이것이 확인된다면, 불교는 삶의 보편적 현실을 외면하는 현실도피적 경향을 가지고 있다는 오명을 벗고, 그와는 반대로 인간의 보편적 현실을 있는 그대로 인정하고 받아들인 '삶의 철학'임이 드러날 것이다. 이 점에서 불교 수행을 이론적으로 설명하는 이 일은, 교과를 가르치고 배우는 활동이 수행의 '전형적' 형태가 될 수 있는가를 확인하는 일 이전에, 인간의 삶에 대하여 불교의 가르침이 가질 수 있는 의의를 충분히 되살리는 일이라고 말할 수 있다.

수행론의 맥락에서 불교의 이론체계 전체를 재조명하는 데에 더없이 좋은 실마리를 제공한다. 그도 그럴 것이, 기신론은 연기설의 문제의식을 고스란히 물려받으면서 그 문제의식을 하나의 이론체계로 설명한다. 앞의 설명에 드러난 바와 같이, 연기설에서는 그 문제의식이 '인간은 어떻게 하여 고(苦)로서의 삶을 지속하면서 고(苦)로부터의 해탈을 얻을 수 있는가'라는 질문으로 나타나며, 기신론은 이 질문을 본격적인 연구 주제로 삼아 하나의 일관된 이론체계로 설명한다. 기신론은 각종 불교 서적에 산발적으로 등장하는 불교 수행론을 짧은 글에 요약하면서 포괄적으로 설명하는 것이다. 기신론은 논술 서두－즉, '논술의 동기를 설명하는 부분'(입의분立義分)－에서 이 점을 분명히 밝히고 출발한다.

> 이 논술에 취급된 내용은 모두 경전 수다라(修多羅)에 자세하게 설명되어 있는데도 그것을 다시 설명할 필요가 있는가?－물론, 그것은 모두 경전에 설명되어 있다. 그러나 사람들의 자질과 실행능력은 동일하지 않고 경전의 내용을 받아들이고 이해하는 방식에도 차이가 있다. 여래가 살아계셨을 때에는 사람들의 능력이 뛰어나고 가르침을 베푸는 사람 또한 용모나 마음가짐이나 행적 등 모든 면에서 권위를 가지고 있었다. 깨달음을 얻은 당사자의 입에서 나오는 가르침은 일사불란하여 사람들은 누구나 그것을 동일한 뜻으로 받아들였다. 이런 경우에는 여래의 가르침을 특별히 해설할 필요가 없었을 것이다. 그러나 여래가 돌아가신 뒤에는 사정이 달라졌다. 사람들 중에는 여러 사람

의 말을 듣고 혼자의 힘으로 여래의 가르침을 이해할 수 있는 사람, 역시 혼자의 힘으로 조금만 듣고도 많이 이해하는 사람이 있는가 하면, 혼자서는 이해할 힘이 없이 다른 사람의 해설을 듣고서야 이해하는 사람도 있다. 그러나, 물론, 사람들 중에는 장황한 설명을 되풀이해서 듣는 것을 번거롭게 생각하면서 그것보다는, 마치 다라니(多羅尼)처럼, 많은 내용을 짧은 글에 요약해 놓은 포괄적인 설명을 더 좋아하고 거기서 의미를 뽑아낼 수 있는 사람도 있다. 이와 같이, 이 논술은 여래의 한량없이 크고 깊은 가르침과 그 오묘한 뜻을 포괄적으로 요약함으로써 그것을 필요로 하는 사람에게 참고가 되기를 바라는 마음에서 집필된 것이다.

(問曰 修多羅中 具有此法 何須重說 答曰 修多羅中 雖有此法 以衆生根行不等 受解緣別 所謂如來在世 衆生利根 能說之人色心業勝 圓音一演 異類等解 則不須論 若如來滅後 或有衆生 能以自力 廣聞而取解者 或有衆生 亦以自力 少聞而多解者 或有衆生 無自心力 因於廣論 而得解者 自有衆生 復以廣論文多爲煩 心樂總持 少文而攝多義 能取解者 如是此論 爲欲總攝 如來廣大深法 無邊義故 應說此論, 기신론 5)[7]

이 구절에는 조목조목 따져보아야 비로소 이해될 만큼 다양한 의미가 적재되어 있다. 그러나 현재의 맥락에서 중요한 것은 이 논술이 석가모니의 가르침을 포괄적으로 설명하고 거기서 의미를 뽑아낼 수 있도록 하였다는 점이다. 여기서 '포괄적으로 설명한다'는 것은 석가모니가 중생의 해탈을 위하여 다양한 맥

---

7) 이하 「대승기신론」 인용은 이홍우(2006), 「대승기신론 통석」, 김영사의 '부록'으로 수록된 '대승기신론'의 번역과 문단에 의존한다.

락에서 설파한 이러저러한 설법을 서로 관련지어서 하나의 일관된 이론체계로 설명한다는 것을 뜻하며, '거기서 의미를 뽑아낼 수 있도록 한다'는 것은 그 이론체계를 읽고 그것을 통하여 '고(苦)로부터의 해탈'에 이르도록 한다는 것을 뜻한다. 이 점에서 볼 때, 기신론은 불교의 다양한 개념들을 포괄적으로 관련지음으로써 고(苦)로부터의 해탈을 '설명'하면서 그와 동시에 그것을 통하여 해탈을 '실천'하도록 할 목적으로 논술된 것이라고 말할 수 있다. 즉, 이 논술에 담겨 있는 모든 설명은 그 자체로서 중요한 것이라기보다는 오로지 사람들을 '고(苦)로부터의 해탈'로 이끈다는 그 한 목적을 위하여 중요한 것이라고 말할 수 있는 것이다. 그리하여 이 논술에 등장하는 모든 철학적 개념과 정의는 사람들을 '고(苦)로부터의 해탈'로 이끌기 위하여 사용된 지혜로운 방편으로 보는 것이 마땅하다(Hakeda, 1967, p. 4).

앞에서 언급한 바와 같이, 수행은 방편을 활용하여 마음을 진여로 만드는 실천적 활동이다. 수행이라는 실천적 활동은 방편을 활용하지 않는 한 결코 일어날 수 없다. 수행과 방편은 개념적으로 밀접하게 관련되어 있는 것이다. 수행에서 방편이 차지하는 이와 같은 중요성에 비추어 볼 때, 불교 수행론은 방편을 중심으로 재조직될 수 있다. 근래에 와서 몇몇 학자들은 이 점에 대하여, 방편은 불교의 역사와 거의 동일한 역사를 가지고 있다는 점, 그럼에도 불구하고 이때까지 응분의 이론적 관심의 대상이 되지 못했다는 점을 지적하면서 방편을 본격적인 연구의 주제로 삼는다. 그 대표적인 연구물로 손꼽히는 것에는 파이의 박사학위 논문인 '방편'과 슈뢰더의 박사학위 논문인 '방편', 그리고 그 외의 몇 편의 논문이 있다.[8)] 이들의 연구는 대체로 방편이라는 것은 '苦로부터의 해탈'에 이르도록 할 목적으로 듣는 사람의 지적, 정서적 상태라든가 시대의 사회적, 문화적 여건 등 일체의 대상과 상황을 고려하여 취한 말이나 행동 등의 조치라는 점, 이 조치는 지극히 특수적 성격을 띠고 있어서 결코 일반화될 수 없다는 점, 역사의 흐름에 따라 새롭게 등장하는 다양한 형태의 불교 사상은 방편의 시대적, 문화적 표현이라는 점, 이 점에서 불교는 그 자체가 하나의 방편이라는 점을 다양한 사례를 들어 설명한다. 그리고 이 연구들 이외의 것으로서 방편을 교육학적으로 해석한 김남희의 석사학위 논문이 있다.[9)] 이 논문은 상황과 대상의 특수적 성격을 고려해야 한다는 방편 사용의 방법상의 원리를 교육 방법상의 원리에 적용하여 설명한다. 이 연구에서는

---

8) Pye, Michael(2003), *Skilful Means: A Concept in Mahayana Buddhism*, Routledge; Schroeder, J. W.(2001), *Skillful Means: The Heart of Buddhist Compassion*, University of Hawaii; MaDaigan and Alicia Matsunaga(1974), 'The Concept of Upāya in Mahāyāna Buddhist Philosophy', *Japanese Journal of Religious Studies 1(1)*; Yu, David C.(1974), 'Skill-in-means and the Buddhism of Tao-sheng: A Study of a Chinese reaction to Mahāyāna of the fifth centory', *Philosophy East and West 24(4)*; 배관성(2001), '대승불교의 방편 사상 연구', 동국대학교 석사학위 논문; 강혜원(1985), '북종선(北宗禪)에 있어서의 방편', 「한국불교학」 제10집, 한국불교학회; 민경환(1995), '불교의 교화방편에 대한 교육학적 고찰', 「한국불교학」 제20집, 한국불교학회.

9) 김남희(2002), '법화경의 방편에 관한 교육학적 해석', 서울대학교 석사학위 논문.

그 교육 방법상의 원리로서 '다섯 가지 하화(下化)의 내재율'을 지적한다.

최근에 와서야 불교 수행에서의 방편의 중요성이 하나의 연구 주제로 주목받게 된 만큼 그에 대한 연구물이 그다지 많다고 말할 수는 없지만, 방편에 관한 연구로 언급된 위의 논문들은 모두 하나의 공통된 방식을 취하고 있다. 그 논문들은 방편이 실지로 적용되는 맥락을 직접 관찰하고, 방편은 이러이러한 특징을 가지며 그러한 특징을 가진 방편의 사례에는 이러이러한 것들이 있다는 식의 연구 방식을 취한다. 이것은 방편을 그 '적용 양상'과 관련하여 연구하는 것이다. 이런 방면의 연구에서는 방편이 적용되는 사태를 중심으로 하여, 방편이 어떤 사태에서 어떤 사람에게 어떤 방식으로 적용되는가를 드러내는 것을 주된 관심으로 삼는다. 방편에 관한 연구가 이런 관심에서 이루어질 경우, 방편은 대기설법(對機說法)과 동일한 의미를 가진다.

이것이 방편 연구의 한 가지 방향이 될 수 없는 것은 아니다. 그러나 이런 연구에서는 그런 사태에서 그런 방식으로 적용되는 '방편'이라는 것이 어떤 것이며 그것이 어떻게 수행을 이끌 수 있는가 하는, 적용 양상 이전에 당연히 제기되어야 할 '사전 질문'이 도외시될 가능성이 크다. 앞의 '적용 양상'과 대비시켜 말하자면, 이 후자의 연구는 방편의 '개념'을 직접 문제 삼는다고 말할 수 있다. 본 연구에서 대답하고자 하는 질문 — 교과는 방편으로서의 지위를 가질 수 있는가 — 과 관련하여 중요한 의미를 가지는 방편 연구는 그 질문의 성격상 당연히 방편의 개념을 직접 문제 삼는 후자의 연구일 수밖에 없다. 앞에서 언급한 바와 같이, 방편은 불교 이론체계 내에서 고립된 외톨이 개념으로 논의될 수 있는 것이 아니라 불교 이론 전체를 수행의 맥락에서 종합적으로 포괄하는 불교의 핵심 개념으로 간주된다. 그런 만큼, 불교 수행을 이론적으로 설명하기 위하여 필요한 불교의 일체의 개념과 정의는 방편이라는 주제 안에서 그대로 되풀이된다고 보지 않으면 안된다.

다음으로, '교과의 성격'을 검토하기 위해서는 '교과는 방편으로서의 지위를 가질 수 있는가'라는 문제를 살펴볼 필요가 있다. 이 문제를 살펴보기 위해서는 칸트의 인식론과 키에르케고르의 간접전달 논의의 도움을 받을 필요가 있다. 이들의 도움을 받아 교과가 방편으로서의 지위를 가질 수 있다는 점을 밝히는 일은 그 의의가 일차적으로는 교육계에 있다고 말할 수 있지만, 불교계 역시 그 중요한 의의를 가진다고 보아야 한다. 그도 그럴 것이, 석가모니 사후 부파불교, 대승불교를 거치면서 불교계에는 깨달음에서의 언설(즉, 개념)의 지위에 대한 회의가 점차로 뚜렷한 모습을 갖추고 나타난다. 그리고 급기야 후기 불교에는 수행에서의 언설의 지위를 부정하는 종파까지 등장하게 된다. 그 종파가 수행에서의 언설의 지위를 부정하게 되는 것은 언설 또는 개념의 성격을 분명하게 인식하지 못한 데에서 기인한다. 이런 상황에서 교과가 방편으로서의 지위를 가질 수 있다는 점을 확인하는 것은 언설 또는 개념의 성격을 정확하게 밝히는 일이며, 이 점에서 불교수행에서의 언설 또는 개념의 지위를 확립하는 일이기도 하다.[10]

그리고 교육학의 경우에, 교과가 방편으로서의 지위를 가진다는 점을 밝히는 일은 소극적으로 교과의 가치에 대한 뿌리깊은 회의를 불식시키는 일이면서, 그와 동시에 적극적으로 그와는 다른 방향에서 그것의 가치를 확립하는 일이다. 역사의 진행과 더불어 불교계에서 깨달음에서의 개념의 지위에 대한 회의가 점차로 뚜렷한 모습을 갖추게 되는 것과 마찬가지로, 교육계에서는 '교과는 생활의 필요에 부응하지 못한다'는 회의가 조금씩 지속적으로 싹터 오다가 그 회의는 급기야 생활에 필요한 내용을 교과로 삼자는 주장으로 이어졌다. 그리고 현재 그 주장은 교육에 대한 정상적인 견해를 대표하는 것으로 되어 버렸다. 물론, 이런 형편에서도 교과의 가치를 생활에의 필요와는 다른 방향, 즉 마음과의 관련에서 설명하려는 시도가 없는 것은 아니다.

---

10) 이 연구의 방향과 유사하게, 기신론에서 상념이 가지고 있는 '파라독스적' 성격—상념은 마음이 진여에 이르기 위하여 '떠나야 할 대상'이면서 동시에 '진여에 이르는 유일한 발판'이다—을 설명함으로써 교과교육은 지식의 전달 이상으로 인격형성을 목적으로 한다는 점을 밝힌 연구로는 이승은(2003), '대승기신론에 나타난 개념적 사고의 교육학적 의의', 서울대학교 석사학위논문이 있다. 그리고 교과교육이 추구하는 '이해'를 '상념을 통하여 진여로 돌아가는 것'(離念歸於眞如)으로 규정함으로써 교과교육의 목적을 기신론과 관련하여 밝힌 연구로는 구리나(2004), '마음의 중층구조에 비추어 본 이해의 개념: 부버와 대승기신론', 서울대학교 석사학위논문이 있다.

예컨대, 형식도야이론이나 브루너의 지식의 구조 등에 나타난 교육이론이 그것이다. 그러나 이 이론들 역시 궁극적으로는 '형식'이나 '지식의 구조'를 생활과 관련지어 설명함으로써 교과의 가치를 생활에의 필요로 설명하려는 견해를 더욱 고착화시키는 결과를 초래한다(신춘호, 2005, pp. 90~97).

이런 상황에서 교과의 가치에 대한 뿌리깊은 회의를 불식시키는 방법이 있다면 그것은 오직, 교과의 가치는 생활에의 필요를 충족시키는 데에 있는 것이 아니라 형이상학적 마음을 길러주는 데에 있다는 점을 분명히 밝히는 것이다.(이 형이상학적 마음은 불교의 수행이 목적으로 삼는 진여나 깨달음과 다른 것이 아니다.) 형이상학적 마음과 관련하여 교과의 가치를 밝히는 이 일은 '교과가 생활에의 필요에 부응하지 못한다'는 점을 인정하면서 그것과는 다른 방향에서 그것의 가치를 확립함으로써 교과에 관한 뿌리깊은 회의를 불식시키는 길이다. 교과가 방편으로서의 지위를 가질 수 있는가라는 위의 질문은 교과가 형이상학적 마음을 길러준다는 것을 밝히는 데에 대단히 중요한 역할을 한다. 그도 그럴 것이, 교과가 방편으로서의 지위를 가질 수 있다는 점이 확인된다면, 교과는 다름 아닌 진여나 깨달음에 이르는 경로로서의 지위를 인정받는 셈이다.

이상의 논의를 바탕으로 하여, 이하 본론은 다음과 같이 구성된다. 제2장에서는 수행의 실제를 이론적으로 설명하는 데에 필요한 정도로, 마음에 관한 기신론의 특이한 견해를 살펴보고

자 한다. 수행은 인간의 마음을 괴로움으로 몰아가는 근본 원인을 제거함으로써 무명 이후 전개되는 일체의 괴로움을 극복하고자 하는 노력이다. 연기설은 수행과는 정반대로 무명에서 괴로움에 이르는 과정을 설명한다. 그런 만큼 연기설과 관련하여 수행은 연기설을 '역행(逆行)'하려는 노력으로 규정된다. 이 점은 수행의 실제를 이해하기 위해서는 연기설을 마음과 관련하여 자세히 밝히지 않으면 안된다는 것을 의미한다. 연기설의 순행(順行)과 역행(逆行)은 기신론에서 '마음의 두 방향으로서의 운동'으로 설명되며, 마음의 두 방향으로의 운동의 양극단은 '마음의 구조'를 정의한다. 그러므로 불교 수행의 실제를 이론적으로 설명하기 위해서는, '기신론에서는 마음의 두 방향으로의 운동을 어떻게 설명하는지', '기신론에서는, 그 두 방향으로의 운동은 마음이 어떤 구조로 되어 있기에 가능하다고 설명하는지'를 이해할 필요가 있다.

제3장에서는 마음에 관한 기신론의 이론적 설명을 기초로 하여 수행의 실제와 방편의 개념을 이해하고자 한다. 우선 수행의 실제를 이해하기 위해서는 '우리는 어떤 삶을 살고 있으며, 그 삶을 살고 있는 우리는 어떤 존재인가'를 살펴볼 필요가 있다. 마음의 두 방향으로의 운동은 방향만 달리할 뿐, 동일한 구조를 가지고 있다. 그런 만큼, 삶과 수행은 다른 것이 아니며, 그 삶을 살고 있는 중생 또한 여래와 다르지 않다. 그렇다고 하여 수행과 삶이 완전히 동일한 것도 아니다. 수행은 삶이 올바른 모습을 갖춘

상태를 보여주는 '삶의 형식'이다. 인간이 인간답게 살기 위해서는 그냥 사는 삶이 아닌, 삶의 형식으로서의 입문이 요구된다. 이것은 수행의 실제에 관한 '이론적 설명'에 해당된다. 그러나 수행은 이론적 설명 이상으로 '실천적 행동'을 요구한다. 방편은 수행에 관한 이론적 설명을 실천적 행동으로 연결시켜주는 개념이다. 그도 그럴 것이, 수행은 방편을 활용하지 않는 한 결코 일어날 수 없다. 그러므로 수행의 실제를 보다 온전히 이해하기 위해서는 수행의 매체로서의 방편의 개념을 살펴볼 필요가 있다. 방편의 의미를 정확하게 이해하기 위해서는 '무엇이 방편이 될 수 있는가'라는 법(法)의 문제와, '어째서 그것이 방편이 되는가'라는 의(義)의 문제를 해결해야 한다.

제4장에서는 제3장에서 고찰한 방편 개념을 기초로 하여 교과가 방편으로서의 지위를 가질 수 있는가 하는 문제를 살펴볼 것이다. 이 문제를 고찰하기 위해서는 교과가 방편으로서의 지위를 얻는 데 필요한 두 가지 조건을 만족시키고 있는가를 살펴보아야 한다. 첫째 조건에 대해서는 '교과는 진여를 표현하는가'라는 질문에 대답함으로써, 그리고 둘째 조건에 대해서는 '교과는 어째서 방편으로서의 효력을 발휘할 수 있는가'라는 질문에 대답함으로써 그 만족 여부가 결정된다. 첫째 질문이 교과가 방편으로서의 지위를 가지는 데 필요한 교과의 '개념적 조건'을 묻는 질문이라면, 둘째 질문은 교과가 방편으로서의 효력을 발휘하는 데 필요한 교과의 '경험적 조건'을 묻는 질문이다. 교과를

교과답게 가르치지 않을 경우에 교과는 그 본래의 성격을 충분히 발휘할 수 없는 만큼, 교과의 경험적 조건은 교과의 개념 조건과 별도로 반드시 밝히지 않으면 안된다. 그러나 물론, 교과의 경험적 조건은 교과의 개념적 조건을 논리적으로 분석하여 도출된 것이다. 교과의 '개념적 조건'은 칸트 선험철학의 도움을 받아 밝힐 것이며, 교과의 '경험적 조건'은 키에르케고르의 간접전달 논의의 도움을 받아 밝힐 것이다.

제5장에서는 앞의 논의를 요약하면서 불교수행에서의 방편과 교육에서의 교과 사이에는 형식적 유사성 이상으로, 실질적 동일성이 존재한다는 사실을 재확인한다. 방편과 교과는 모두 인격형성에 동원되는 매체로서의 지위를 가지는 것 이상으로, 불교수행과 교과교육을 동일한 이론체계에 의하여 설명한다. 본 연구에서는 방편과 교과 사이의 이 실질적 동일성을 확인시켜주는 개념으로 메타프락시스를 제안한다. 이 일이 소기의 성과를 거둔다면 교과는 해탈에 이르는 경로로서의 지위를 얻음으로써 그 가치를 확립하게 될 것이다. 그와 동시에 본 연구는 현대의 교육학 논의에서 도외시되었던 '교육의 종교적 측면'을 부각시킬 것으로 기대된다.

제2장 방편의 이론적 기초 : 심성론

불교의 주요 관심은 '어떻게 해야 고(苦)로부터의 해탈을 이룰 수 있는가'라는 문제에 집약적으로 나타난다. 이 관심은, 기신론의 용어로 바꾸어 진술하면, '어떻게 해야 상념을 떠나 진여로 돌아갈 수 있는가'(離念歸於眞如)라는 것으로 된다. 기신론이든 무엇이든지 간에 불교의 문헌인 한, 그것은 '진여로 돌아가기 위해서는 무슨 일을 어떻게 해야 하는가'라는 문제를 주요 관심사로 삼는다고 보아야 한다. 그러나 기신론은 순서에 있어서나 분량에 있어서나 '어떻게 해야 하는가'라는 수행의 문제보다는 '마음은 이러이러하다'는 식으로 기술되는, 마음에 관한 이론적 설명에 더 큰 비중을 두고 있는 것처럼 보인다. 해석하기에 따라서 기신론은, 그 제목과는 맞지 않게, 마음에 관한 이론적 설명을 그 자체로 중요시한다고 볼 수도 있다. 이 경우, 기신론은 불교의 변방으로 밀려날 수밖에 없다. 그러므로 마음에 관한 이론적 설명이 '믿음을 일으키는 것'(起信)에서 차지하는 위치를 정확하게 이해하는 것은 기신론의 내용을 바르게 이해하는 데에 대단히 중요하다고 말할 수 있다.

수행은 인간의 마음을 괴로움으로 몰아가는 근본 원인을 제거함으로써 무명 이후에 전개되는 일체의 괴로움을 극복하려는 노력이다. 연기설은 수행과 정반대로 무명에서 괴로움에 이르는 과정을 설명한다. 그런 만큼, 연기설과의 관련에서 수행은 연기설을 '역행'(逆行)하려는 노력이라고 말할 수 있다. 이 점은 수행의 '실제'—즉, '수행은 어떻게 마음을 진여로 향하도록 할 수 있는가'—를 이해하기 위해서는 연기설을 마음과 관련하여 자세하게 밝히지 않으면 안된다는 것을 의미한다. 기신론에서는 연기설의 '순행'(順行)과 '역행'(逆行)을 정법훈습(淨法熏習)과 염법훈습(染法熏習)이라는 두 가지 훈습으로 설명한다. 이 설명에 의하면, 인간의 마음은 진여자체상과 진여용을 내적 원인(因)과 외적 계기(緣)로 하여 생멸심에서 진여로 바뀌며, 무명과 망경계를 내적 원인과 외적 계기로 하여 진여에서 생멸심으로 바뀐다. 인간의 마음은 무엇을 내적 원인과 외적 계기로 삼는가에 따라서 두 가지 상반된 방향으로의 운동을 하는 것이다. 마음의 두 방향으로의 운동은 진여와 생멸심을 양극단으로 하고 있다. 이 양극단은 마음의 '구조'를 정의한다. 이 점은 마음의 두 방향으로의 운동을 이해하기 위해서는 마음의 구조에 관한 이해를 필수적으로 요청한다는 사실을 보여준다. 이것은 곧 마음의 구조는 오직 마음의 운동을 이해하기 위하여 필요하다는 것, 더 나아가 수행의 실제 ― 즉, 방편의 개념 ― 를 밝히기 위하여 필요하다는 것을 보여주는 것이다.

1. 마음의 운동

우리는 흔히 눈앞에 보이는 사물과 현상이 '실체'로서 존재한다고 생각한다. 예컨대 눈앞에 보이는 책상이라든가 책에 대하여, 우리는 보통 그것이 다른 사물과 구별되는 그 자체의 고유한 특성을 가지고 존재한다고 생각하는 것이다. 그러나 잘 분석해 보면, 책상은 원래부터 책상의 형태로 존재하는 것이 아니라 책상의 형태로 존재하기 이전에 나무, 못 등의 형태로 존재하다가 그것을 인연(因緣)[1]으로 하여 만들어진다. 나무 또한 마찬가지이다. 나무는 원래부터 나무의 형태로 존재하는 것이 아니라 나무의 형태로 존재하기 이전에는 햇빛, 자양분 등의 형태로 존재하다가 그것을 인연으로 하여 생겨난다. 말하자면 눈앞에 보이는 사물과 현상은, 흔히 생각하는 것과는 달리, 그 자체의 고유한 성질을 가진 '실체'로서 존재하는 것이 아니라 다른 것을 인

1) 여기서 '인연'(因緣)이라는 것은 일상용어로서의 인연과 완전히 다른 의미를 가진다고 말할 수는 없지만, 일상용어로서의 그것과 다소간 거리가 있는 불교 특유의 개념이다. 이하 훈습에 관한 기신론의 설명에서 밝혀질 바와 같이, 인연(因緣)은 '인'(因)과 '연'(緣)의 합성어로서, 일체의 현상을 설명하는 데 필요한 '내적 원인'과 '외적 계기'를 뜻한다.

연으로 하여 생기기도 하고 그 인연의 소멸로 인하여 사라지기도 하는 것이다. 석가모니는 이것을 다음과 같이 설명한다.

> 이것이 있으므로 저것이 있고,
> 이것이 생기므로 저것이 생긴다.
> 이것이 없으므로 저것이 없고,
> 이것이 멸하므로 저것이 멸한다.
> (此有故彼有 此生故彼生
> 此無故彼無 此滅故彼滅, 잡아함경 제12권 가전연경)

이 설명에 따르면, 존재하는 것은 어느 것이나 그 자체의 본성으로 인하여 존재하는 것이 아니라 다른 것을 인연으로 하여 생기기도 하고 소멸되기도 한다. 연기설은 사물이나 현상이 이와 같이 무엇인가를 인연으로 하여 생기기도 하고 사라지기도 하는 존재 방식을 설명한다.[2] 눈앞에 보이는 사물과 현상이 모두 무엇인가를 인연으로 하여 존재하는 것이라면, 그 사물을 대면하고 있는 '나'는 과연 어떤 존재인가? 물론, 이 세상에는 연기에 지배되지 않는 사물이나 현상이 하나도 없는 만큼, 인간 역시,

---

2) '나무'의 예는 연기설이, 서론의 설명과는 달리, 이 세계의 성립을 설명하는 두 항－원인과 결과－사이의 관계를 시간상 선후관계로 설명한다는 인상을 준다. 사실상 석가모니 역시 구체적인 사례를 들어 연기설을 설명할 경우에는 연기설에 나타난 두 항 사이의 관계를 시간적 선후관계로 파악한 것이 아닌가 하는 의심을 자아낸다. 그러나 이 의심은 미세하지만 정확한 개념적 구분이 발달하지 않은 상태에서 자신의 생각을 전달하는 경우에 생기는 불가피한 현상이다.

사물과 마찬가지로, 다른 것을 인연으로 하여 생기기도 하고 사라지기도 한다고 보아야 마땅하다. 그러나 인간은 언제나 자신을, 사물이나 현상에 대하여 특별한 지위를 가진 존재로 파악하고 싶어 한다. 12연기설은 그런 존재로서의 인간이 어떻게 고(苦)로서의 삶을 이어가는가를 설명한다. 석가모니는 12연기설을 깨달은 순간을 다음과 같이 회고한다.

> 정각(正覺)을 이루지 못한 과거에, 나는 어느 고요한 곳에 홀로 앉아 다음과 같은 생각에 전념한 적이 있다. '무엇이 있기에 노사가 있으며, 무엇을 인연으로 하여 노사가 있는가?' 바르게 생각한 후 곧바로 다음과 같은 생각이 떠올랐다. '생이 있기에 노사가 있고, 생을 인연으로 하여 노사가 있다. 유, 취, 애, 수, 촉, 육입처, 명색에 대하여, 무엇이 있기에 명색이 있으며, 무엇을 인연으로 하여 명색이 있는가?' 바르게 생각한 후 곧바로 다음과 같은 생각이 떠올랐다. '식이 있기에 명색이 있으며, 식을 인연으로 하여 명색이 있다.' 이때 나는 식만을 말하고 그 이외의 것들을 그냥 지나칠 수 없다는 생각을 하였다. 말하자면, 식을 인연으로 하여 명색이, 명색을 인연으로 하여 육입처가, 육입처를 인연으로 하여 수가, 수를 인연으로 하여 애가, 애를 인연으로 하여 취가, 취를 인연으로 하여 유가, 유를 인연으로 하여 생이, 생을 인연으로 하여 노병사와 우비뇌고가 있는 것이다. 이와 같은 과정을 거쳐 이처럼 커다란 괴로움의 덩어리가 모이는 것이다.
>
> (我憶宿命未成正覺時 獨一靜處專精禪思 作是念 何法有故老死有 何法緣故老死有 卽正思惟生如實無間等 生有故老死有 生緣故老死有 如是有取愛受觸六入處名色 何法有故名色有 何

法緣故名色有 卽正思惟如實無間等生 識有故名色有 識緣故名色有 我作是思惟時 齊識而還不能過彼 謂緣識名色 緣名色六入處 緣六入處觸 緣觸受 緣受愛 緣愛取 緣取有 緣有生 緣生老死病憂悲惱苦 如是如是純大苦聚集, 잡아함경 제12권 城邑經)

위의 인용문에서는 '노사'를 출발점으로 하여 '식'에서 그 원인을 추적하는 일이 끝난다. 그러나 위의 인용문 다음에 이어지는 구절이나 다른 경(經)을 참고로 할 때, 그 원인은 '식'에서 '행'을 거쳐 '무명'에서 끝이 난다. 석가모니는 무명을 그 궁극적 원인으로 규정하는 것이다. 그리하여 12연기설에 의하면, 인간이 노사로 대표되는 고로서의 삶을 살 수밖에 없는 것은 생을, 생은 유를, 유는 취를, 취는 애를, 애는 수를, 수는 촉을, 촉은 육입처을, 육입처는 명색을, 명색은 식을, 식은 행을, 행은 무명을 인연으로 하는 것으로 된다. 이것을 도식화하면 다음과 같다.

무명→행→식→명색→육입처→촉→수→애→취→유→생→노사

만약 고로서의 삶이 이와 같은 과정을 거쳐 형성되는 것이라면, 그것을 없애는 것은 논리적으로 말하여 오직 한 가지 방법밖에 없다. 노사를 없애기 위해서는 생을 없애고, 생을 없애기 위해서는 유를 없애고, 이하 전개되는 일체의 괴로움을 없애기 위해서는 최종적으로 무명을 없애면 된다. 수행은 무명뿐 아니라 무명 이하 괴로움의 원인으로 지목된 각 항목을 제거함으로써 그것들로 인하여 생기는 일체의 괴로움을 없애는 실천 행위이다. 석가모니는 일체의 괴로움에서 벗어나기 위하여 무명뿐 아니라 무명 이하 괴로움의 원인으로 지목된 각 항목을 제거할 수 있는 수행 방법을 제안한다. 널리 알려진 여덟 가지 수행 방법(八正道)이 바로 그것이다. 팔정도는, 석가모니의 가르침이 거의 대부분 팔정도를 바르게 실천하는 것과 관련된다고 말할 수 있을 정도로, 석가모니의 가르침에서 핵심적인 위치를 차지한다.

석가모니는, 위에서 살펴본 바와 같이, 인간이 어째서 고(苦)로서의 삶을 지속할 수밖에 없는지, 그리고 그것을 없애기 위해서는 어떻게 해야 하는지를 깨닫고 그것을 12개의 항목으로 설명한다. 그러나 석가모니의 경지에 이르지 못한 우리로서 그 설명을 이해하는 것은 그리 쉬운 일이 아니다. 그 설명을 이해하기 위해서는 우선 각 항목은 각각 무엇을 가리키며, 항목과 항목 사이에는 어떤 관계가 있는지, 그리고 팔정도는 각각 무엇을 가리키며, 팔정도 중의 어느 것이 12개의 항목 중의 어느 항목을 제거하며, 그것이 어째서 그 항목을 제거할 수 있는지 등의 문제가 해결되어야 한다. 물론, 이 문제에 관한 자세한 고찰이 없는 것은 아니다.[3] 그러나 수행과 관련하여 우리에게 중요한 것은 각 항

3) 석가모니의 생애라든가 초기불교를 소개하는 서적에는 물론이요 불교를 개괄적으로 소개하는 서적에는 어김없이 팔정도에 관한 설명이 나온다. 그 이외에 팔정도를 주요 주제로 삼아 설명하는 서적으로는 Walpola Lahula(2002), *What the Buddhist Taught and Noble Eightfold Path*, 전재성(역), 「붓다의 가르침과 팔정도」, 한국빠알리성전협회; 김정빈(1999), 「근본불교의 가르침: 四諦 八

목 하나하나의 의미를 세밀하게 따지는 것이 아니다. 수행의 실제를 이해하는 데 필요한 것은 '마음과 관련하여 무명으로 말미암아 행 이하 일체의 괴로움이 전개된다는 것은 무엇을 의미하며, 역으로 무명을 제거함으로써 행 이하 일체의 괴로움이 소멸된다는 것은 무엇을 의미하는가'라는 문제를 해결하는 것이다. 마음의 운동에 관한 기신론의 설명은 이 문제를 해결하는 데에 좋은 실마리를 제공한다.

기신론에서는 마음의 운동을 훈습으로 설명한다. '훈습이라는 것은 비유컨대 사람의 옷이 그 자체로는 냄새가 없지만 사람이 그 냄새를 오랫동안 배게 하면 냄새를 가지게 되는 것과 같다'(熏習義者 如世間衣服 實無於香 若人以香 而熏習故 則有香氣, 기신론 36). 이 비유에 의하면, 훈습이 일어나기 위해서는 '냄새가 배게 되는 것'(훈습의 대상)에 대한 '냄새를 배게 하는 것'(훈습의 주체)의 지속적인 영향이 있어야 한다. 그러나 훈습 대상에 대한 훈습 주체의 지속적인 영향이 있다고 하여 언제나 훈습이 일어나는 것은 아니다. 훈습 대상에 대한 훈습 주체의 영향이 '특별한' 경우에 그 영향은 훈습으로 작용한다. 기신론에서는 '내적 원인'(因)과 '외적 계기'(緣)라는 용어를 사용하여 그 작용을 설명한다.

正道를 중심으로」, 불광출판부 등이 있다.

> 부처의 가르침에 의하면, 모든 현상에는 '내적 원인'과 '외적 계기'가 있다. 이 양자가 모두 갖추어질 때 결과가 이루어진다는 것이다. 예컨대 나무의 불붙는 성질은 불의 '원인'이다. 만약 사람이 불붙는 수단을 강구할 줄 모른다면 나무가 혼자서 불붙는다는 것은 있을 수 없다.
>
> (又諸佛法 有因有緣 因緣具足 乃得成辦 如木中火性 是火正因 若無人知 不假方便 能自燒木 無有是處, 기신론 39)

이 설명에 의하면, 일체의 결과에는 반드시 '내적 원인'과 '외적 계기'가 있다. 여기서의 '원인'은, 보통의 의미에서의 원인이 사물과 별도로 그것의 '밖'에 있는 것과는 달리, 사물의 '안'에 있다. 이것은 나무의 불붙는 성질이 나무 '안'에 있는 것과 마찬가지이다. 이 점에서 이 원인은 보통의 의미에서의 원인과 구분하여 '내적 원인'이라고 부른다. 원인이 사물의 '안'에 있다는 것은 그 원인이 인간의 감각 기관에 의하여 파악되지 않는다는 것을 의미한다. 그리하여 그 원인은, 나무의 불붙는 성질이 나무가 불탄다는 사실로부터 논리적으로 추론하여 밝혀질 수 있는 것과 마찬가지로, 모종의 현상을 보고 그것으로부터 논리적으로 추론하여 밝혀질 수 있을 뿐이다.

이와는 달리, '계기'는, 성냥을 그어대는 것과 마찬가지로, 사물과는 별도로 사물의 '밖'에 있다. 이 점에서 이 계기는 '외적 계기'라고 부를 수 있다. 우리가 보통 '원인'이라고 하는 것은 여기서의 '외적 계기'에 해당한다. 계기가 사물의 '밖'에 있다는 것은 그것이 인간의 감각 기관에 의하여 파악된다는 것을 의미한다. 그러나 그 계기가 계기로서의 역할을 수행하기 위해서는 사물에 대하여 '성냥불을 그어대는 것'과 같은 모종의 일을 해야 한다.

'내적 원인'과 '외적 계기'가 이와 같은 것이라면, 모종의 결과를 만들어내기 위해서는 양자가 서로를 요청할 수밖에 없다. 한편으로 내적 원인은 자신의 존재를 드러내는 위하여 외적 계기를 요청한다. 내적 원인은 그것이 '내적' 원인인 한 결코 인간의 감각 기관에 의하여 파악되지 않으며, 따라서 외적 계기를 매체로 할 경우에 한하여 비로소 존재한다는 사실이 밖으로 알려진다. 말하자면, 외적 계기는 '안'에 있는 내적 원인을 밖으로 드러내기 위한 촉매제의 역할을 하는 것이다(한상원, 2000, p. 25~26). 다른 한편으로 외적 계기가 계기로서의 의미를 가지는 것은 내적 원인에 의하여 가능하다. 외적 계기는 그것이 아무리 모종의 일을 한다고 하더라도 내적 원인을 만나지 못한다면 그 일은 아무런 의미를 가지지 못한다. 말하자면, 내적 원인은 외적 계기가 의미있는 것이 되도록 하는 조건으로서의 역할을 하는 것이다(한상원, 2000, p. 26).

기신론에 의하면, 우리의 마음에도 훈습과 비슷한 현상이 일어난다. '진여, 그리고 그것이 나타내는 "깨끗한 마음"(眞如淨法)은 원래 물든 것이 아니지만, 무명이 오랫동안 지속적으로 영향을 주면(熏習) "물든 마음"(染相)을 띠게 되며, 무명, 그리고 그것이 나타내는 "물든 마음"(無明染相)은 원래 깨끗한 것이 아니지만, 진여가 오랫동안 지속적으로 영향을 주면 "깨끗한 기능"(淨用)을 나타내게 된다'(眞如淨法 實無於染 但以無明 而熏習故 則有染相 無明染法 實無淨業 但以眞如 而熏習故 則有淨用, 기신론 36). 우리의 마음은 무명의 영향을 받는가, 아니면 진여의 영향을 받는가에 따라서 '깨끗한 마음'에서 '물든 마음'으로 바뀌기도 하고, '물든 마음'에서 '깨끗한 마음'으로 바뀌기도 한다. 말하자면, 우리의 마음은 상반되는 두 방향으로의 운동을 하는 것이다. 훈습을 포함하여 일체의 현상이 '내적 원인'과 '외적 계기'를 갖춘 경우에라야 비로소 성립하는 만큼, '마음의 운동' 또한 내적 원인과 외적 계기를 갖춘 경우에라야 일어난다고 말할 수 있다. 그러므로 '마음의 운동'을 이해하기 위해서는 그 운동에 갖추어진 내적 원인과 외적 계기는 각각 무엇인지, 그 양자는 어떻게 상호작용을 하는지를 알아볼 필요가 있다. 기신론에서는 깨끗한 마음에서 물든 마음으로의 운동을 '진여에서 생멸심으로의 운동'(染法熏習)으로 설명하며, 물든 마음에서 깨끗한 마음으로의 운동을 '생멸심에서 진여로의 운동'(淨法熏習)으로 설명한다.

우선, 염법훈습에 관한 기신론의 설명을 살펴보자. 기신론에서는 크게 두 부분으로 나누어 염법훈습을 설명한다. 앞부분에서는 '생멸심이 뚜렷한 모습을 갖추게 되는 과정'을 설명하며, 뒷부분에서는 '각각의 요소에서 일어나는 마음의 작용'을 설명한다.

'훈습이 끊임없이 상념으로 흐르게 한다'는 말은 다음과 같이 설명된다. 먼저, '진여'와 '깨끗한 마음'으로 말미암아 그것에 대비되는 것으로 무명이 있다. 이 '무명'이 상념의 원인(因)으로서 진여에 훈습한다. 이 훈습으로 말미암아 '망심'이 생기고 망심이 다시 무명에 훈습한다. 이 상태는 마음이 유일 실재인 진여에 이르지 못한 상태로서, 여기서는 '깨닫지 못한 마음'(不覺心)이 일어나서 '망경계'가 나타나고 망경계가 상념의 계기(緣)가 되어 망심에 훈습한다. 이 과정을 통하여 마음에 집착이 생기고 온갖 의도와 행위를 일으켜 심신의 모든 괴로움(苦)을 당하게 된다.

'망경계'라는 요소에서 일어나는 훈습(妄境界熏習)은 두 가지 작용을 한다. 하나는 상념을 조장하는 것(增長念熏習)이요, 또 하는 집착을 조장하는 것(增長取熏習)이다. '망심'이라는 요소에서 일어나는 훈습(妄心熏習)은 두 가지 작용을 한다. 하나는 '의지'를 조장하는 것(業識根本熏習)으로서, 이로 말미암아 2승(二乘)의 수행을 완수한 아라한과 벽지불 그리고 모든 대승의 수행자들은 현상의 괴로움을 당한다. 또 하나는 '사고'를 조장하는 것(增長分別事識熏習)으로서, 이로 말미암아 우둔한 자는 온갖 행위로 인한 괴로움을 당한다. '무명'이라는 요소에서 일어나는 훈습(無明熏習)은 두 가지 작용을 한다. 하나는 훈습의 근본(根本熏習)으로서, '의지'를 일으키는 것이요, 또 하나는 '사고'를 일으킴으로써 편견과 애착을 가지도록 하는 것(所起見愛熏習)이다.

(云何熏習 起染法不斷 所謂以依眞如法故 有於無明 以有無明 染法因故 卽熏習眞如 以熏習故 則有妄心 以有妄心 卽熏習無明 不了眞如法故 不覺念起 現妄境界 以有妄境界 染法緣故 則熏習妄心 令其念着 造種種業 受於一切 身心等苦 此妄境界熏習義則有二種 云何爲二 一者增長念熏習 二者增長取熏習 妄心熏習

義 則有二種 云何爲二 一者業識根本熏習 能受阿羅漢 辟支佛 一切菩薩 生滅苦故 二者增長分別事識熏習 能受凡夫 業繫苦故 無明熏習義 有二種 云何爲二 一者根本熏習 以能成就 業識義故 二者所起見愛熏習 以能成就 分別事識義故, 기신론 37)

이 인용문에서는 생멸심이 뚜렷한 모습을 갖추게 되는 과정을 다음과 같이 설명한다. 처음에는 '진여'(眞如) 이외에는 아무것도 없었다. '무명'(無明)은 진여와의 대비에 의하여 성립한다. 그 무명이 진여에 훈습을 하면, 진여는 '망심'(妄心)으로 바뀐다. 이 망심이 다시 무명에 훈습을 하면, '깨닫지 못한 마음'(불각념 不覺念)과 더불어 '망경계'(妄境界)가 생긴다. 이 망경계가 다시 망심에 훈습하면 우리의 마음은 집착과 편견에 사로잡히고, 그리하여 괴로움을 당하게 된다. 이것을 도식화하면 다음과 같다.

진여 ⇄ 무명 ⇆ 망심 ⇆ 망경계

이 도식을 그대로 받아들일 경우, 생멸심은 진여와 무명과 망심과 망경계라고 하는 네 가지 요소의 상호 작용에 의하여 뚜렷한 모습을 갖추게 되는 것으로 해석된다. 망경계훈습, 망심훈습 등으로 이어지는 기신론의 다음 설명을 참고할 때 이런 식의 해석은 지극히 당연한 것처럼 보인다. 실지로 망경계훈습, 망심훈습 등을 훈습의 주체에 의한 분류로 보고 그것들을 훈습의 네 가지 종류로 해석하는 연구가 없는 것이 아니다(오지섭, 1986; 김동화, 1984). 모르기는 해도 이 연구가 이런 방향을 취한 것은 기신론의 다음 구절에 그 원인이 있을 것이다.

> '훈습'에는 네 가지 종류가 있어서 끊임없이 상념으로 흐르게 하기도 하고 진여로 돌아가게 하기도 한다. 그 네 가지 종류라고 하는 것은 1) 진여, 2) 무명, 3) 망심, 그리고 4) 망경계이다. 진여는 깨끗한 마음(淨法), 무명은 상념의 원인(一切染因), 망심은 상념(業識), 그리고 망경계는 상념의 대상(六塵)이다.
>
> (復次有四種法 熏習義故 染法淨法 起不斷絶 云何爲四 一者淨法 名爲眞如 二者一切染因 名爲無明 三者妄心 名爲業識 四者妄境界 所謂六塵, 기신론 35)

그러나 이 해석은 받아들이기 어렵다. 망경계훈습 등을 훈습의 종류로 볼 경우에 '이 네(세) 가지 종류의 훈습은 염법훈습, 정법훈습으로 나누어지는 두 가지 종류의 훈습과 어떻게 구분되는가'하는 문제가 대두된다. 사실상, 이 문제는 위의 인용문 뒷부분에 설명되어 있는 망경계훈습, 망심훈습, 무명훈습의 내용을 살펴보면 전혀 불필요하게 대두된 것임을 알 수 있다. 만약 망경계훈습 등이 훈습의 주체에 따라 훈습을 분류한, 훈습의 종류를 가리키는 것이라면, 그 설명은 원칙상 그 망경계 등으로 지칭되는 훈습의 주체가 각기 다른 훈습의 대상에 대하여 각기 다른 역할을 수행하는 내용으로 이루어져야 마땅하다. 그러나 이 세 가지 훈습은 모두 동일하게 망심(생멸심)을 두 수준으로 나누고, 그 망경계 등에 의하여 그 두 수준의 망심(생멸심)이 나타난다는 것을 설명하고 있다.[4] 구체적으로 말하여, 세 가지 훈습은 모두 최종적으로 망심에 업식(業識)과 분별사식(分別事識)이 생기고 그것으로 말미암아 온갖 집착과 괴로움을 당하게 된다는 점을 설명한다. 그러므로 세 가지 훈습은 동일한 지위를 가지는 서로 다른 세 가지 종류의 훈습으로 볼 수 없다. 이 점과 관련하여 특히 주목을 끄는 것은, 앞으로의 논의에서 살펴보게 될 바와 같이, 정법훈습에서는 망경계훈습, 망심훈습, 무명훈습 중에서 망심훈습만 언급되며, 거기서 망심훈습은 염법훈습에서의 망심훈습과 정반대의 작용을 한다는 점이다. 이것은 망경계훈습, 망심훈습, 무명훈습이 각각 훈습의 종류를 가리키는 것이 아니라, '망심'으로 지칭되는 마음의 현상을 설명하는 데 필요한 요소로 보아야 한다는 것을 보여준다. 망심훈습에서의 '망심'은 생멸심의 또다른 이름을 가리키며, 무명훈습에서의 '무명'과 망경계훈습에서의 '망경계'는 위의 인용문(37)에 나타나 있듯이 각각 망심의 내적 원인과 외적 계기를 가리키는 것으로 해석된다.[5] 이

---

4) 기신론에서는 여러 차례 망심을 두 수준으로 나누어 분류한다. 예컨대 의와 의식(26, 27, 29), 추념과 세념(33), 불상응심과 상응심(33), 업식과 분별사식(46) 등의 구분은 용어상의 차이에도 불구하고 모두 망심의 두 수준을 나타낸다. 자세한 내용은 이홍우(2006), 「대승기신론 통석」 '10. 굵은 마음과 가는 마음' 참조.

5) 이 해석은 이홍우(2006), 「대승기신론 통석」 '13. 마음의 두 방향'의 설명을 이 논문에 맞게 고쳐 쓴 것이다. '마음의 두 방향'에서는 진여훈습, 무명훈습 등등이 진여라는 '지점'(또는 부소), 무명이라는 '지점' 등등에서 일어나는 훈습을 가리킨다는 점, 그리하여 훈습이라고 불리는 마음의 운동은 이 네 개

해석에 따라 염법훈습에 관한 기신론의 설명을 인(因)과 연(緣)에 나타난 불교 특유의 사고방식에 맞추어 진술하자면, '망심'으로 지칭되는 마음의 현상은 '무명'이라는 내적 원인과 '망경계'라는 외적 계기의 결합에 의하여 생겨나는 것으로 된다.

그렇다면, 망심은 어떤 특성을 가지고 있는가? 말할 필요도 없이, 이 문제를 해결하기 위해서는 무엇보다도 먼저 망심의 내적 원인인 무명과 망심의 외적 계기인 망경계가 각각 어떤 특성을 가지고 있으며 양자는 어떻게 상호 작용하는가를 살펴볼 필요가 있다. '무명은 언제, 어디에서 시작되는가'라는 질문은 위의 문제를 해결하는 데에 좋은 출발점이 될 것이다. 위의 인용문에 나타나 있듯이, '처음에는 진여 이외에는 아무 것도 없었다. 여기에 "무명"이라는 바람이 불어 "물든 마음"(망심)이 생겨난다'(是心 從本已來 自性淸淨 而有無明 爲無明所染 有其染心, 기신론 30). '무명이라는 것은 마음이 유일 실재에 이르지 못하여, 인식의 주체와 대상이 분화되지 않은 상태에서 홀연히 상념이 일어나는 것을 가리킨다'(以不達一法界故 心不相應 忽然念起 名爲無明, 기신론 30). 기신론의 이 설명대로라면, 상념은 없던

의 지점을 통과하는 운동으로 기술될 수 있다는 점, 훈습의 궤도는 이 네 개의 지점을 연결하는 선으로 이루어진다는 점을 설명한다. '마음의 두 방향'에서는 이 점을 시각화하여 감동적으로 실감나게 설명하고 있다. 이 아이디어를 그대로 수용하여 훈습에 관한 기신론의 설명을 재해석한 논문으로는 강현영(2003), '불교사상을 통해서 본 수학교육의 정신도야적 가치: 대승기신론을 중심으로', 서울대학교 석사학위 논문이 있다.

상태에서 '홀연히'(忽然) 시작되며, 그런 만큼 무명 또한 '없는' 상태에서 '있는' 상태로 되는 '시발점'이 있다.

그러나 이와는 정반대로 기신론의 또다른 구절에 의하면, 무명에는 '시발점'이라는 것이 있을 수 없다. 즉, '중생은 본래부터 끊임없이 계속되는 망심에 얽매어 있으며, 거기서 벗어나는 법이 없다. 이런 뜻에서 무시무명(無始無明)이라는 말을 쓴다'(以從本來 念念相續 未曾離念故 說無始無明, 기신론 19). 그럴 수밖에 없다. 무명은 다른 데 있는 것이 아니라 바로 진여와 더불어 있다. 무명은 진여와 동일하지도 상이하지도 않은 상태로 결합되어 여래장 (또는 아려야식) 속에 감추어져 있는 것이다(所謂不生不滅 與生滅和合 非一非異 名爲阿黎耶識, 기신론 16). 그럼에도 불구하고 '홀연히 일어난다'(忽然念起)라는 표현을 쓰는 것은, 모르기는 해도, 망심이 일어나는 것은 지극히 미세하여 어느 누구도 알 수 없다는 것, 다시 무명보다 더 근본적인 원인은 있을 수 없다는 것을 말하기 위해서일 것이다(김동화, 1984, p. 230). 사실상, 기신론에서는 '망심이 무명에 의하여 일어난다는 것은 어리석은 중생은 물론이요 수행의 완성 단계에 이른 사람이라 하더라도 완전히는 알 수 없다'(依無明熏習 所起識者 非凡夫能知 亦非二乘 智慧所覺 . . . 乃至菩薩究竟地 不能知盡, 기신론 30)라든가 '마음이 일어나는 최초의 발단(初相)이라는 것은 알 방법이 없다'(又心起者 無有初相可知, 기신론 19)라는 식의 말을 한다. 기신론에서 이런 식의 말을 하는 것은, 따지고 보면, 망심이라는 것은 생기는 것이 아니라는 데에, 만약 생긴다고 하더라도 '거의 식별될 수 없을 정도로 가늘게 깜박거리면서'(微細起滅故, 기신론 68) 생긴다는 데에 있다고 말할 수 있다.

아닌게 아니라, 무명에 시작이 없다는 것은 망심이 무명이라는 내적 원인과 망경계라는 외적 원인의 결합에 의하여 생겨난다는 말 속에 이미 포함되어 있다. 망심이 무명과 망경계의 결합에 의하여 생기는 것이라면 망경계는 망심이 생기기 이전에 존재해야 한다. 그러나 염법훈습에 관한 기신론의 설명에 의하면, 망경계는 망심이 생긴 이후에라야 나타난다. 그리하여 망심은 그것이 생긴 이후에라야 나타나는 망경계를 계기로 하여 생겨난다는 불합리한 결론에 이르게 된다. 이러한 불합리한 결론은 망심이 없던 상태에서 생겨난다고 생각하는 한 필연적으로 생길 수밖에 없다. 이 불합리한 결론에서 벗어나는 유일한 방법은 망심은 생기는 것이 아니라 본래부터 가지고 있는 것임을 인정하는 것이다. 이럴 경우 무명은 상념이 있다는 사실로부터 추론되는, 상념의 '논리적 원인'으로 된다. 무명이 상념의 논리적 원인이라면, 무명은 상념 이전에 존재하면서 상념을 만들어내는 원인이 아니다. 무명은 그 존재가 망심 속에 감추진 채 그것과 더불어 존재하다가 망경계라는 외적 계기의 작용에 의하여 비로소 밖으로 드러나는 것이다.

무명에 관한 지금까지의 고찰에서 드러난 바에 의하면, 망심은 없던 상태에서 생기는 것이 아니다. 그럼에도 불구하고 염법훈습에서는 망심이 없던 상태에서 생기는 것으로 설명한다. 그렇다면 염법훈습에 관한 기신론의 설명은 잘못된 것인가? 물론, 그렇지 않다. 염법훈습의 중요성은 무엇보다도 '"진여"와 "깨끗한 마음"으로 말미암아 그것에 대비되는 것으로 "무명"이 있다'(以依眞如法故 有於無明)라는 염법훈습의 첫구절에서 찾을 수 있다. 이 구절의 의미를 이해하기 위해서는 염법훈습에서 진여가 차지하는 지위를 알아볼 필요가 있다. 염법훈습의 뒷부분에 등장하는, '각각의 요소에서 일어나는 마음의 작용'에 관한 설명에서 알 수 있듯이, 염법훈습에는 '진여훈습'이라는 것이 없다. 이것은 진여가 염법훈습에서 적극적인 역할을 수행하지 않는다는 것을 의미한다. 그렇다고 하여 염법훈습에서 진여가 중요한 지위를 차지하지 않는 것은 아니다. 무명은, 조금 전에 언급한 바와 같이, 진여와의 대비에 의하여 상정될 뿐이다. 이 말은, 무명은 실체가 없다는 것, 따라서 수행에 의하여 없앨 수 있다는 것을 의미한다. 이와는 반대로, 진여는, 비록 적극적인 역할을 수행하는 것은 아니라고 하더라도, 염법훈습을 가능하게 하는 기본 바탕이다. 진여가 없다면, 염법훈습은 그 자체가 불가능하다. 바로 그 진여는, 다음 절에서 살펴볼 바와 같이, 상황에 관계없이 그 본래의 성격을 그대로 간직하고 있다. 다만, 염법훈습에서 진여는 무명을 뒤집어 쓴 상태로, 또는 무명에 의하여 왜곡된 상태로 그 본래의 성격을 간직할 뿐이다. 이것으로 볼 때, 염법훈습에서 망심을 없던 상태에서 생기는 것처럼 설명하는 것은, 현재 인간의 마음은 무명에 의하여 물든 상태에 있다는 점, 그러나 그 물든 상태는 수행을 함으로써 무명을 제거함과 동시에 없앨 수 있다는 점, 이것이 가능한 것은 인간의 마음이 진여를 왜곡된 상태로나마 본래의 성격 그대로 간직하고 있기 때문이라는 점을 말하기 위한 것으로 보아야 마땅하다.

이 점은 정법훈습(淨法熏習)에 관한 기신론의 설명에 보다 분명한 형태로 제시되어 있다. 기신론에서는 이 방향으로의 운동 또한 크게 두 부분으로 나누어 설명한다. 염법훈습에서와 마찬가지로, 앞부분에서는 '진여를 그리워하게 되는 과정'을, 뒷부분에서는 '각각의 요소에서 일어나는 마음의 작용'을 설명한다.

> '훈습이 끊임없이 진여로 돌아가게 한다'는 말은 다음과 같이 설명된다. 먼저, '진여'와 '깨끗한 마음'이 '무명'에 훈습한다. 이 훈습이 원인과 계기로 작용하여 '망심'으로 하여금 생사의 괴로움을 멀리하고 열반을 희구하게 만든다. 망심의 이러한 성향이 다시 원인과 계기가 되어 진여에 훈습한다. 이런 과정을 통하여 마음은 그 자체의 본성에 믿음을 가지게 된다. 이제 마음은 눈앞의 사물과 현상이 마음의 헛된 움직임이라는 것을 알고 그것을 점점 초월하게 된다. 이제 마음은 '참으로 있는 것' 그대로의 진리, 다시 말하면 눈앞의 사물이나 현상은 존재하지 않는다는 것을 점점 알게 된다. 마음은 갖가지 방편을 동원하여 진여로 향한 길을 걸으면서 모든 집착과 상념을 끊어 버린다. 오랜 동안의 이 훈습의 결과로 무명이 사라지며 무명이 사라짐에 따라 상념이 일지 않으며 상념이 일지 않으므로 그 대상 또한 사라진다. 그 내적 원인과 외적 계기가 모두 사라짐으로써 '마음의 양상'(心

相)이 자취를 감추게 된다. 이것을 일컬어 '열반에 들어간다'(得涅槃)든가 '자연스러운 행위를 이룬다'(成自然業)고 한다.

'망심'이라는 요소에서 일어나는 훈습(妄心熏習)은 두 가지 작용을 한다. 하나는 '사고'를 이끄는 것(分別事識熏習)으로서, 이로 말미암아 우둔한 자와 2승(二乘)의 수행자는 생사의 괴로움을 멀리하고 그 능력이 미치는 한도 내에서 최상의 깨달음을 향하여 점점 나아간다. 또 하나는 '의지'를 이끄는 것(意熏習)으로서, 이로 말미암아 대승의 수행자는 용맹하게 발심하여 열반의 길을 재빨리 달려간다. '진여'라는 요소에서 일어나는 훈습(眞如熏習)은 두 가지로 구분하여 말할 수 있다. 하나는 '진여 본체의 양상에 의한 훈습'(自體相熏習)이며, 또 하나는 '진여의 기능에 의한 훈습'(用熏習)이다. '진여 본체의 양상에 의한 훈습'(自體相熏習)은 진여가 시작을 알 수 없는 긴 시간을 통하여 언제나 모든 깨끗한 성질(無漏性)을 갖추고 있고 또한 훌륭하고 오묘한 행적(不思議業)으로 사물의 본성을 드러내는 특성을 가지고 있다는 사실에 기인한다. 이 두 가지 특징은 언제나 끊임없이 영향력을 발휘하여 중생으로 하여금 생사의 괴로움을 멀리하고 열반을 희구하도록 하며, 자신의 마음 속에 진여가 존재한다는 것을 믿고 발심하여 수행에 정진하도록 한다.

(云何熏習 起淨法不斷 所謂以有眞如法故 能熏習無明 以熏習因緣力故 則令妄心 厭生死苦 樂求涅槃 以此妄心 有厭求因緣故 卽熏習眞如 自信己性 知心妄動 無前境界 修遠離法 以如實知無前境界故 種種方便 起隨順行 不取不念 乃至久遠 熏習力故 無明則滅 以無明滅故 心無有起 以無起故 境界隨滅 以因緣俱滅故心相皆盡 名得涅槃 成自然業 妄心熏習義 有二種 云何爲二 一者分別事識熏習 依諸凡夫二乘人等 厭生死苦 隨力所能 以漸趣向無上道故 二者意熏習 謂諸菩薩 發心勇猛 速趣涅槃故 眞如熏習

義 有二種 云何爲二 一者自體相熏習 二者用熏習 自體相熏習者 從無始世來 具無漏法備有不思議業 作境界之性 依此二義 恒常熏習 以有力故 能令衆生 厭生死苦 樂求涅槃 自信己身 有眞如法 發心修行, 기신론 38)

이 인용문에서는 '진여를 그리워하게 되는 과정'을 다음과 같이 설명한다. 먼저, 진여가 무명을 훈습하면, 그것이 내적 원인과 외적 계기로 작용하여 망심은 진여를 그리워하게 된다. 망심의 이러한 성향이 다시 원인과 계기가 되어 진여에 훈습하면, 마음은 본성에 대한 믿음과 더불어 눈앞의 사물과 현상이 무명에 의하여 생겨난 환상임을 알게 된다. 수행을 통하여 무명을 제거하면, 마음은 열반에 들어가 자연스러운 행위를 이룬다. 기신론에서는 '진여를 그리워하게 되는 과정'을 이와 같이 설명하지만, 진여는, 앞으로의 논의에서 살펴보게 될 바와 같이, '무구분'과 '무변화'를 특징으로 하는 한, 내적 원인과 외적 계기로 구분되는 것은 물론이요 어떤 방식으로든지 간에 '작용'이라는 것을 할 수 없다. 그러므로 그 설명은 자세한 해명을 필요로 한다.

진여는 '그 원래의 모습에 있어서는 말로 형용할 수도, 이름을 붙일 수도, 생각을 품을 수도 없는'(從本已來 離言說相 離名字相 離心緣相, 기신론 11) 그런 것이다. 그러나 진여는 망심과 관련을 맺지 않는 한 아무런 의미를 가질 수 없다. 진여가 인간에게 의미있는 것이 되기 위해서는 망심에 의하여 파악되는 것이어야 한다(復以何義 得說差別 以依業識 生滅相示, 기신론 44).

망심에 의하여 파악된 이 진여는 '그 원래의 모습에 있어서'의 진여와 동일한 것은 아니지만, 그렇다고 하여 진여와 다른 것일 수도 없다. 사실상, 기신론은 여기저기에서 이 점을 설명한다. 예컨대, '상념에 의하여 규정된 본각(진여)은 본각 그 자체와 별개의 것이 아니다'(本覺 隨染分別 生二種相 與彼本覺 不相捨離, 기신론 20)라든가 '깨달음의 본체(本覺)는 깨달음의 과정(始覺)과 대비되지만, 본각과 시각은 그것이 지칭하는 깨달음의 상태에 있어서는 동일한다'(本覺義者 對始覺義說 以始覺者 卽同本覺, 17) 등이 그것이다.

진여와 망심은 다양한 방식으로 그 관련이 설명되겠지만, 정법훈습의 맥락에서 진여와 망심은 '내적 원인'과 '외적 계기'라는 개념에 의하여 그 관련이 설명된다. 사실상, 기신론은 그 개요를 제시하는 첫머리에서 이것을 다음과 같이 예고한다. '마음은 "실재"(진여)와 "현상"(생멸)이라는 두 측면에서 파악될 수 있으며, 이 중에서 실재의 측면은 마하아야아나의 본체(體)를, 현상의 측면은 마하아야아나 본체의 외적 표현으로서의 양상(自體相)과 기능(用)을 나타낸다'(是心眞如相 卽示摩訶衍體故 是心生滅因緣相 能示摩訶衍 自體相用故, 기신론 7). 마하아야아나는 현상계(생멸계)에서 '자체상'(自體相)과 '용'(用)으로 표현된다.[6] 자체상

---

6) 자체상용에 관해서는 두 가지 해석이 가능하다. 하나는 그것을 자체(自體), 상(相), 용(用)으로 해석하는 것이며, 다른 하나는 그것을 자체상(自體相), 용(用)으로 해석하는 것이다. 법장(法藏)을 비롯하여 대부분의 사람들이 전자

과 용은 정법훈습에서 각각 '내적 원인'과 '외적 계기'로 작용한다. 위의 인용문에 나타나 있듯이, 자체상은 '시작을 알 수 없는 긴 시간을 통하여' 중생이라면 누구나 가지고 있는, 진여의 깨끗한 성질(無漏性)과 오묘한 행적(不思意業)을 가리킨다. 중생이 진여를 그리워하는 마음을 가질 수 있는 것은, 염법훈습에서 확인된 바와 같이, 무명을 뒤집어 쓴 상태로나마, 또는 무명에 의하여 왜곡된 상태로나마 마음 안에 진여를 간직하고 있기 때문이다. 이것이 '내적 원인'으로 작용하여 망심으로 하여금 '생사의 괴로움을 멀리하고 그 능력이 미치는 한도 내에서 최상의 깨달음을 향하여 점점 나아가도록 하며', '용맹하게 발심하여 열반의 길을 재빨리 달려가도록 영향력을 발휘하는 것이다.'

이 말이 맞다면, 모든 중생은 하나같이 특별한 노력이 없이도 모두 한꺼번에 진여의 훈습을 받아 열반에 들어가야 마땅하다. 그러나 우리가 사는 이 세상은 믿음이 있는 사람과 없는 사람, 먼저 깨달음 사람과 나중에 깨달은 사람 등의 차이로 가득 차 있다. 어째서 그런가? 기신론에서는 이 질문에 대하여 다음과 같이 대답한다.

의 해석을 따르고 있지만(조은수, 1986, p. 12; 김재길, 1989, p. 36), 이 해석을 따를 경우에, 마음의 본체는 진여와 생멸심이라는 두 영역에 있는 것이 되며, 따라서 두 영역에 있는 마음의 본체는 동일한가 상이한가라는 불필요한 문제가 대두된다. 이 문제를 피하기 위해서는 이 논문에서처럼 후자의 해석을 따를 수밖에 없다(이홍우, 2006, p. 120; 전종식, 1993, p. 36~38). 더 나아가 훈습에 관한 기신론의 설명을 참고할 경우에는 원효처럼 이 후자의 설명을 받아들이지 않으면 안된다.

진여는 본래 하나이지만, 한도 끝도 없는 무명(無量無邊無明)이 있어서 처음부터 진여의 본성에 두텁고 얇은 것과 같은 여러 가지 차이가 있다. . . 비록 중생에게 훈습의 힘이라는 '원인'이 있는 것은 사실이지만, 만약 '깨달은 자'나 수행자 또는 훌륭한 동료 선배(善知識)를 만나서 그것을 '계기'로 활용하지 않는다면 혼자서 번뇌를 끊고 열반에 든다는 것은 있을 수 없다. 그러나, 물론, 아무리 외적 계기가 주어져 있다 하더라도 내부의 깨끗한 지혜(淨法)가 훈습의 힘을 발휘하지 않는다면, 이 경우에도 또한 생사의 괴로움을 영원히 멀리하고 오로지 열반을 희구하는 것은 불가능하다. 원인과 계기가 모두 갖추어져 있다는 것은 자신의 마음속에 훈습의 힘이 있고 또 밖에서 '깨달은 자'와 수행자들이 자비심을 가지고 도와주려고 하는 경우를 말한다. 이때에야 비로소 중생은 괴로움을 멀리하는 마음을 일으키고 열반이 있다는 것을 믿으며 자신이 가지고 있는 훌륭한 자질을 연마할 수 있다. 그리고 그러한 자질이 충분히 연마되었을 때 비로소 중생은 '깨달은 자'와 수행자의 가르침을 흔쾌히 받아들여 열반의 길로 나아갈 수 있게 된다.

(眞如本一 而有無量無邊無明 從本以來 自性差別 厚薄不同故 . . . 雖有正因 熏習之力 若不値遇 諸佛菩薩 善知識等 以之爲緣 能自斷煩惱 入涅槃者 則無是處 若雖有外緣之力 而內淨法 未有熏習力者 亦不能究竟 厭生死苦 樂求涅槃 若因緣具足者 所謂自有熏習之力 又爲諸佛菩薩等 慈悲願護故 能起厭苦之心 信有涅槃 修習善根 以修善根成熟故 則値諸佛菩薩 示敎利喜 乃能進趣向涅槃道, 기신론 39)

이 인용문에 의하면, 중생에게 진여를 그리워하는 마음이 생기기 위해서는 중생의 마음 안에 갖추어진 '내적 원인' 이외에 '외적 계기'를 필요로 한다. 외적 계기는 중생의 마음 밖에 있는 '깨달은 자'나 수행자 또는 훌륭한 동료 선배 등을 가리킨다. 이것을 '용'(用)이라고 부르는 것이다. 그러나 다시, 아무리 용(用)이라는 외적 계기가 주어져 있다고 하더라도 마음 안에 자체상(自體相)이라는 내적 원인이 갖추어져 있지 않다면, 이 경우에도 진여를 그리워하는 마음은 생기지 않는다. 즉, 중생에게 진여를 그리워하는 마음이 생기는 것은 마음 안에 자체상(自體相)과 마음 바깥에 용(用)이 동시에 갖추어져 있을 경우에 한하여 가능한 것이다. 여기서 '자체상'과 '용'은 다름 아닌 '진여'의 상이한 작용을 가리키는 만큼 각각 '진여자체상'과 '진여용'이라고 부를 수 있다.

지금까지의 설명을 간단하게 요약하면 다음과 같다. 인간의 마음은 태어나는 순간부터 한시도 망심에서 벗어난 적이 없다. 무명과 망경계는 망심으로서의 이 마음의 상태를 설명하기 위하여 마련된 개념이다. 즉, 인간의 마음이 눈앞에 펼쳐진 사물과 현상을 대상으로 하여 사색과 분별을 하고 이해득실을 따져 애착과 편견을 가지며 그것으로 인하여 온갖 괴로움을 당할 경우에, 마음 안에 있는 괴로움의 원인을 '무명', 마음 밖의 사물과 현상, 즉 괴로움의 외적 계기를 '망경계'라고 하는 것이다. 이와는 반대로 망심의 기본 바탕을 이루는 진여가 힘을 발휘하여 무명에 훈습하면, 망심에 진여를 그리워하는 마음이 생긴다. 눈앞에 펼쳐진 사물과 현상이 망심으로 하여금 '최상의 깨달음을 향하여 점점 나아가도록 할' 경우에, 마음 안에 있는 원인을 '진여자체상', 마음 바깥의 사물과 현상, 즉 깨달음의 외적 계기를 '진여용'라고 하는 것이다. 이렇게 말하고 보면, 진여자체상과 진여용 또한, 무명이나 망경계와 마찬가지로, '망심이 어떻게 진여를 그리워하게 되는가'를 설명하기 위하여 마련된 개념으로 된다.

인간의 마음이 대면하는 세계는 결코 두 개로 나누어져 있는 것이 아니며, 그 세계를 대면하는 인간의 마음 또한 두 개로 나누어져 있지 않다. 이 점을 고려할 때, 훈습의 외적 계기로 언급된 망경계와 진여용은 다른 것이 아니라 동일한 대상의 상이한 기능을 가리키는 것으로 되며, 훈습의 내적 원인으로 언급된 무명과 진여자체상 또한 다른 것이 아니라 동일한 마음의 상이한 작용을 가리키는 것으로 된다. 그러므로 두 가지 훈습에 관한 기신론의 설명을 종합하면, 두 가지 훈습은 현재 인간의 마음의 정반대되는 두 방향으로의 운동을 설명하는 것으로 된다. 하나는 동일한 마음이 인식의 대상을 망경계로 파악함으로써 무명으로서의 마음으로 되는 운동이며, 다른 하나는 동일한 마음이 인식의 대상을 진여용으로 파악함으로써 진여자체상으로서의 마음으로 되는 운동이다. 마음이 이와 같이 두 방향으로 움직일 수 있는 것은 마음이 가지고 있는 그 자체의 구조로 인하여 가능하다고 보아야 한다. 그렇다면 마음은 어떤 구조로 되어 있기에 정반대되는 두 방향으로의 운동을 할 수 있는가? 이 문제는 다음 절에서 해결해야 할 과제이다.

2. 마음의 구조

'마음은 이러저러하다'는 식의 설명은 책상은 이러저러하다는 식의 설명과 동일한 형태를 띤다. 그런 만큼, 마음에 관한 설명은 책상에 관한 설명과 동일한 방식을 취하는 것으로 생각되기 쉽다. 그러나 책상은 마음이 대면하는 대상이며, 마음은 책상을 대면하는 주체이다. X는 이러저러하다는 식의 설명은 마음이 대면하는 '대상'을 설명할 경우에 취하는 방식이다. 그러므로 그것을 대면하고 있는 '마음'에 대해서는 그런 식의 설명을 취할 수 없다. 마음에 대하여 그런 식의 설명을 할 경우, 그 설명은 마음을 그 자체로 설명하는 것이 아니라 마음을 대상으로 바꾸어 설명하는 것이다. 그러나 무엇인가를 설명하는 방식은 오직 한 가지, 'X는 이러저러하다'는 식의 설명 방식밖에 없다.

그렇다면 마음 그 자체에 대하여 대답하는 방법은 없는가? 사실상 불교의 특정 종파를 제외한 불교 일반은 물론이요 기신론에서도 이 질문에 부정적인 대답을 내어 놓는다.[7] 눈이 눈을 볼 수 없는 것, 칼이 칼을 벨 수 없는 것과 마찬가지로, 마음이 마음을 설명하는 것은 논리적으로 불가능하다는 것이다. 그것은 대상이 없는 것을 설명하는 것이기 때문이다(心不見心 無相可

7) 이와는 정반대로 '마음은 마음 그 자체를 알 수 있다'고 주장하는 종파에서는, 예컨대 '다른 것을 비추는 빛은 그 자체로 밝다'라든가 '일체를 적시는 물은 그 자체로 젖어 있다'는 등의 비유를 사용한다. 널리 알려진 바와 같이, 이 주장을 하는 대표적인 종파로는 선종의 혜능 계열의 종파를 들 수 있다.

得, 기신론 28). 그럼에도 불구하고 기신론은 그 전체가 마음에 관한 설명으로 이루어져 있다고 말해도 과언이 아닐 정도로 마음에 관한 설명에 주안점을 두고 있다. 모르기는 해도 기신론의 저자는 마음에 관한 설명이 빠질 수밖에 없는, 위와 같은 위험을 분명히 인식하고, 그 위험을 극복하는 방향으로 마음을 설명하고 있다고 보아야 할 것이다. 그러나 기신론의 저자든 누구든, 인간인 한, 마음에 관한 설명이 안고 있는 위험을 모두 극복하기는 어려울 것이다.

기신론에서는 마음을 다음과 같이 설명된다.

> 마음은 하나이지만 그것은 두 개의 상이한 측면에서 파악될 수 있다는 것이다. 그것을 각각 '실재의 측면에서 파악되는 마음'(心眞如門)과 '현상의 측면에서 파악되는 마음'(心生滅門)이라고 부를 수 있다. 이 두 측면은 그 각각이 '총체'로서, 각각 일체의 사물과 현상을 포괄한다. 이것은 곧 이 두 측면이 오직 개념상으로만 구분될 뿐, 각각 별도로 존재하는 것이 아니라는 것이다.
> (衣一心法 有二種門 云何爲二 一者心眞如門 二者心生滅門 是二種門 皆各總攝一切法 此義云何 以是二門 不相離故, 기신론 10)

마음에 관한 기신론의 모든 설명은 '마음은 하나이지만 그것은 두 개의 상이한 측면에서 파악될 수 있다'는 것을 핵심 명제로 하여 출발한다. 불교학자들은 흔히 이것을 일심이문(一心二門)으로 요약하면서 다양한 해석을 내어놓는다. 그 중의 대표적인 것은 그것을 '중관과 유식의 종합'으로 해석하는 관점이다.[8] 이 관점은 그 해석의 근거로 원효의 「대승기신론별기」의 다음 구절을 제시한다.

> 이른바 '이론'이라고 하는 것은 정립해야 할 것은 남김없이 정립하면서 그와 동시에 비판해야 할 것은 남김없이 비판하는 것이다. 그러나 중관론(中觀論)이나 12문론(十二門論) 등과 같은 이론은 모든 집착을 철저히 없애기 위하여 비판하고 또 비판한 결과, 비판의 주체이거나 비판의 대상을 막론하고 어느 것 하나 부정하지 않는 것이 없었다. 이것을 '부정하기만 하고 두루하지 못하는 이론'(往而不徧論)이라고 부른다. 유가론(瑜假論)이나 섭대승론(攝大乘論) 등과 같은 이론은 깊고(淸淨) 얕은 것(染汚)을 구분하기 위하여 불교의 교리를 비교 분석한 결과, 자신이 설명한 교리를 융통성있게 부정하지 못하였다. 이것을 '긍정하기만 하고 비판적 성찰은 없는 이론'(與而不奪論)이라고 부른다.
>
> 여기에 비하여 기신론은 지혜롭고 인자하며, 그윽하고 두루하여 정립하되 저절로 비판하는 방식을 취하지 않는 경우가 없으며, 비판하되 저절로 긍정하는 방식을 취하지 않는 경우가 없다. 여기서 '비판하되 저절로 긍정하는 방식을 취하지 않는 경우가 없다'는 것은 비판된 것이 궁극적으로는 도리어 정립된다

---

8) 이 관점을 취하는 대표적인 학자는 고익진, 은정희 등이다. 이 관점을 이해하기 위해서는 고익진(1982), '원효의 화엄사상', 불교문화연구소(편), 「한국화엄사상연구」, 동국대학교 출판부; 고익진(1989), 「한국고대불교사상사」, 동국대학교 출판부; 고익진(2002) '원효의 「기신론소별기」를 통해 본 진속원융무애관과 그 성립이론', 고영섭(편저), 「원효」, 예문서원; 은정희(2002), '원효의 삼세, 아라야식설의 창안', 고영섭(편저), 「원효」, 예문서원 참조.

는 뜻을 나타내며, '정립하되 저절로 비판하는 방식을 취하지 않는 경우가 없다'는 것은 정립된 것이 궁극적으로는 도리어 비판된다는 뜻을 나타낸다. 그리하여 기신론은 모든 이론의 으뜸이요 모든 논쟁을 평정하는 주인이다.

(其爲論也 無所不立 無所不破 如中觀論十二門論等 偏破諸執 亦破於破 而不還許能破所破 是謂往而不偏論也 其瑜假論攝大乘論等 通立深淺判於法門 而不融遣自所立法 是謂與而不奪論也 今此論者 旣智旣仁 亦玄亦博 無不立而自遣 無不破而還許 而還許者 顯彼往者往極而偏立 而自遣者 明此與者窮與而奪 是謂諸論之祖宗 羣諍之評主也, 원효, 대승기신론별기)

이 인용문에 의하면, 이론이라는 것은 원칙상 '무소불립(無所不立)'이라는 정립하는 측면과 '무소불파(無所不破)'라는 비판하는 측면을 동시에 갖추어야 한다. 그러나 유식철학과 중관철학은 각각 '무소불립'과 '무소불파'만을 취하며, 따라서 이론으로서의 온전한 역할을 수행하지 못한다. 그와는 달리, 기신론은 이론으로서 갖추어야 할 이 두 가지 조건을 완전히 구비하고 있다. 고익진이 보기에, 원효가 기신론을 이론으로서의 조건을 완비한 논서로 파악한 것은 기신론이 유식철학과 중관철학을 종합함으로써 두 이론이 안고 있는 단점을 수정 · 보완한다는 데에 있다(고익진, 1982, p. 55). 고익진은 이 말을 설명하기 위하여 유식철학과 중관철학의 핵심 아이디어와 그 단점은 무엇인지, 기신론은 두 철학의 어느 측면을 수정 · 보완하는지에 관하여 자세히 설명한다.

고익진에 의하면, 중관철학은 '파집'(破執)작용으로 말미암아 궁극적으로는 '사상'(事相)을 허용하지 못하게 되며, 유식철학은 '차별'(差別)작용으로 말미암아 궁극적으로는 '사상'(事相)을 발생시키지 못하게 된다. 반면에 기신론의 일심이문(一心二門)은 두 철학을 종합함으로써 중관의 파집작용으로 하여금 유식의 차별작용을 '융견'(融遣)하여 '사상'(事相)을 발생하도록 하며, 유식의 차별작용으로 하여금 중관의 파집작용을 '지양'(止揚)하여 '사상'(事相)을 일으키도록 한다(고익진, 1982, p. 57). 고익진의 이 설명에서 '파집작용'과 '차별작용'은 각각 중관철학과 유식철학의 핵심 아이디어를, '사상을 허용하지 못한다거나 사상을 발생시키지 못한다'는 것은 그 핵심 아이디어에서 생기는 두 철학의 현실적 한계를 지적하는 것으로 이해해야 한다.

중관철학은 비판적 성찰(破)을 통하여, 연기에 지배되지 않는 것은 하나도 없다는 것, 그러나 그 사실을 있는 그대로 아는 사람은 저절로 현실세계로 나올 수밖에 없다는 것을 주장한다. 그러나 고익진이 보기에, 중관철학은, 그것이 주로 부정적 비판을 일삼는 한, 현실세계로 나오는 것은 불가능하며, 그리하여 중관철학은 '비판하기만 하고 두루하지 못하는 이론'(往而不徧論)이라는 단점을 낳을 수밖에 없는 것이다. 그리고 또한 유식철학은 고(苦)로서의 삶을 영속시키는 사바의 세계(遍計所執性, 依他起性)와 고(苦)로부터 벗어난 열반의 세계(圓成實性)를 구분한 후, 연기에 지배되는 이 세계의 실상을 있는 그대로 볼 경우 사바가 곧 열반이 된다고 설명한다. 그러나 고익진이 보기에, 유식철학은 사바의 세계를 긍정하고 열반의 세계를 비판적으로 성찰하지 않는 한, 부정적 비판을 일삼는 중관철학과 마찬가지로, 현실세계로 나오는 것은 불가능하며, 그리하여 유식철학은 '[열반을] 정립하기만 하고 [그것에 대한] 비판적 성찰은 없는 이론'(與而不奪論)이라는 단점을 낳을 수밖에 없는 것이다.

여기에 비하여 기신론의 일심이문(一心二門)은, 고익진이 보기에, 중생심의 한 측면인 진여문(眞如門)에 관한 설명을 주요 관심사로 삼는 중관철학과 중생심의 또다른 측면인 생멸인연문(生滅因緣門)에 관한 설명을 주요 관심사로 삼는 유식철학을 종합함으로써 부정적 비판을 일삼는 데에서 오는 단점과 차별적 긍정을 일삼는 데에서 오는 단점을 모두 극복하여 현실세계로 나올 수 있게 되는 것이다. 그리하여 기신론은 '모든 이론의 으뜸이요 모든 논쟁을 평정하는 주인'(諸論之祖宗, 羣論之評主)으로서의 지위를 얻게 되는 것이다.

그러나 박태원은 두 가지 상호관련된 점을 들어 일심이문을 '유식과 중관의 종합'으로 해석하는 관점에 의문을 제기한다.[9]

---

9) 일심이문을 '중관과 유식의 종합'으로 해석하는 관점에 대하여 의문을 제기하는 학자로는 박태원 이외에 박성배, 이평래, 최유진 등이 있다. 이 논의를 이해하기 위해서는 박태원(1994), 「대승기신론사상연구(1)」, 민족사; 박성배(2002), '원효 사상 전개의 문제점', 고영섭(편저), 「원효」, 예문서원; 이평래(1987), '여래장설과 원효', 「원효연구논총」, 국토통일원; 최유진(1988), '원효의 화쟁사상 연구', 서울대학교 박사학위논문 참조.

하나는 '유식과 중관의 종합으로 해석하는 관점은 과연 유식철학과 중관철학의 핵심 아이디어를 정확하게 파악하고 있는가'라는 점이며, 다른 하나는 '현실세계로 나온다는 것이 과연 무엇을 의미하는가'라는 점이다(박태원, 1994, p. 79~104). 우선 첫째 의문에 대답하기 위하여 박태원은 중관철학과 유식철학의 핵심 아이디어를 각각 이제설(二諦說)과 삼성설(三性說)로 요약한다. 즉, 이제설은 연기에 지배되는 세속과 연기의 지배에서 벗어난 열반은 구분된다는 점, 그러나 세속을 떠나서 열반을 구할 방법은 없다는 점, 다시 말하여 열반을 증득하는 것은 세속이 연기의 지배를 받고 있다는 사실을 있는 그대로 이해하는 것이라는 점을 그 핵심 아이디어로 하고 있다. 그리고 삼성설은 우리가 사는 이 세상은 연기의 지배를 받고 있다(依他起性)는 점, 그러나 그것을 있는 그대로 보지 못할 경우 우리가 사는 이 세상은 편견과 집착으로 가득 찬 세상으로 된다(遍計所執性)는 점, 이와는 정반대로 그것을 있는 그대로 볼 경우 우리가 사는 이 세상은 진실과 청정 그 자체로 된다(圓成實性)는 점을 그 핵심 아이디어로 하고 있다. 이와 같이 설명하고 보면 중관철학과 유식철학은 모두, 열반은 연기의 지배를 받고 있는, 우리가 사는 이 세상 이외의 다른 곳에서 구할 방법이 없다는 것, 다시 세속이 곧 열반이라는 것을 그 핵심 아이디어로 하는 있는 것으로 된다. 다만, 양자 사이에는, 중관철학은 세속 안에 있지만 세속과 구분되는 열반의 특징을 설명하기 위하여 파(破)라는 방법을, 유식철학은 세속이 열반의 기반이 된다는 점을 설명하기 위하여 입(立)이라는 방법을 사용한다는 점에 차이가 있을 뿐이다. 박태원의 이 주장을 받아들인다면 유식철학과 중관철학은 종합 · 지양되어야 할 두 가지 이론이라기보다는 동일한 아이디어를 상이한 방식으로 설명함으로써 그 동일한 아이디어를 보다 온전하게 설명하는 두 가지 이론으로 보아야 마땅하다.

이 생각은 둘째 의문에 대답하기 위하여 '현실세계로 나온다는 것은 과연 무엇을 의미하는가'에 관한 그의 분석을 보면 보다 분명하게 드러난다. 고익진은, 중관철학과 유식철학은 이론의 한계로 말미암아 '현실세계로 나올 수 없다'는 단점을 가지고 있는 반면, 기신론의 일심이문(一心二門)은 이론으로서의 완전성 덕분에 그 단점을 극복한다고 주장한다. 그러나 박태원은 '현실세계로 나온다'는 말을 고익진처럼 '깨달음(출세간)에 머물지 않고 중생구제를 위하여 거기서 떠나 현실세계(세간)로 나오는 것'으로 해석하는 것은 위험하다고 지적한다. 박태원에 의하면, 불교적 의미에서의 세간과 출세간은 각각 '연기에 지배되는 세상을 있는 그대로 보지 못하고 그것에 따라 영위하는 삶'과 '인식의 전환으로 말미암아 그것을 있는 그대로 보고 그것에 따라서 영위하는 삶'을 가리킨다. 그런 만큼, 박태원이 보기에, 고익진의 관점은 세간과 출세간의 엄격한 구분을 정당하게 존중하지 않음으로써 불교라면 공통적으로 받아들일 수밖에 없는 근본 가정을 뭉개는 위험을 안고 있다. 사실상, 유식철학이든 중관철학이든 기신론이든 그것이 불교라면 고익진의 생각과는 반대로 세간을 떠나서 출세간을 지향해야 마땅한 것이다. 박태원이 보기에 중생구제를, 중생으로 하여금 세상을 있는 그대로 보도록 하는 것으로 생각할 경우, 유식철학과 중관철학 또한, 기신론과 마찬가지로, 중생구제를 도외시한 것으로 보기 어려운 것이다.

그렇다고 하더라도 기신론이 중관철학이나 유식철학에 대하여 특이성을 가지고 있다는 점을 부정할 수는 없다. 박태원의 주장에 이미 나타나 있듯이, 기신론에는 동일한 아이디어를 상이한 방식으로 설명하는, 중관철학과 유식철학의 핵심 아이디어가 모두 들어 있다. 이 점에서 기신론은 특이성을 나타낸다고 말할 수 있다. 아니, 이 점은 그 이상으로 중관철학과 유식철학에 대한 기신론의 우월성을 나타낸다고 보아도 무방하다. 따지고 보면 일심이문(一心二門)을 '중관과 유식의 종합'으로 해석하려는 고익진 등의 관점은 중관철학과 유식철학에 대한 기신론의 우월성을 드러내려는 노력이라고 볼 수 있다. 그러나 고익진 등의 설명에는 '일심이문이 중관철학과 유식철학을 종합한다는 것이 궁극적으로 무엇을 의미하는지 또는 그것이 왜 필요한지'가 정확하게 설명되어 있지 않다. 그러므로 한편으로 중관철학과 유식철학의 핵심 아이디어에 대한 박태원의 설명을 받아들이면서도 다른 한편으로 일심이문을 중관철학과 유식철학의 '종합'으로 해석하려는 고익진의 관점을 취하려면, 그 종합이라는 것이 중관철학과 유식철학의 어느 측면을 어떤 방식으로 종합한 것인지, 그 종합이 어떻게 두 철학이 안고 있는 한계를 극복하면서 하나의 온전한 이론을 성립시키는지 등이 설명되어야 한다. 이것이 설명될 경우에라야 비로소 기신론은 마음에 관한 온전한 이론으로 된다. 그러므로 그 종합을 이해하기 위해서는 일심이문에서의 이문은 각각 무엇을 가리키는지, 그리고 양자는 서로 어떻게 관련되어 있는지를 알아볼 필요가 있다.

일심이문 중의 한 측면인 '현상의 측면에서 파악되는 마음'은 우리가 흔히 마음이라고 부를 때 머릿속 또는 가슴속 어딘가에 있을 것으로 생각되는 마음을 가리킨다. 이 마음은 그것이 하는 일, 즉 '작용'이나 '기능'을 통하여 파악된다. 다시 말하여, 이 마음은 그 바깥에 그것이 대면하고 있는 대상과 관련하여 무엇인가를 함으로써 파악되는 것이다. 우리 각자 그 마음을 가지고 있는 만큼, 인간이면 누구나 그 작용이나 기능을 의식할 수 있겠지만, 그것의 대강을 설명하면 다음과 같다.[10] 우선, 마음은 다섯 가지 감각기관을 통하여 바깥에 주어진 대상을 수동적으로 받아들인 후 사유작용을 통하여 그 대상을 능동적으로 종합 · 정리한다. 그 일을 하면서 마음은 눈앞에 펼쳐진 대상에 대하여 이런저런 관점을 듣고 배운다. 그와 동시에 마음은 그것에 관하여 이것은 좋은 것, 저것은 나쁜 것이라는 식의 고정관념을 형성한다. 그리고 또한 마음은 그 고정관념에 바탕을 두고 자신의 이해

10) 기신론에서는 이 마음을 문단(24), 문단(27), 문단(29), 문단(31) 등에서 자세하게 설명한다.

득실을 기준으로 하여 대상을 차별적으로 구분한다. 마음은 그 구분에 상응하는 태도를 취하거나 그 대상을 자신에게 이로운 방향으로 바꾸기 위하여 적절한 조치를 취한다. 마음은 그 일을 하면서 성공할 경우에는 환희를, 실패할 경우에는 좌절을 경험한다. 마음은 그 과정에서 끊임없이 또 다른 생각을 하고 그로 인하여 갖가지 행동을 하게 된다.

'현상의 측면에서 파악되는 마음'이 이러한 특징을 가지고 있다면, '실재의 측면에서 파악되는 마음'은 어떤 특징을 가지고 있는가? 사실상, 인간에게 의식되는 마음은 '현상의 측면에서 파악되는 마음'밖에 없다. 그런 만큼 '실재의 측면에서 파악되는 마음'의 특징은 '현상의 측면에서 파악되는 마음'의 특징을 알아내는 것처럼 우리에게 의식되는 것으로부터 직접 알아낼 수 있는 것이 아니다. 그것은 '실재의 측면에서 파악되는 마음'과 '현상의 측면에서 파악되는 마음'의 관련 방식에 비추어 추론된 것일 수밖에 없다. 위의 인용문에 의하면 '"실재의 측면에서 파악되는 마음"과 "현상의 측면에서 파악되는 마음"은 각각 별도로 존재하는 것이 아닌'(以是二門 不相離故) 관계로 맺어져 있다. 이 말은 '실재의 측면에서 파악되는 마음'과 '현상의 측면에서 파악되는 마음'이 각각 별도의 시공간을 차지하면서 따로 존재하는 것이 아니라는 뜻을 나타낸다. '실재의 측면에서 파악되는 마음'은 그 한 측면으로 '현상의 측면에서 파악되는 마음'을 포함하며, 그 반대로 '현상의 측면에서 파악되는 마음' 또한 그 한 측면으로 '실재의 측면에서 파악되는 마음'을 포함하는 것이다. 그렇다고 하더라도 양자는 완전히 동일한 것이 아니다. 양자는 머릿속으로는 구분된다. 양자는 사실상으로 각각 별도로 존재하는 것은 아니지만 개념상으로는 구분되는 것이다. 그러므로 양자의 관계는 '개념적으로 구분되는 것 사이의 논리적 관계'로 규정된다. 양자의 이러한 관계를 안(이면)과 밖(표면)이라는 공간적 비유를 써서 말하자면, '실재의 측면에서 파악되는 마음'은 '현상의 측면에서 파악되는 마음'의 '안'에 또는 '이면'에 있는 것으로 된다.

두 측면에서 파악되는 마음의 관계가 이와 같이 논리적 관계로 파악되는 것은, 위의 인용문에 의하면, '그 각각이 총체로서, 각각 일체의 사물과 현상을 포괄한다'(是二種門 皆各總攝一切法)는 사실에서 필연적으로 따라오는 결과이다. 일체의 사물과 현상으로 번역된 일체법(一切法)은 우리의 감각, 지각, 상상, 추리 등 일체의 정신 활동에 들어 있는 모든 대상, 즉 총체(總體)를 가리킨다. 총체는 결코 두 개일 수 없다. 그럼에도 불구하고 이 인용문에서는 두 측면에서 파악되는 두 마음이 각각 총체라고 말한다. '실재의 측면에서 파악되는 마음' 또한 '현상의 측면에서 파악되는 마음'과 마찬가지로 총체라면, 그 총체는 현상의 측면에서 파악되는 마음과 동일한 방식으로 존재할 수 없다. 여기서 우리는 '실재의 측면에서 파악되는 마음'이 어떤 특징을 가지고 있는지를 알아낼 단서를 얻게 된다. 즉, '현상의 측면에서 파악되는 마음'과 더불어 총체를 이루는 또 다른 마음이 있다면, '현상의 측면에서 파악되는 마음'의 특징을 알고 있는 우리의 입장에서 볼 때 그 마음은 논리적으로 말하여 이러저러한 특징을 가지고 있다고 보지 않으면 안되는 것이다. 그것은 한 마디로 일체의 사물과 현상을 포괄하되 일체의 구분과 차별이 배제된 상태로 포괄한다는 것으로 요약된다. 기신론에서는 이것을 다음과 같이 설명한다.

> '실재의 측면에서 파악되는 마음'(心眞如)은 오직 하나의 실재, 일체의 사물과 현상을 총체적으로 포괄하는 본체를 가리킨다. 이것이 곧 '마음의 본성'(心性)이다. 그러므로 마음은, 그 본성에 있어서는 시작도 끝도 없고 거기에는 하등의 구분도 변화도 있을 수 없다. 사물이 각각 상이한 성질을 가진 것(差別)으로 나타나는 것은 오직 우리의 상념(妄念)의 작용에 의해서이다. 만약 우리가 상념을 버릴 수만 있다면 우리가 지각하는 모든 대상, 그리고 그 대상이 나타내는 상이한 성질도 따라서 없어진다. 그러므로 모든 사물과 현상은 '그 원래의 모습에 있어서는'(從本已來) 말로 형용할 수도, 이름을 붙일 수도, 생각을 품을 수도 없다. '실재의 측면에서 파악되는 마음'은 일체의 구분이 배제된 '절대의 세계'(平等)이며, 그것은 변화를 겪는 일도, 송두리째 파괴되는 일도 없다. 그것은 '오직 하나인 마음'(一心)일 뿐이며, 이런 뜻에서 그것을 '참으로 그러한 것'이라고 부른다. 일체의 언어적 기술은 실체를 지칭하는 것이 아닌, 헛된 이름에 지나지 않는다. 그것은 오직 상념에 파악되는 것을 그려낼 뿐이며, 따라서 언설을 통하여 '참으로 그러한 것'에 도달한다는 것은 있을 수

> 없다. 심지어 '참으로 그러하다'는 말조차도 무엇인가의 양상을 기술하는 것이며, '참으로 그러한 것'(眞如)이라는 말은 '말할 수 없는 것을 말하는 것'이며 '말로써 말을 없애려는 것'(因言遣言)과 같다. '참으로 그러한 것'의 세계에는 말로서 부정할 것도 긍정할 것도 없다. 그 세계에서는 모든 것이 여실하며, 또 모든 것이 동일하게 여실하기 때문이다. 우리가 명심해야 할 것은 그 세계는 언어로 기술할 수도, 생각을 품을 수도 없다는 것이다. 이것을 '참으로 그러한 것'이라고 부르는 것은 이 때문이다.
>
> (心眞如者 卽是一法界 大總相 法門體 所謂心性 不生不滅 一切諸法 唯依妄念 而有差別 若離妄念 則無一切 境界之相 是故 一切法 從本已來 離言說相 離名字相 離心緣相 畢竟平等 無有變異 不可破壞 唯是一心故 名眞如 以一切言說 假名無實 但隨妄念 不可得故 言眞如者 亦無有相 謂言說之極 因言遣言 此眞如體 無有可遣 以一切法 悉皆眞故 亦無可立 以一切法 皆同如故 當知一切法 不可說 不可念故 名爲眞如, 기신론 11)

위의 인용문에 나타나 있는 바와 같이, '실재의 측면에서 파악되는 마음'은 '현상의 측면에서 파악되는 마음'과 정반대의 특징을 가진다. 현상의 측면에서 파악되는 마음이 '구분'과 '변화'를 특징으로 한다면, '실재의 측면에서 파악되는 마음'은 그와는 정대로 '무구분'과 '무변화'를 특징으로 한다. 그도 그럴 것이, 보통의 경우에 우리의 마음은 개별적인 사물의 각각의 특징들을 하나씩 하나씩 별도로 파악한다. 그러나 '실재의 측면에서 파악되는 마음'도 어떤 방식으로든지 기능을 발휘한다면 그것은, 논리적으로 말하여, 마음과 대상 사이의 구분을 비롯하여 우리가 지각하거나 상상할 수 있는 모든 사물과 현상을 '무구분과 무차별의 상태로', '한꺼번에' 파악한다. 게다가 보통의 의미에서의 우리의 마음은 생겼다가 사라지는 일을 수시로 반복하지만, '실재의 측면에서 파악되는 마음'은 생겼다가 사라지는 변화를 겪지 않는다. 아니, 차라리 그 마음이 사라지지 않는 것은 그것이 생기지 않기(不生不滅) 때문이라고 말하는 편이 보다 정확하다.

앞의 인용문에 등장하는 '심생멸'(心生滅)은 '현상의 측면에서 파악되는 마음'이 한 순간도 변화를 멈추지 않는다는 특징을 본 따서 붙인 이름이다. 그리하여 '현상의 측면에서 파악되는 마음'은 일반적으로 '생멸심'이라고 부른다. 이 생멸심은 그것이 대면하고 있는 대상을 계기로 하여 성립한다. 기신론에서는 그 대상을 '육진경계' 또는 '경계'라고 부르지만, 생멸심과의 대비를 고려하여 '생멸계'라고 부를 수도 있다. 앞에서 언급한 바와 같이, 생멸심은 그것이 대면하고 있는 대상과 관련하여 그것이 경험하는 일, 즉 양상을 통하여 알려지지만, '실재의 측면에서 파악되는 마음'은 일체의 양상에서 벗어나 있다. 생멸심의 관점에서 볼 때, 이 마음은 일체의 경험적 색체를 띠지 않는 '순수한 지혜'(智淨相, 기신론 20)라고 말할 수 있지만, 또한 바로 이 점에서 그것은 '아무 것도 없는 것'(空, 虛空, 기신론 13, 17)이라고 말할 수 있다. 그리하여 그것은 '말로 형용할 수도, 이름을 붙일 수도, 생각을 품을 수도 없는 그런 것이다.' 그러나 생멸심의 관점이 아닌 그 자체의 관점에서 볼 때, 그것이 비록 말로 형용할 수도, 이름을 붙일 수도, 생각을 품을 수도 없다고 하더라도, 그것이야말로 '참으로 그러한 것'(眞如)이며, 온갖 '신비스러운 업적'(不思議業相, 기신론 20)을 포함하며, 그 자체에 '모든 훌륭한 성질과 무한한 공덕을 갖추고 있다'(不空, 無漏性功德, 기신론 13, 15). 그리하여 '실재의 측면에서 파악되는 마음'은 일반적으로 '참으로 그러한 것', 즉 '진여'(眞如)라고 부른다.

지금까지의 설명에 나타난 '실재의 측면에서 파악되는 마음'과 '현상의 측면에서 파악되는 마음', 다시 기신론의 용어로 진여(眞如)와 생멸심(生滅心) 사이의 관계에 비추어 볼 때, 기신론은 마음에 관한 특이한 견해를 가지고 있다고 말할 수 있다. 그것은 마음은 두 개의 층을 이루고 있다는 것이다. 설명의 편의상 이것을 '마음의 중층구조'라고 부를 수 있다. 여기서 '마음의 중층구조'라는 것은 마음과 대상을 포함하여 일체의 구분이 배제된 위층과, 마음과 대상의 구분 또는 대상 상호 간의 구분이 존재하는 아래층이 동일하지도 않고 상이하지도 않은 관계로 연결되어 있다고 보는 사고방식 또는 사고모형을 가리킨다(이홍우, 2006, p. 69~70). 위의 인용문에 나타난 '진여와 생멸심은 개념상으로만 구분될 뿐, 사실상으로 분리되는 것이 아니다'라는 말은 정확하게 이 사고방식을 표현한다. 진여는 일체의 구분이 배제된 위층에, 생멸심 또는 생멸계는 마음과 대상의 구분 또는 대상 상호 간의 구분이 존재하는 아래층에 해당되며, 양자는 동일하지도 않고 상이하지도 않게 연결되어 있는 것이다.

그러나 마음에 관한 기신론의 이 특이한 견해를 듣고 난 사람은 누구나 다음과 같은 의문이 떠오를 것이다. 기신론의 용어로 생멸심 이외에 우리에게 의식되는 마음은 없다. 진여라고 불리는 마음은 우리에게 의식되지도 경험되지도 않는 마음이다. 이 마음은 '없는' 것임에도 불구하고 생멸심이 있다는 사실로부터 논리적으로 추론하여 있다고 보지 않으면 안되는 마음이다. 그렇다면 진여는 없는 것이나 다름없다. 그럼에도 불구하고 기신론에서는 무슨 이론적 필요 때문에 그것을 있다고 보지 않으면 안된다고 말하는가? 이 의문에 대답하기 위해서는, 먼저 지금까지 밝혀진 마음에 관한 기신론의 설명을 단서로 하여, 앞에서 제기한 질문－일심이문(一心二門)은 중관철학과 유식철학의 어느 측면을 어떤 방식으로 종합하며, 이 종합은 왜 필요한가, 그리고 이 종합은 어떻게 두 철학이 안고 있는 단점을 극복하는가－에 대답할 필요가 있다. 이 질문에 대한 대답은, 이미 드러난 것과 다름이 없지만, 굳이 말하자면 다음과 같다.

한편으로 중관철학은, 박태원의 설명에 드러나 있는 바와 같이, 열반은 세속을 떠나서 증득할 수 없지만 세속의 그 어느 것과도 동일할 수 없다는 것을 그 핵심 아이디어로 한다. 따지고 보면 열반, 기신론의 용어로 진여의 특징을 밝히기 위해서는 진여의 성격상 중관철학처럼 파(破)라는 연구방법을 사용할 수밖에 없다. 그러나, 고익진이 지적하듯이, 파(破)라는 연구방법은 아무리 세속을 떠나서 열반을 증득하는 방법은 없다고 강조한다고 하더라도 세속을 부정하는 것처럼 보일 위험을 안고 있다. 다른 한편으로 유식철학은, 박태원의 설명에 드러나 있는 바와 같이, 열반을 증득하는 기반은 다름 아닌 연기의 지배를 받고 있는 우리가 사는 이 세상임을 강조하여 설명한다. 따지고 보면 세속, 기신론의 용어로 생멸심의 특성을 밝히기 위해서는 생멸심의 성격상 유식철학처럼 입(立)이라는 연구방법을 사용할 수밖에 없다. 그러나 고익진의 지적에 암시되어 있듯이, 입(立)이라는 연구방법은 열반에 이르는 것을 마치 산의 정상에 오르는 것과 동일한 것으로 파악할 위험을 안고 있다.

기신론의 일심이문(一心二門)은 진여와 생멸심이 '별도로 존재하는 것이 아니다'(以是二門 不相離故)라는 점을 설명함으로써 두 가지 위험을 동시에 극복한다. 보다 구체적으로 말하자면, 기신론은 중관철학의 주요 설명 대상인 진여가 생멸심을 그 표면으로 하고 있다고 설명함으로써 세속을 부정하는 것처럼 보일, 중관철학의 단점을 극복한다. 그리고 또한 기신론은 유식철학의 주요 설명 대상인 생멸심이 진여를 그 이면으로 하고 있다고 설명함으로써 진여를 산의 정상과 같은 것으로 생각하는 것처럼 보일, 유식철학의 단점을 극복한다. 그러나 기신론이 일심이문(一心二門)을 말함으로써 두 철학이 안고 있는 단점을 극복한다 하더라도, '기신론은 무슨 필요에 입각하여, 중관철학이나 유식철학과 달리, 마음을 일심이문(一心二門)으로 파악하는가'라는 문제는 여전히 남아있다. 앞으로의 논의에서 드러날 바를 미리 말하자면, 그것은 고(苦)로부터의 해탈은 고(苦)를 발판으로 할 수밖에 없다는 석가모니 연기설의 논리를 고스란히 물려받았다는 데에 있다. 중관철학과 유식철학이 각각 진여의 특징과 생멸심의 특징을 그 자체로 밝히는 데 관심을 기울인 것과는 달리, 기신론은 석가모니 연기설의 논리를 그대로 물려받아 '어떻게 하면 고(苦)로부터 벗어날 수 있는가'라는 수행의 실제를 밝히는 데에 관심을 기울인다. 이 점으로 인하여 기신론은 '모든 이론의 으뜸이요 모든 논쟁을 평정하는 주인'(諸論之祖宗, 羣諍之評主)으로서의 지위를 얻게 되는 것이다.

기신론의 관심이 다름 아닌 수행에 있다는 것은 '진여는 생멸심을 낳는다' 또는 '진여에서 생멸심이 생긴다'라는 구절의 의미를 살펴볼 경우에 보다 분명하게 드러난다. 위의 고찰에 이미 나타난 바와 같이, 진여는 '불생불멸(不生不滅)', '무구분(無區分)' 등을 특징으로 한다. 만약 이 '불생불멸'이나 '무구분'이라는 용어가 말 그대로 우리가 일상적으로 생각하는 '생멸'이나 '구분'과 정반대의 의미를 가지고 있는 것이라면, 진여는 무엇인가를 낳을 수 없다. 그럼에도 불구하고 기신론에서는 '진여는 생멸심을 낳는다' 또는 '진여에서 생멸심이 생긴다'고 주장한다.

> '현상의 측면에서 파악되는 마음'(생멸심)이라는 것은 이른바 '여래장'(如來藏)을 근거로 하여 전개되는 일체의 정신작용(생멸심)을 일컫는다. 여래장은 '실재'(불생불멸)와 '현상'(생멸)이라는 마음의 두 측면이 동일하지도 상이하지도 않은 상태

로 결합되어 있는 것을 가리킨다. 여래장은 [특히 그 심리적인 측면에서 파악될 때] '아려야식'(阿黎耶識)이라고 불린다. 아려야식은 모든 사물과 현상을 포괄하며 모든 사물과 현상을 만들어낼 수 있다. 아려야식은 '깨달음'(覺)과 '깨닫지 못함'(不覺)이라는 두 가지 상호관련된 측면으로 이루어져 있다.

(心生滅者 依如來藏故 有生滅心 所謂不生不滅 與生滅和合 非一非異 名爲阿黎耶識 此識有二種義 能攝一切法 生一切法 云何爲二 一者覺義 二者不覺義, 기신론 16)

여래장에서 여래는, 마음의 중층구조의 비유를 빌어 말하자면, 중층의 위층에서 아래층으로 '온'(來) 자를 가리킨다. 그런 만큼, 여래는 생멸심에서 '진여를 감추고 있는 곳', 또는 진여의 생멸계(또는 생멸심)적 대응물이라고 말할 수 있다. 그렇다고 하더라도, 여래는, '진여에서 온 자'인 한, 진여 그 자체라고 보아도 무방하다. 우리가 흔히 마음이라고 부르는 생멸심은 그 여래장을 근거로 하여 성립한다. 여래장이 없다면, 생멸심은 있을 수 없다. 더 나아가 여래장에서 생멸심이 생기는 것은 여래장이 가지고 있는 그 자체의 성격으로 말미암아 나타나는 필연적인 결과이다. 다시 비유적으로 설명하자면, 그것은, 바닷물이 그 자체의 성격으로 말미암아 잔잔한 물결이든 거친 물결이든 물결을 수반할 수밖에 없는 것, 거울이 그 자체의 성격으로 말미암아 또렷하게든 흐릿하게든 물체를 비추지 않을 수 없는 것과 동일한 이치이다. 이 인용문에서는 이것을 '여래장은 "실재"(불생불멸)와

“현상”(생멸)이라는 마음의 두 측면이 동일하지도 상이하지도 않은 상태로 결합되어 있는 것을 가리킨다’고 설명한다.

그러나 이 인용문을 근거로 하여 ‘진여에서 생멸심이 생긴다’는 기신론의 주장을 이해하고자 할 때, 가장 표면에 두드러지는 의문은 다음과 같은 것이다. 여래장은 한편으로 ‘진여 그 자체’ 다른 말로 ‘불생불멸’을 가리킨다고 말하면서, 다른 한편으로 ‘불생불멸과 생멸이 동일하지도 상이하지도 않은 상태로 결합되어 있는 것’을 가리킨다고 말한다. 두 가지 말은 표면상 양립 불가능한 것처럼 보인다. 그럼에도 불구하고 두 가지 말을 동시에 하려면 어떻게 해야 하는가?[11] 사실상 이 말이 이해되지 않는 가장 큰 이유는 우리가, 여기에 언급된 ‘불생불멸’과 ‘생멸’을 우리의 의식에 파악되는 두 가지 정반대되는 개념으로 생각한다는 데 있다. 만약 불생불멸과 생멸이 정반대되는 두 가지 개념이라면 위의 말은 모순될 수밖에 없다. 사실상 기신론의 한편에서는 ‘동일하지 않다’(비일 非一)라는 말을 함으로써 두 개념이 서로 다른 개념임을 인정한다.

그러나 기신론의 다른 한편에서는 그와는 정반대로 ‘다르지 않다’(비이 非異)라는 말을 함으로써 두 개념이 서로 다르지 않은 개념임을 주장한다. 여기서 양자가 서로 다르지 않은 개념

11) 사실상 이 문제는 ‘진여와 아려야식의 관계를 어떻게 파악해야 하는가’ 또는 ‘아려야식연기설과 진여연기설의 관계를 어떻게 파악해야 하는가’라는 문제와 관련되어 있다. 불교학계에서는 이 문제에 대하여 다양한 견해를 내어놓고 있다.

으로 되는 것은 양자가 동일한 차원에 속하지 않다는 데서 따라오는 필연적인 결과이다. 앞의 설명에 드러난 마음의 중층구조에 비추어 볼 때 불생불멸을 특징으로 하는 진여는 생멸심의 위층에, 생멸심은 진여의 아래층에 존재한다. 즉, 불생불멸과 생멸은 차원을 달리하여 존재하는 것이다. 그리하여 불생불멸은 그대로 움직여 생멸심을 낳을 수 있다(김동화, 1984, p. 208). 이 인용문에서는 이것을 '아려야식은 모든 사물과 현상을 포괄하며 모든 사물과 현상을 만들어낼 수 있다'(此識有二種義 能攝一切法 生一切法)고 설명한다. 여기서 '모든 사물과 현상을 포괄하는 일'과 '모든 사물과 현상을 만들어내는 일'은 아려야식이 하는 두 가지 일이 아니다. 사실상, 아려야식이 모든 사물과 현상을 만들어내는 것은 그것이 모든 사물과 현상을 포괄하고 있기 때문이라고 보아야 한다. 다만, 아려야식은 그 모든 사물과 현상을 무구분, 무차별의 상태로 포괄할 뿐이다. 그러나, 물론, 불생불멸이 그대로 움직여 생멸심을 낳는다고 하더라도 결코 불생불멸이 사라지는 것은 아니다.[12] 아려야식은 '깨달음'(즉, 불생불멸)

12) 원효의 「대승기신론소별기」에서는 혹자의 입을 빌어 '진여가 생멸심을 낳는다'라는 기신론의 주장에 대하여 세 가지 의문을 제기한다. 첫째는 그 주장을 '진여가 생멸한다'(心體生滅)는 의미로 해석할 경우에 생기는 의문이다. 진여가 생멸한다면 생멸이 사라짐과 동시에 진여 또한 사라지며, 따라서 석가모니가 애써 벗어나고자 노력한 단견(斷見)에 빠질 수밖에 없는 것이다. 둘째는 그 주장을 '진여가 불생불멸의 상태에서 생멸의 상태로 변한다'(心體本靜而隨緣動)는 의미로 해석할 경우에 생기는 의문이다. 진여가 불생불멸의 상태에서 변하여 생멸로 되는 것이라면, 생멸심에 시작이 있는 것으로 된다. 이것은 생멸심에는 시작이 없다(以從本來 念念相續 未曾離念

과 '깨닫지 못함'(즉, 불멸)이라는 두 가지 상호관련된 측면으로 이루어져 있다(云何爲二 一者覺義 二者不覺義).

지금까지 드러난 마음에 관한 기신론의 설명을 요약하면 다음과 같다. 마음은 진여와 생멸심이라는 두 개의 층으로 이루어져 있다. 생멸심 이외에 우리에게 의식되는 마음은 없다. 그럼에도 불구하고 기신론에서는 중생의 마음에는 생멸심 이외에 진여라고 불리는 또다른 마음이 있다고 말한다. 더 나아가 기신론에서는 생멸심은 다름 아닌 그 또다른 마음에서 생기는 것이라고 주장한다. 그러나 이 말을 이해하는 것은 그리 쉽지 않다. 앞에서 밝혀진 바와 같이, 진여는 생멸심의 '안' 또는 '위'에 존재한다. 그런 만큼, 진여는 스스로 그 자신을 표현하거나 실현할 수 없다. 진여가 자신을 표현하거나 실현하는 유일한 길은 생멸심을 통하는 방법밖에 없다. 그 진여가 자신을 표현하고 실현하는 유일한 통로인 생멸심을 낳는 것이다. 이 말은 상식적인 사고방식으로는 도저히 납득할 수 없다. 그럼에도 불구하고 기신론에서는 이러한 주장을 한다. 그러므로 기신론의 이 주장을 이해하

故 說無始無明, 기신론 19)라는 기신론의 주장과 어긋나는 것이다. 셋째는 그 주장을 '진여가 [무명이라는] 계기에 따라 변하여 생멸을 일으킨다'(心隨緣變作生滅)는 의미로 해석할 경우에 생기는 의문이다. 진여가 무명을 계기로 하여 생멸심으로 변한 것이라면, 하나의 마음이 수많은 생멸심을 일으키는 것이다. 이것은 하나의 마음(一)이 어떻게 수많은 마음(多)으로 변할 수 있는가 라는 의문을 갖도록 한다. 원효는 여러 경전을 인용하면서 그 의문에 대답하지만 그 요지를 이해하는 것은 그리 쉽지 않다. 지금까지의 고찰에서 드러난 마음에 관한 기신론의 설명과 관련하여 원효의 대답을 이해하자면, 그것은 이하 본문에 제시된 것과 일관된다고 말할 수 있을 것이다.

기 위해서는 그 주장을 '특별한' 의미를 전달하기 위한 것으로 보지 않으면 안된다.

그 특별한 의미는 '진여는 생멸심을 낳는다'라는 말 속에 숨겨져 있다고 보아야 마땅하다. 진여가 생멸심을 낳은 것이라면, 진여는 생멸심을 존재하도록 만들어낸 그것의 '원인'이라고 말할 수 있다. 그러나 여기서의 '원인'은 특별한 의미를 가진다. 보통의 의미에서의 원인은 결과를 만들어내기 '이전'이나 '이후'에는 그 결과와 별도로 존재하며, 따라서 그 이전이나 이후에는 그 결과에 대하여 아무런 영향력을 행사하지 않는다. 이때의 원인은 그것이 낳은 결과와 동일 차원에 속하는, 현상세계에 의미있게 적용되는 '인과적 원인'이다.

이와는 달리, '진여는 생멸심을 낳는다'고 말할 경우의 원인은 그 결과의 '안' 또는 '위'에 있으면서 그 결과에 대하여 끊임없이 영향력을 행사한다. 생멸심의 원인으로서의 진여는 생멸심의 '안' 또는 '위'에 있으면서 생멸심에 대하여 끊임없이 영향력을 행사하는 것이다. 그러므로 '낳는다'라는 말이 어쩔 수 없이 자아내는 그릇된 인과적, 경험적 연상을 감안하여 '진여는 생멸심을 낳는다'라는 말을 인과적, 경험적 맥락에서 떼어내어 읽는다면, 진여는 생멸심의 '논리적 가정'이라고 말해야 한다(이홍우, 2006, p. 515). 이렇게 말하고 보면, 진여는 생멸심이 의미를 가지기 위하여 있다고 보지 않으면 안되는, 생멸심 안에 붙박혀 있는 생멸심의 표준이 된다. 그런 만큼 기신론이 마음의 중층구조를 말함으로써 우리에게 전달하고자 한 특별한 의미는, 우리 마음속에는 그것이 따라야 할 기준이 있다는 것, 그 기준은 생멸심이 아닌 다른 데에서 찾을 수 없다는 것, 우리가 마음이라고 생각하는 것은 일체가 그 기준에서 나온다는 것, 우리의 마음은 그 기준을 따를 때 마음으로서 온전한 모습을 갖추게 된다는 것으로 요약된다. 이 점은 기신론에서 마음을 일심이문(一心二門)으로 파악한 이유가 궁극적으로는 수행이 따라야 할 기준과 방법을 분명히 밝히려는 데 있다는 것을 보여주는 것이다.

거듭 말하거니와, 진여는 생멸심을 실지로 낳는 '생멸심의 원인'이 아니라, 생멸심의 존재를 의미있게 설명하기 위하여 받아들이지 않으면 안되는 생멸심의 '논리적 가정'이다. 그럼에도 불구하고 기신론에서는 진여가 생멸심을 낳는다고 주장한다. 그렇다면 기신론의 이 주장은 잘못된 것인가? 만약 이 주장이 잘못된 것이 아니라면, 그 주장을 하게 된 필연적인 이유가 밝혀지지 않으면 안된다. 말하자면, 기신론에서는 무슨 필요에 입각하여 진여가 생멸심의 인과적 원인인 것처럼 말하는지가 밝혀져야 하는 것이다. 이 문제는 다음 장에서 다룰 수행의 실제를 이해하는 과정에서 저절로 해결될 것이다.

제3장 방편의 실제적 표현 : 수행론

'다섯 가지 수행 방법'(修行五門)은 불교식 수행을 대표한다. 정법훈습은 그 수행 방법을 통하여 마음이 어떻게 진여로 향하게 되는가를 설명하며, 이와는 정반대로 염법훈습은 삶의 과정이 어떻게 마음을 진여로부터 멀어지게 만드는가를 설명한다. 염법훈습에 의하면, 마음이 진여로부터 멀어지게 되는 것은 삶의 과정이 마음과 그 대상 사이의 상호작용으로 이루어져 있기 때문이다. 그러나 정법훈습과 염법훈습은 상이한 구조로 이루어져 있지 않다. 마음을 진여로 만드는 수행은 마음을 진여로부터 멀어지게 만드는 삶의 과정과 다르지 않으며, 그런 만큼 그것을 떠나서는 활동 그 자체가 불가능하다. 불교의 수행을 이와 같이 설명할 경우, 불교는 삶의 보편적 현실을 외면한 현실 도피적 경향을 가지고 있는 사상이 아니라 인간의 보편적 현실을 있는 그대로 인정하고 받아들인 '삶의 철학'으로 된다. 이상은 수행의 실제를 이론적으로 설명한 것이다.

그러나, 물론, 수행은 이론적 설명 이상으로 실천적 행동을 요구한다. 방편은 수행에 관한 이론적 설명을 실천적 행동으로 연결시켜주는 개념이다. 수행은 일반적으로 방편을 활용하는 행위로 규정된다. 그러므로 수행의 실제를 보다 구체적으로 이해하기 위해서는 방편의 의미에 관한 고찰이 필요하다. 방편의 의미는 '개념으로서의 방편'과 '적용양상으로서의 방편'으로 구분하여 고찰될 수 있다. '적용양상으로서의 방편'은 전달 대상이나 전달 상황의 우연적 특성을 고려하여 방편을 연구할 때 드러나는 방편의 의미를 가리킨다. 방편에 관한 종래의 연구는 주로 이 측면에 치중되어 이루어졌다고 말할 수 있다. 그러나 '적용양상으로서의 방편'에 관한 연구가 성립하기 위해서는 '개념으로서의 방편'의 의미가 먼저 밝혀져야 한다. 특정한 사태에서 특정한 방식으로 적용되는 방편이라는 것이 어떤 것이며 그것이 어떻게 수행을 이끌 수 있는가 하는 질문은 적용양상 이전에 당연히 제기되어야 할 '사전 질문'이다. '개념으로서의 방편'에 관한 연구는 방편의 '개념'을 직접 탐구 주제로 삼는, 바로 이 '사전 질문'을 취급한다. 이 논문에서 대답하고자 하는 질문과 관련하여 중요한 의미를 가지는 것은 '개념으로서의 방편'의 의미를 밝히는 후자의 연구이다. 개념으로서의 방편은 불교 이론 전체를 수행의 맥락에서 종합적으로 포괄하는 불교의 핵심 개념으로 간주된다. 그런 만큼, '개념으로서의 방편'의 의미는 앞 장에서 고찰한 기신론의 마음관에 비추어 밝혀지지 않으면 안된다.

1. 삶으로서의 수행

앞 장에서 살펴본 바와 같이, 석가모니는 12연기설을 제시함으로써 한 개체로서의 인간이 어떻게 고(苦)로서의 삶을 지속하는가를 설명한다. 이 설명에 의하면, 인간은 무명(無明)을 궁극적 원인으로 하여 고(苦)로서의 삶을 지속할 수밖에 없다. 그리고 그는 사성제설을 제시하면서 수행에 의하여 고(苦)를 제거할 수 있다고 설명한다. 한 개체로서의 인간이 고(苦)에서 벗어나 자유로운 삶을 살기 위해서는 수행을 실천함으로써 고(苦)의 궁극적 원인인 무명(無明)을 제거하면 되는 것이다. 8정도(八正道)는 무명을 제거하기 위하여 석가모니가 제안한 여덟 가지 수행 방법이다. 팔정도는 한자로 정견(正見), 정사유(正思惟), 정어(正語), 정업(正業), 정명(正命), 정정진(正精進), 정념(正念), 정정(正定)으로 번역된다.

석가모니는 깨달음을 이룬 후 열반에 들 때까지 45년간 이 수행 방법을 설명하는 데에 설법의 대부분을 할애한다고 말할 수 있을 정도로 이 방법을 다양한 맥락에서 다양한 각도로 설명한다. 그러나 그 설법의 내용을 듣는다고 하더라도 그 수행 방법의 정확한 의미를 알아내는 것은 물론이요 그 방법이 어떻게 고(苦)로부터 해탈을 가능하게 하는지를 이해하는 것은 그리 쉬운 일이 아니다. 예컨대, 정견은 글자 그대로는 '바르게 보는 것'을 뜻한다. 그러나 '바르게 보는 것'의 의미를 이해하고자 할 경우,

'본다'는 것이 눈으로 관찰한다는 것을 뜻하는지 아니면 마음으로 본다는 것을 뜻하는지, 그리고 보는 것의 대상이 눈앞에 보이는 사물을 가리키는지 아니면 그밖의 무엇을 가리키는지 등등이 문제로 제기된다. 이상의 문제는 정견 이하 모든 수행 방법의 경우에도 마찬가지로 적용된다.

물론, 앞 장에서 언급한 바와 같이, 불교계에 이 수행 방법을 이해하고자 하는 시도가 적다고 말할 수는 없다. 그러나 그 중에서 가장 눈길을 끄는 것은 팔정도를 계(戒), 정(定), 혜(慧)라는 3학(三學)과 관련지어 이해하려는 시도이다. 이 시도에 의하면, 정어, 정업, 정명은 계에, 정정진, 정념, 정정은 정에, 정견과 정사유는 혜에 해당된다(Lahula, 2002, p. 87). 기신론의 '수행의 방법과 거기서 얻어야 할 믿음'을 설명하는 부분(修行信心分)에서는 이것이 다시 '다섯 가지 수행 방법'(修行五門)으로 분류된다.[1] 다섯 가지 수행 방법은 첫째로 '자선과 시여'(施門), 둘째로 '계율의 준수'(戒門), 셋째로 '수욕의 인내'(忍門), 넷째로 '결단과 분발'(進門), 다섯째로 '상념의 정지와 통찰'(止觀門)을 가리킨다.

---

1) 기신론에서는 수행 방법을 다섯 가지로 분류하기 전에 육바라밀을 언급한다. 6바라밀(六波羅密)은 단바라밀(布施), 시바라밀(持戒), 찬제바라밀(忍辱), 비리야바라밀(精進), 선바라밀(禪定), 반야바라밀(智慧)을 가리킨다. 기신론에서 말하는 '다섯 가지 수행 방법'(修行五門)은 이 육바라밀 중의 다섯째 선정(禪定)과 여섯째 지혜(智慧) 항목을 합쳐서 지관문으로 만든 것을 제외하면 6바라밀을 되풀이한 것에 지나지 않는다. 그러나 앞으로 밝혀질 바와 같이, 기신론에서 선정과 지혜를 합쳐서 6바라밀을 수행오문(修行吾門)으로 만든 것은 삶과 관련하여 대단히 중요한 의미를 가진다.

여기서 주목을 끄는 것은 3학 중의 정과 혜가 기신론에서는 지관문(止觀門)이라는 하나의 수행 방법으로 묶인다는 사실이다. 이 사실에서 우리는 8정도 중의 정어, 정업, 정명은 기신론의 시문(施門), 계문(戒門), 인문(忍門), 진문(進門)(이하, 전4문(前四門))과 의미상 관련된다는 것을, 그리고 팔정도의 나머지 항목은 기신론의 지관문과 관련된다는 것을 짐작할 수 있다.

물론, 기신론이든 무엇이든 불교 문헌이 분류에 그다지 엄격하지 않다는 점을 고려한다면, 이 분류에 대해서는 철칙과도 같은 중요성을 부여할 수 없을 것이다. 그렇다고 하더라도 이 분류는, 8정도의 수행 방법이 정확하게 무엇을 의미하는지, 그 수행 방법이 어떻게 고(苦)로부터의 해탈을 가능하게 하는지를 생각하는 데에 중요한 실마리를 제공한다. 그도 그럴 것이, 한편으로 정어, 정업, 정명이 3학(三學) 중의 계(戒)로 분류되다가 또다시 기신론에서는 전4문으로 분류되어 설명된다는 것과, 또다른 한편으로 8정도의 나머지 항목이 삼학의 정과 혜로 분류되다가 또다시 기신론에서는 지관문이라는 하나의 수행 방법으로 합쳐진다는 것은 모든 수행 방법이 크게 두 가지로 분류되어 설명된다는 것을 암시한다. 만약 수행 방법에 관한 지금까지의 분석이 맞다면, 그 다음에 당연히 제기되는 것은 '그 두 가지 수행 방법은 무엇을 기준으로 하여 분류되는가'라는 질문이다. 이 질문에 대답하기 위해서는, 한편으로 전4문에 관한 기신론의 설명과, 다른 한편으로 지관문에 관한 기신론의 설명을 면밀히 살펴볼 필요가 있다.

기신론에 의하면, 시문(施門)은 물질적 자산이든 정신적 자산이든 그것을 필요로 하는 사람이 있다면 아낌없이 나누어 주는 것을, 계문(戒門)은 생명을 함부로 해치지 않고 도둑질을 하지 않는 등 세상에서 금지하는 일을 하지 않는 것을, 인문(忍門)은 이익과 손해, 칭찬과 비난 등 모든 일신상의 일에서 초월하여 억울한 일을 당하더라도 보복할 마음을 품지 않는 것을, 진문(進門)은 여러 가지 좋은 일을 하는 데에 게으름을 피우거나 물러서지 않고 뜻을 굳고 강하게 가져 비겁하고 나약한 마음을 가지지 않는 것을 가리킨다. 이 각각의 수행 방법에는 불교에서 요구하는, 그것이 따라야 할 엄격한 지침과 절차가 있다. 그러나 위의 설명에 나타나 있는 바와 같이, 예컨대 '도둑질을 하지 않는 것'이라든가 '좋은 일을 하는 데에 게으름을 피우지 않는 것' 등과 같은 것은 이 세상을 사는 사람이라면 누구나 다소간은 실천하고 있으며, 그런 만큼 그 지침과 방법을 이해하는 것은 그리 어렵지 않다고 말할 수 있다. 다시, 위에 열거된 네 가지 수행 방법은, 불교의 가치관에 힘입지 않더라도 이 세상 사람이라면 누구나 실천하도록 되어 있고 또 그리 어렵지 않게 실천하고 있는 사회적 규범과 같은 것이다. 그리고 그것은 수행의 '방법'이라기보다는 인간이라면 마땅히 그렇게 살도록 되어 있는 삶의 '목적'이라고 보는 편이 더 타당할 것처럼 보인다. 그럼에도 불구하고 불교에서는 바로 그것을 '진여가 세상의 근본이라는 믿음'은 물론이요 '불법승(佛法僧) 삼보(三寶)에 관한 믿음'과 관련지어 그 믿음을 일으키는 '방법'이라고 주장한다(기신론 73). 불교의 관점에서 볼 때, 전4문은 수행의 '목적'이 아닌, 마음을 진여로 향하게 하는 불교 수행의 '방법'인 것이다. 여기에 생각이 미칠 경우에 사람이라면 누구나, '불교계에서는 어떻게 내용상 사회적 규범과 유사한 이 전4문이 마음을 진여로 향하게 만든다고 주장하는가'라는 질문을 제기할 것이다.

이 질문에 대답하기 위해서는 앞 장에서 살펴 본 마음에 관한 기신론의 설명으로 돌아가서, '마음이 어떻게 진여를 그리워하게 되는가'(淨法熏習)를 다시 생각해볼 필요가 있다. 정법훈습에 의하면, 마음은 진여자체상과 진여용을 각각 내적 원인과 외적 계기로 하여 진여를 그리워하게 된다. 정법훈습에 관한 기신론의 이 설명을 이해하기 위해서는 '진여자체상'과 '진여용'이 각각 무엇을 가리키는지를 좀더 자세히 이해할 필요가 있다.

앞 장에서 살펴보았듯이, 진여는 인간이 지각하고 있는 마음과는 정반대로 '무구분'과 '무변화'를 특징으로 하는 특별한 마음이다. 그러나 진여가 인간의 마음과 관련을 맺기 위해서는 그것이 현상계에 그 모습을 드러내지 않으면 안된다. 진여가 현상계에 모습을 드러낼 경우, 그 진여는 진여 그 자체와 동일하지는 않다고 하더라도 진여 그 자체와 다르다고 말할 수는 없다. 진여자체상은 현상계에 모습을 드러낸 진여로서, '우둔한 자건 2승(二乘)의 수행자건 대승(大乘)의 수행자건 수행을 마친 "깨달은 자"건 가리지 않고', 인간이라면 누구나 '더하거나 덜함 없이'

가지고 있는 '세상의 모든 좋은 것'을 가리킨다(復次眞如自體相者 一切凡夫 聲聞緣覺 菩薩諸佛 無有增減 非前際生 非後際滅 畢竟常恒 從本已來 性自滿足 一切功德 ... 乃至滿足 無有所少義故 名爲如來藏 亦名如來法身, 기신론 43). 이 진여자체상은 인간의 마음 - 보다 정확하게 말하여, 여래장 또는 아려야식 - 안에 무명과 동일하지도 않고 상이하지도 않게 결합되어 있다(기신론 16). 말하자면, 진여자체상은 여래장 속에 무명과 동일하지도 상이하지도 않은 상태로 결합되어 있는 '세상의 모든 좋은 것'을 가리키는 것이다.

그러나 이 설명의 의미를 보다 구체적으로 이해하기 위해서는 그것을, 진여의 또다른 표현 - 즉, 진여용 - 에 관한 기신론의 설명과 대비시켜 볼 필요가 있다. 그리고 진여자체상은 물론이요 진여용을 보다 구체적으로 이해하기 위해서는 '여래가 어떤 존재인가'를 고찰해 볼 필요가 있다. '깨달은 자'나 '진여와 하나인 자', 한 마디로 여래는 그 모습에 있어서는 중생과 동일한 존재로 되지 않지만, 그 본성에 있어서는 중생이 자신과 동일한 존재라고 생각한다(以取一切衆生 如己身故 而亦不取 衆生相, 기신론 45). 그들은 이 생각을 기초로 하여 모든 중생을 빠짐없이 건져내고자 하는 대자비심을 일으킨다. 그들은 진여와 한 가지로 모든 곳에 두루 퍼져 있으면서 특별한 의식적인 노력을 하지 않고도(自然) 신비스러운 행위와 갖가지 훌륭한 기능을 발휘한다(自然而有 不思議業 種種之用 卽與眞如 等遍一切處 又亦無有

用相可得, 기신론 45). 그러나 이 설명에서처럼 여래가 진여와 한 가지로 모든 곳에 '두루 퍼져 있는 존재'라면, 우리로서는 그 존재를 상상할 수 없다. 그도 그럴 것이, 인간의 생각 속에 들어올 수 있는 것은 그것이 무엇이든지 간에 양상을 부여받아 시공간의 제약 속에 있는 것이어야 한다. 그러나 여래는 진여와 한 가지로 시공간의 제약을 벗어나 모든 곳에 두루 퍼져 있다. 진여가 시공간의 제약을 벗어날 수 있는 것은, 앞 장에서 살펴보았듯이, 그것이 구체적인 형태를 띠지 않은, '아무 것도 아닌 것', '원칙상 말할 수 없는 것'이라는 데에서 기인한다. 여래(如來)는 바로 그 진여(眞如)에서 '온'(來) 자이다. 그러므로 여래 또한 구체적인 형태를 띠지 않은, '아무 것도 아닌 것', '원칙상 말할 수 없는 것'이라고 말해야 마땅하다.

그러나 '아무 것도 아닌 것', '원칙상 말할 수 없는 것'으로서의 진여가 억지로 몸을 부여받아 현상계에 나타난 경우를 상상해 보는 것이 전혀 불가능한 것도 아니다. 예컨대 민간 신화에 등장하는 귀신과 같은 존재는 그것을 상상하는 데에 좋은 실마리를 제공한다. 거기서 귀신은 눈 깜짝할 사이에 위치를 마음대로 바꾸면서 인간으로서는 도저히 할 수 없는 온갖 불가사의한 업적을 행한다(이홍우, 유한구, 장성모(공저), 2002, p. 70~89).[2] 여

2) 귀신은 어느 종교에서든지 중요한 지위를 차지하고 있는 논의 주제이다. 특히 성리학에서는 귀신을 이기(理氣)와 관련지어 주요한 철학적 논의 주제로 부각시킨다. 누구나 아는 바와 같이, 종교나 철학은 인간의 삶의 문제를 해결하

래는 귀신처럼 억지로 몸을 부여받아 현상계에 나타난 바로 그 진여를 가리킨다. 다시, 마음의 중층구조의 비유를 사용하여 말하자면, 여래는 중층의 위층에서 억지로 몸을 부여받아 아래층으로 '온'(來) 자이다. 여래는 이와 같이 진여와 마찬가지로 구체적인 형태를 띠지 않은, '아무 것도 아닌' 존재이기 때문에 모든 곳에 두루 퍼져 있으면서 의식적인 노력을 기울이지 않고도 신비스러운 행위와 갖가지 훌륭한 기능을 나타낼 수 있다. 이 신비스러운 행위와 훌륭한 기능은 여래가 만들어낸 '여래의 행적'이다. 여래의 행적은, 훈습의 용어로 말하자면, 진여용에 해당된다.

우리는 또한 모든 곳에 두루 '퍼져 있는' 존재로서의 여래를 상상해 본 것과 동일한 방식으로 세상의 모든 것을 두루 '아는' 존재로서의 여래를 상상해 볼 수 있다. 보통의 경우에 '안다'는 말은 특정한 사람이 무엇인가를 대상으로 아는 것을 의미한다. 그러나 여래가 세상의 모든 것을 두루 안다고 할 경우의 '아는' 것은 여래가 하나하나로 구분되는 특정한 대상 전체를 모두 안다는 뜻이 아니라 사물이나 현상을 이것과 저것으로 구분하지

기 위하여 등장한 활동 영역이다. 이 점에서 귀신은 삶의 문제를 해결하기 위하여 마련된 개념이라고 말할 수 있다. 최근에 몇몇 학자들은 이 점에 주목하면서 귀신을 주요 연구 주제로 삼는다. 예컨대 박종덕(2004), '교육이론으로서의 심법', 서울대학교 박사학위논문; 노영실(2006), '주희 귀신론의 교육학적 해석: 교육의 종교적 차원', 충북대학교 박사학위논문 등이 그것이다. 이 연구들에서는 귀신을 교사와 관련지어 해석한다. 그 외의 연구로는 박성규(2004), '주자철학에서의 귀신론', 서울대학교 박사학위논문; 子安宣邦(2006), 「귀신론」, 이승연(역), 「귀신론」, 역사비평사 등이 있다.

않은 상태로, 또는 '아무 것도 아닌' 상태로 한꺼번에 안다는 뜻을 나타낸다. 기신론에서는 이런 방식으로 아는 것을 '증득'(證)이나 '총체적 지식'(一切智)라고 부른다. 앞에서 살펴본 바와 같이 현상계의 관점에서 볼 때, 진여는 '있는' 것이라고 보기 어렵다. 그와 마찬가지로, 보통의 의미에서의 '아는' 것에 비추어 볼 때 '증득'이나 '총체적 지식' 또한 '아는' 것이라고 보기 어렵다. 그렇다고 하더라도 진여가 억지로 몸을 부여받아 사물이나 현상을 이것과 저것으로 구분하지 않은 상태로 한꺼번에 아는 경우를 상상해 보는 것이 전혀 불가능한 것도 아니다. 진여자체상은 억지로 몸을 부여받아 현상계에 온 진여가 사물이나 현상 일체를 구분하지 않은 상태로 한꺼번에 아는 바로 그 상태를 가리킨다. 즉, 진여자체상은 여래의 '마음' 또는 여래의 정신상태를 가리키는 것이다(이홍우, 2006, p. 155). 진여자체상과 진여용을 이와 같이 규정할 경우, 마음이 진여를 그리워하게 되는 것은 여래의 마음과 여래의 행적을 각각 내적 원인과 외적 계기로 할 경우에 가능한 것으로 된다. 그러나 이 설명은 기신론의 설명을 그대로 되풀이한 것에 불과하다.

정법훈습에 관한 이 설명이 실제적 수행과 관련하여 구체적인 의미를 가지기 위해서는 그것과 짝을 이루는 염법훈습에 관한 기신론의 설명을 살펴볼 필요가 있다. 염법훈습에 의하면, 인간의 마음은 무명과 망경계를 각각 내적 원인과 외적 계기로 하여 생멸심으로 흐른다. 앞 장에서 살펴 본 바와 같이, 생멸심은 진여와 정반대되는 지점에 위치에 있다. 마음이 그 생멸심으로 흐르는 것은 무명과 망경계를 그 내적 원인과 외적 계기로 삼는 데서 기인한다. 정법훈습과 염법훈습을 정반대되는 마음의 두 방향으로의 운동으로 설명할 경우에, 진여자체상과 무명, 그리고 진여용과 망경계는 서로 구분될 수밖에 없다. 이 경우에 무명과 망경계는 각각, 앞의 고찰에 나타난 바와 같이, 인간의 마음이 눈앞에 펼쳐진 사물과 현상을 대상으로 하여 사색과 분별을 하고 이해득실을 따져 애착과 편견을 가지는 경우에 인간의 마음 '안'에 있는 그 무엇과 그 마음이 대면하고 있는 마음 '밖'의 사물과 현상을 가리킨다. 눈앞의 사물과 현상을 대상으로 하게 되는 온갖 사색과 분별, 그리고 애착과 편견은 우리 보통사람의 마음 －즉, 중생의 마음－안에서 일어나는 일이며, 중생의 마음 상태에 따라서 사물과 현상은 각기 다른 대상으로 파악된다. 이 점에서 무명과 망경계는 각각 '중생의 마음'과 '중생의 행적'이라고 말할 수 있다. 그리하여 진여자체상과 무명은 각각 여래의 마음과 중생의 마음을 특징짓는 용어로 해석되며, 진여용과 망경계는 각각 여래의 행적과 중생의 행적을 특징짓는 용어로 해석된다. 이렇게 해석될 경우, 여래와 중생은 완전히 다르다.

그렇다면 여래와 중생 사이에는 아무런 관련도 없는가? 다시, 중생의 마음이나 중생의 행적은 여래의 마음이나 여래의 행적과 아무런 관련도 없는가? 만약 양자 사이에 전혀 관련이 없다면, 중생이 여래(진여)를 그리워하는 일은 애당초 불가능한 일로 된다. 그리하여 기신론에서는, 앞 장에서 살펴본 바와 같이, 한편으로 진여와 생멸심이 전적으로 다르다는 점을 강조하면서도, 그와 동시에 다른 한편으로 생멸심에 진여가 표현되어 있다는 점을 반복적으로 설명한다. '진여용'(用)의 표현 방식에 관한 기신론의 설명 또한 중생이 여래와 무관할 수 없다는 점을 분명히 보여준다.

> 이 진여의 기능(用)은 두 가지 방식으로 파악된다. 하나는 '사고와 지각' 또는 '밖에서 물든 마음'(分別事識)에 의하여 파악되는 것으로서, 이것은 우둔한 자와 2승(二乘)의 수행자가 보는 진여의 기능이다. 이 단계에서 파악되는 진여를 '사람의 형상을 한 여래의 몸'(應身)이라고 부른다. 이 단계에서는 사물이나 현상의 본질－즉, 그것은 오직 마음의 작용으로 말미암아 나타난다는 사실－에 대한 완전한 인식이 부족하며, 따라서 진여도 구체적인 형상을 갖춘 외적 사물로 나타난다고 생각한다. 또 하나는 '의지' 또는 '안에서 물든 마음'(業識)에 의하여 파악되는 것으로서, 이것은 수행에 첫발을 디딘 단계에서 완성된 단계에 이르기까지의 모든 수행자가 보는 진여의 기능이다. 이것을 '이상적 상태로서의 여래의 몸'(報身)이라고 부른다. 이 단계에서 파악되는 진여는 무한한 몸(身)으로 나타나며, 몸은 무한한 형체(色)로, 형체는 무한한 모습(相)으로, 또 모습은 무한한 징표(好)로 나타난다. 그 몸이 사는 '완성의 땅'(果地) 역시 갖가지 화려한 보물로 장식되어 있으며 그 조화는 보는 사람에 따라 무한하고 무궁하여 한계를 그을 수 없다. 여기서는 필요한 모든 것을 언제나 가질 수 있으며 닳아서 못쓰게 되거나 없어져 버리는 일이 없다. 이와 같이 무한한 공덕과 복락(樂相)은 모두 여러 바라밀을

통하여 선행을 쌓은 결과이며 그 선행이 신비로운 훈습을 일으킨 결과이다. '이상적 상태로서의 여래의 몸'(報身)이라는 것은 이것을 가리킨다.

(此用有二種 云何爲二 一者依分別事識 凡夫二乘 心所見者 名爲應身 以不知轉識現故 見從外來 取色分齊 不能盡知故 二者依於業識 謂諸菩薩 從初發意 乃至菩薩究竟地 心所見者 名爲報身 身有無量色 色有無量相 相有無量好 所住依果 亦有無量 種種莊嚴 隨所示現 卽無有邊 不可窮盡 離分齊相 隨其所應 常能住持 不毁不失 如是功德 皆因諸波羅蜜等 無漏行熏 及不思議熏之所成就 具足無量樂相故 說爲報身, 기신론 46)

이 인용문에 의하면, 진여는 마음의 상태에 따라 다르게 표현된다. 마음이 '사고와 지각' 또는 '밖에서 물든' 상태에 있을 경우에, 그 마음은 진여를 '사람의 형상을 한 여래의 몸'(應身)으로 파악한다. 이것은 눈앞에 보이는 사물과 현상이 그 본질에 있어서는 구체적인 형태를 띠지 않은 '아무 것도 아닌 것', '원칙상 말할 수 없는 것'이라는 점을 깨닫지 못한 데서 비롯된다. 그러나 마음이 '의지' 또는 '안에서 물든' 상태에 있을 경우에, 그 마음은 진여를 이와는 다르게 파악한다. 이 상태에서의 마음은 진여를 '이상적 상태로서의 여래의 몸'(報身)으로 파악한다. 이 마음은 진여를 '구체적인 형상을 갖춘 외적 사물'로 파악하는 것이 아니라, 예컨대 32상(相) 80수형호(隨形好)과 같은 특별한 모습을 갖춘 특별한 존재로 파악한다.

진여를 보신(報身)으로 파악하는 사람은 수행의 단계상 진여를 응신(應身)으로 파악하는 사람보다 높은 단계에 속한 사람이다. 우둔한 자나 2승(二乘)의 수행자와 같이 수행을 하지 않았거나 수행을 하더라도 바르게 하지 않은 사람은 후자의 단계에 속하는 반면, 수행의 첫발을 디딘 사람이든 수행의 완성 단계에 이른 사람이든 수행을 바르게 한 모든 수행자는 전자의 단계에 속한다. 그리고 진여를 '진여 그 자체로서의 여래의 몸', 즉 법신(法身)으로 파악하는 사람은 수행의 단계상 진여를 보신으로 파악하는 사람보다 높은 단계에 속한 사람이다. 진여를 법신으로 파악하는 사람은 '의지의 발동(業識)에서 완전히 자유로울 수 있기 때문에 일체의 심상(見相)에서 벗어난'(若離業識 則無見相, 기신론 47) 사람이다.

위의 모든 설명을 참고로 할 때, 여래의 몸은 그것을 보는 사람에 따라서 응신, 보신, 법신이라는 각기 다른 세 가지 모습으로 나타난다고 말할 수 있다. 여기서 '그것을 보는 사람에 따라서'라는 말은, 물론, '여러 바라밀을 통하여 선행을 쌓고', '그 선행이 신비스러운 훈습을 일으켜' '마음이 얼마만큼 진여를 그리워하게 되었는가에 따라서'라는 뜻을 나타낸다. 그러므로 응신, 보신, 법신은 각각 다른 실체를 가진 세 가지 여래의 몸을 가리키는 것이 아니라, 수행의 결과에 따라서 다르게 나타나는, 동일한 여래의 세 가지 모습을 가리킨다고 말할 수 있다. 이 점에서 응신 또한 보신이나 법신과 마찬가지로 진여에서 '온' 자의 몸이다.

진여를 법신으로 파악하는 사람은 제외로 하고, 진여를 응신으로 파악하는 사람과 진여를 보신으로 파악하는 사람은 각각 '밖에서 물든 마음'(分別事識)과 '안에서 물든 마음'(業識)을 가지고 있는 사람이다. 염법훈습에 의하면, '밖에서 물든 마음'과 '안에서 물든 마음'은 마음이 끊임없이 생멸심으로 흐를 때 중생이 가지게 되는 서로 다른 두 가지 망심을 가리킨다. 이 두 가지 마음은, 그것이 망심인 한, 버려야 마땅하다. 그러나 중생은 그 두 마음을 가지고 진여를 본다. 다만, 중생의 마음에 진여가 상이한 모습으로 파악되는 것은 중생의 마음에 진여가 상이하게 구현되어 있기 때문이다. 그런 만큼, 그 두 가지 마음은 수행의 결과로 진여를 다르게 구현한 중생의 마음을 단순화하여 예시한 것이라고 말할 수 있다. 이렇게 말하고 보면, 진여자체상은 중생의 마음과 무관하게 여래의 마음만을 가리킨다고 볼 수 없다. 보다 정확하게 말하자면, 진여자체상은 중생의 마음이 수행의 결과로 가지게 되는 여래의 마음을 가리킨다. 그리하여 중생의 마음은 수행의 결과로 진여자체상을 구현한 정도가 온전하면 할수록 여래의 마음에 가까워지며, 이와는 반대로 진여자체상을 구현한 정도가 불완전하면 할수록 그 자리에 그대로 머물러 있는 것으로 된다. 이렇게 생각해 보면, 진여자체상은 중생의 마음이 수행의 결과로 구현해야 할 '수행의 이상(理想)', 또는 수행의 정도를 가늠하는 '수행의 기준'이라는 새로운 의미를 가지게 된다. 진여자체상이 수행의 기준이라는 새로운 의미를 가지게 된 이상, 진여용 또한 새로운 의미를 가질 수밖에 없다. 진여용은 다른 것이 아니라 진여자체상을 구현한 중생의 마음이 대면하기도 하고 그 기능을 발휘하기도 하는 '중생의 행적'을 가리키는 것이다.

진여자체상과 진여용을 이와 같이 해석할 때, 마음은 두 가지 상반된 방향으로 움직인다고 보기 어렵다. 마음은 오직 진여를 구현하는 방향으로 움직일 뿐이다. 우리에게 실지로 있는 것은 오직 한 방향으로 열린 길, 상념에서 진여로 열린 하나의 길밖에 없는 것이다(이홍우, 2006, p. 533). 이것은 이때까지 제시한 기신론의 설명과 다른 것처럼 보이지만, 따지고 보면 앞 장에서 살펴 본 '진여와 생멸심의 관계' - 진여와 생멸심은 오직 개념상으로만 구분될 뿐, 각각 별도로 존재하는 것이 아니며, 진여는 생멸심이 따라야 할 생멸심의 기준이다 - 에서 따라오는 필연적 귀결일 뿐이다. 그럼에도 불구하고, 기신론이 두 가지 훈습을 두 가지 상반된 방향으로의 운동인 것처럼 설명하는 것은 기신론이 수행을 연기설과 관련지어 그것의 '역행'으로 설명하는 데에 그 원인이 있다. 연기설의 관점에서 볼 때, 수행은 괴로움의 원인을 추적하여 그 궁극적 원인을 제거하는 일로 규정된다. 이 점에서 수행은 고(苦)로서의 삶과 반대 방향을 취하는 것처럼 보인다. 그러나 기신론의 관점에서 볼 때, 진여는 괴로움의 궁극적 원인 - 즉, 무명 - 과 다른 곳에 있는 것이 아니라 여래장이라는 하나의 '장소'에 동일하지도 상이하지도 않게 결합되어 있다. 그렇다면, 무명만 제거하는 것은 원칙상 불가능하다. 무명을 제거하면 그와 동시에 진여 또한 제거된다. 그런 만큼, 진여로 돌아가는 것은 눈앞에 펼쳐진 사물과 현상을 대상으로 하여 사색과 분별을 하고 이해득실을 따져 애착과 집착을 가지는 인간의 일상의 삶 ―즉, 고(苦)로서의 삶―을 기반으로 이루어질 수밖에 없다. 그리하여 인간은 다소간의 차이에도 불구하도 일상의 삶―즉, 고(苦)로서의 삶―을 통하여 진여(자체상)를 구현하면서 그것에 상응하는 대상을 발견하기도 하고 그에 상응하는 기능을 발휘하기도 하면서 살아가고 있는 것이다. 이 점에서 인간은 누구나 다소간 여래라고 말할 수 있다.

이상의 설명은 '마음의 운동'과 '마음의 구조'에 관한 기신론의 설명을 참고로 하여 '마음이 진여를 그리워하게 되는 과정'을 인간의 일상의 삶과 관련하여 재해석한 것이다. 이제, 이 해석을 기초로 하여, 기신론에서는 어떻게 시문, 계문, 인문, 진문으로 열거되는 전4문이 마음을 진여로 향하게 한다고 설명하는지를 살펴보자. 전4문은 현상계에 나타난 진여가 '특별한 의식적 노력을 하지 않고도'(自然) 그 마음―즉, 진여자체상―을 드러내는 방식이다(기신론 45). 말하자면, 전4문은 여래가 자신도 모르는 사이에 그 마음을 드러내는 여래의 행적인 것이다. 여래의 행적이 여래의 마음을 포함하고 있다는 것은 말할 필요도 없다. 우리는 흔히 '마음'과 '그 행위'(대상)이라는 용어를 사용하여 마음이 그 행위(대상)를 대면한다든가 마음이 그 행위(대상)를 만들어낸다고 말하지만, 사실상 마음과 그 행위 사이에 그 용어가 지시하는 것만큼의 분명한 경계가 있는 것은 아니다. 무엇인가를 이해하기 위해서는 불가피하게 그 두 가지 용어를 구분하여 사용해야 하지만, 따지고 보면 그 두 가지 용어는 어디까지가 마음이며 어디까지가 행위인지를 구분할 수 없을 정도로 서로가 서로를 포함한다. 이 점에서 전4문으로 열거된 여래의 행적을 '모방'하는 것은 그 속에 포함된 여래의 마음을 자신의 것으로 만드는 일이라고 말할 수 있다. 중생은 여래의 행적을 모방하면서 자신도 모르는 사이에 그 속에 포함된 여래의 마음을 자신의 것으로 만든다. 중생은 전4문을 실천함으로써 마음을 진여로 향하도록 하는 것이다.

그렇다면, 여래는 이 전4문 이외의 다른 방식으로는 그 마음을 드러내지 않는가? 물론, 그렇지 않다. 여래는 '때로는 가족이나 부모나 친척, 때로는 하인, 때로는 친구, 때로는 원수의 모습, 때로는 이른바 "네 가지 교육적 자세"(사섭四攝)로 나타난다'(或爲眷屬 父母諸親 或爲給使 或爲知友 或爲怨家 或起四攝, 기신론 40). 여래는 '그들의 행위 하나하나가 훈습의 힘을 일으키는 정성어린 계기를 이루어 중생으로 하여금 훌륭한 자질을 신장시키도록 하며, 보고 듣는 것에서 이익을 얻도록 한다'(乃至一切所作 無量行緣 以起大悲 熏習之力 能令衆生 增長善根 若見若聞得利益故, 기신론 40). 여래는 인간의 일상의 삶 어디에서나 한도 끝도 없이 다양한 방식으로 그 마음을 드러내는 것이다. 그럴 수밖에 없다. 불교의 사고방식에 의하면, 고(苦)로부터의 해탈은 고(苦)로서의 삶을 발판으로 하여 달성될 수밖에 없다. 인간은 눈앞의 사물과 현상을 조작함으로써 고(苦)로서의 삶을 영위하지만, 눈앞의 사물과 현상을 조작하는 바로 그 행위 속에는 한도 끝도 없이 다양한 여래의 마음이 표현되어 있다. 이 점에서 여래의 행적은 전4문 뿐만 아니라 이 세상에서 '훌륭한 행적'이라고 생각하는 것은 무엇이나 여래의 행적이라고 말할 수 있다. 인간의 일상의 삶에서 반드시 지키도록 되어 있고, 또 다소간 지키고 있는 '사회적 규범'은 물론이요 일상의 삶에서 경험하는 '세상의 모든 좋은 것'은 여래가 자신도 모르는 사이에 그 마음을 드러내는 여래의 행적이 될 수 있는 것이다. 인간은 '사회적 규범'을 지키면서, 그리고 '세상의 모든 좋은 것'을 경험하면서 자신도 모르는 사이에 여래의 마음을 가지게 된다.

기신론에서는 전4문 이외에 그것과는 다른 또 하나의 수행 방법을 제시한다. 지관문(止觀門) 수행이 바로 그것이다. 그러나 기신론에서 전4문 이외에 지관문이라는 별도의 수행 방법을 제시한다고 하더라고, 그 지관문 수행은, 그것이 기신론에서 제시한 수행 방법인 한, 적어도 '진여 하나만을 집중적으로 그리워하는' 식의 수행 방법은 아닐 것이다. 그럴 수밖에 없다. 널리 알려진 바와 같이, '진여 하나만을 집중적으로 그리워하는' 식의 수행 방법은 석가모니가 해탈에 이르는 올바른 수행 방법을 제시하고자 할 때 가장 먼저 배척한 '요가'나 '명상'이라는 수행 방법과 거의 동일한 방식으로 이루어진다. 석가모니가 보기에, 요가나 명상은 일시적으로 고(苦)를 잊도록 할뿐, 결코 고(苦)로부터의 영원한 해탈을 달성하도록 하지는 못한다. 석가모니는 명상을 통하여 달성할 수 있는 최고의 경지를 경험한 다음 이와 같은 결론에 도달한다. 물론, 석가모니는 고행이라는 수행 방법 역시 고(苦)로부터의 영원한 해탈을 달성하도록 할 수 없다는 것을 경험한다. 지관문 수행은 이 두 가지 수행 방법-명상과 고행-이 석가모니에 의하여 부정되면서 제시된 특별한 수행 방법이다(정성본, 2000, pp. 53~61). 그러나 석가모니의 한평생을 돌아볼 때, 그의 삶에서 명상이나 고행과 같은 수행 방법이 완전히 배제되었다고 말할 수는 없다. 이 점에서 지관문 수행은 '명상'이나 '고행'으로 불리는 기존의 수행 방법과는 다르지만, 그렇다고 하여 그것과 전혀 관련이 없다고 말할 수 없다.[3] 이 점이 지관문 수행의 의미를 고찰하고자 할 때 염두에 두어야 할 한 가지 고려사항이다.

이 점 이외에 지관문 수행의 의미를 고찰하고자 할 때 염두에 두어야 할 또 한 가지 고려사항이 있다. 그것은, 지관문 수행이 전4문에 나타난 것처럼 여래의 '행적'을 모방하려는 수행 방법과는 다른 수행 방법이어야 한다는 것이다. 이 경우에 지관문 수행은 여래의 '마음'을 통한 수행 방법일 수밖에 없다. 진여가 여래의 행적 이외에 다른 것으로 표현된다면 그것은 바로 여래

3) 이 연구의 결과로 밝혀질 바를 미리 말하자면, 교과는 지관문 수행의 전형적 형태에 해당되는 만큼, '명상'과 '고행'이라는 두 측면을 포함하지 않을 수 없다.

의 마음일 수밖에 없는 것이다. 훈습의 용어로 말하자면, 전4문이 진여용을 모방함으로써 마음이 진여자체상을 따르도록 하는 수행이라면, 지관문은 마음이 직접 진여자체상을 따르도록 하는 수행 방법이라고 말해야 할 것이다. 그렇다면 지관문은 어째서 마음이 직접 진여자체상을 따르도록 하는 수행 방법이 될 수밖에 없는가? 이 질문을 해결하는 데 가장 중요한 것은 지관문에 관한 기신론의 설명을 정확하게 이해하는 일이다. 물론, 이 말은 지관문에 관한 기신론의 설명이 그리 쉽게 이해되지 않는다는 것을 의미한다. 기신론에서는 정(定)과 혜(慧)를 합쳐 지관문(止觀門)이라는 하나의 수행 방법으로 만들어 놓고도 지관문의 의미를 설명할 때에는 지(止)와 관(觀)으로 나누어 설명한다. 기신론의 이 설명을 참고로 할 때, 지(止)는 '상념의 정지'로 번역되며, 관(觀)은 '본질의 통찰'로 번역된다.

기신론에 의하면, '상념의 정지'(止)라는 것은 상념에 지각되는 일체의 특징을 정지시키는 것으로서, 이것은 '그침'(奢摩他)의 방법을 따르는 것이다(所言止者 謂止一切境界相 隨順奢摩他觀義故, 기신론 79). '"상념의 정지"(止)를 하려고 하면 수행자는 고요한 곳을 정하여 단정히 앉아서 마음을 가다듬어야 한다. 수행자는 생각의 초점을 호흡에 두어서도 안되고 눈에 보이는 물체에 두어서도 안된다. 수행자는 "빈 것"(空)을 생각해서도 안되며, 땅과 물과 불과 바람, 또는 보고 들은 것, 깨닫고 안 것 중의 어느 것을 생각해서도 안된다. 수행자는 상념에서 일어나는 생각을 지워버려야 하며, 생각을 지운다는 생각조차 지워야 한다'(若修止者 住於靜處 端坐正意 不依氣息 不依形色 不依於空 不依地水火風 乃至不依見聞覺知 一切諸想 隨念皆除 亦遣除想, 기신론 80). 기신론의 이 설명에서는 '상념의 정지'(止)를 수행 방법 중의 하나인 것처럼 기술한다. '상념의 정지'(止)는 수행자가 한적한 산사(山寺)에 정좌하고 앉아서 머릿속에서 일어나는 일체의 생각을 지우는 수행 '방법'인 것이다. 그러나 이 설명에서처럼 상념의 정지가 구체적인 방법과 절차를 가진 하나의 수행 방법이라면, 상념의 정지는 석가모니가 부정하고자 한 우파니샤드 철학에서의 수행 방법 ―'요가'나 '명상'― 과 다를 것이 없다. '상념의 정지'라는 수행 방법으로는 일시적으로 고(苦)를 잊을 뿐, 고(苦)로부터의 영원한 해탈을 달성할 수 없는 것이다.

'본질의 통찰'(觀) 또한 수행 방법 중의 하나로 해석하는 한 이와 동일한 결론에 도달할 수밖에 없다. 기신론에 의하면, '본질의 통찰'(觀)이라는 것은 원인과 계기에 의하여 일어나는 현상계의 변화(生滅因緣相)를 정확하게 파악하는 것으로서, 이것은 '살핌'(毗鉢舍那)의 방법을 따르는 것이다(所言觀者 謂分別因緣生滅相 隨順毗鉢舍那觀義故, 기신론 79). '본질의 통찰'(觀)을 닦고 익히는 사람은 마땅히, 세상 사람들의 삶과 관련된 일체의 현상은 항구적인 것이 아니라 순간순간 변하고 사라진다는 것, 그리고 사람들의 마음속에서 일어나는 일체의 움직임은 순간순간 일어나고 사라지며 그것이 곧 '괴로움'(苦)이라는 것을 통찰해야 한다. 그는 지난 날 마음에 비쳤던 모든 현상은 희미한 꿈이요, 현재 마음에 비치는 모든 현상은 스치고 지나가는 번갯불과 같으며, 장차 마음속에 비칠 모든 현상은 홀연히 일어나는 구름과 같다는 것을 통찰해야 한다. 그는 이 세상에 살고 있는 모든 육신은 깨끗한 것이 아니요 온갖 더러운 찌꺼기로 가득 차 있어서, 즐거움의 원천이 될 만한 것은 하나도 없다는 것을 통찰해야 한다(修習觀者 當觀一切世間 有爲之法 無得久停 須臾變壞 一切心行 念念生滅 以是故苦 應觀過去 所念諸法 恍惚如夢 應觀現在 所念諸法 猶如電光 應觀未來 所念諸法 猶如於雲 忽爾而起 應觀世間 一切有身 悉皆不淨 種種穢汚 無一可樂, 기신론 87). 이 설명대로라면, '본질의 통찰'(觀)은 통찰해야 할 내용이 구체적으로 명시된 하나의 수행 방법이다. 그리하여 사람에 따라서는 '본질의 통찰'(觀)을 '상념의 정지'(止)와 시간상 거리를 두고 실천해야 할 하나의 수행 방법으로 해석하기도 하는 것이다(조준호, 2000; 2001). 사실상, 불교계에서는 '상념의 정지'(止)와 '본질의 통찰'(觀) 중의 어느 것을 먼저 닦아야 하는가라는 문제를 논쟁의 주요 주제로 삼기도 한다.[4)]

---

4) 지관문 수행이 석가모니 수행의 특이성을 보여주는 만큼, 불교수행론에 관심을 가지는 사람은 누구나 지관문 수행에 관심을 가질 수밖에 없다. 천태지의(天台智顗)는 그 중의 대표적인 인물이다(오지연, 1999). 현대 한국 불교계에서는 지관문 수행에 관한 관심이 '지수행과 관수행 중의 어느 것을 먼저 닦아야 하는가'라는 문제를 중심으로 하여 표면화된 적이 있다. 한편에서는 지수행이 관수행보다 먼저 이루어져야 한다고 주장하며, 다른 한편에서는 지수행과 관수행이 서로 교차하면서 함께 일어나는 식으로 이루어져야 한

그러나 지관문이 삼학(三學)이나 6바라밀에서 두 가지 수행 방법으로 나누어져 있다가 기신론에 와서 하나의 수행 방법으로 합쳐진다는 사실은 지(止)에 관한 설명이나 관(觀)에 관한 설명에서처럼 지(止)와 관(觀)을 서로 다른 두 가지 수행 방법으로 보아서는 안된다는 점을 지적한다. 아닌게 아니라 기신론에는 그 두 가지를 동시에 수행해야 한다는 점이 대단히 강조되어 있다. 예컨대, '이 두 가지 수행은 점진적으로 동시에 실천하여, 마치 문을 받치고 있는 두 개의 기둥처럼, 한꺼번에 일어나도록 해야 한다'(以此二義 漸漸修習 不相捨離 雙現前故, 기신론 79)거나 '걸어갈 때나 서 있을 때나, 누워 있을 때나 일어나 있을 때나, 수행자는 늘 "그침"(止)과 "살핌"(觀)을 동시에 수행해야 한다'(若

다고 주장한다. 여러 학자들이 이 문제에 관심을 가지고 있지만, 전자를 대표하는 학자로는 조준호를 들 수 있으며, 후자를 대표하는 학자로는 임승택을 들 수 있다. 이들은 불교의 초기 경전에 등장하는 지수행과 관수행에 관한 석가모니의 설명을 그 주장의 근거로 제시한다. 자세한 내용은 조준호(2000), '초기불교에 있어 지관의 문제', 「한국선학」 1호, 한국선학회; 조준호(2001), 'Vipassanā의 인식론적 근거', 「보조사상」 16집, 보조사상연구원; 임승택(2001), '사띠(sati)의 의미와 쓰임에 관한 고찰', 「보조사상」 16집, 보조사상연구원; 임승택(2001), '초기불교의 경전에 나타난 사마타빠싸나', 「인도철학」 제11집, 인도철학회 참조. 그 외의 연구로는 인경(2001), '초기불교에서의 지관과 4선(四禪)', 「보조사상」 16집, 보조사상연구원; 김준호(2000), '초기불전에 나타난 지관개념', 「한국선학」 1호, 한국선학회; 김형준(2000), '원시선(原始禪)의 본질 및 그 수습구조에 관한 일고(一考)', 「불교학연구」 창간호, 불교학연구 등이 있다. 그러나 본 연구의 관점에서 볼 때, 그 주장들의 타당성은 무엇보다도 불교의 마음관에 비추어 판단되어야 한다. 사실상, 불교의 초기 경전에 등장하는 지수행과 관수행에 관한 석가모니의 설명 또한 불교의 마음관에 비추어 보지 않는 한 그 의미를 분명하게 이해할 수 없다고 말할 수 있다.

行若住 若臥若起 皆應止觀俱行, 기신론 89)는 것이 그것이다. 그러므로 기신론이든 어디든 불교 문헌에서는 설명의 편의상 양자를 각각 별도로 설명할 수밖에 없다고 하더라도, 그 설명을 이해하고자 할 경우에는 두 가지 수행을 하나의 수행으로 만들어야 했던 기신론의 문제의식을 되살려내어 이해해야 한다. 물론, 기신론에서는 두 가지를 '동시에' 수행해야 하는 이유를, 두 가지를 '동시에' 수행하지 않을 경우에 따라오는 좋지 못한 결과로 설명하기도 한다. 예컨대, '세상 일에 대한 집착과 비겁하고 나약한 생각을 가지게 한다'(기신론 89)든가 '다른 사람을 구제하는 일에 무관심한 좁고 용렬한 마음을 가지게 하는 것'(기신론 89) 등이 그것이다. 그러나 두 가지를 동시에 수행해야 하는 이유는 그보다 더 근본적인 데에 있다. 그 좋지 못한 결과는 그 근본적 이유에서 파생된 것에 불과하다.

그 근본적 이유는 기신론의 마음관에 비추어 볼 경우에라야 비로소 정확하게 들어난다. 앞 장에서 살펴본 바와 같이, 마음은 진여와 생멸심이라는 두 개의 층으로 이루어져 있다. 진여는 생멸심의 존재를 의미있게 만들어주는 생멸심의 기준이며, 생멸심은 진여를 표현하거나 실현하는 진여의 매체이다. 그런 만큼, 진여없는 생멸심은 그 존재를 의미있게 만들어줄 기준을 가지지 못하며, 생멸심없는 진여는 그 자신을 실현시켜줄 기반을 가지지 못한다. 마음에 관한 기신론의 이 특이한 견해를 염두에 둔다면, 지(止)와 관(觀)에 관한 기신론의 설명은 지금까지와는 다른 새로운 의미로 해석될 수 있다. 기신론에서는 '상념의 정지'(止)를 '그침'의 방법에 따라 상념에 지각되는 일체의 특징을 정지시키며, 정지시킨다는 생각조차 정지시키는 것으로 설명한다. 물론, 여기서 정지시키는 대상은 상념이다. 그러나 이 수행이 상념을 대상으로 하여 이루어지는 것처럼 설명되는 것은 '상념의 정지'(止)를 '수행'으로 설명하기 위한 불가피한 조치일 뿐이다. 기신론의 사고방식에 의하면, 수행은 그것이 수행인 한 대상을 가질 수밖에 없다. 그러나 '그침'의 방법에 따라 상념을 정지시키는 것은 '수행자의 마음이 "올바른 생각"(正念)에 머물도록 하기 위한 것이다. 이 "올바른 생각"(正念)이라는 것은 외부 대상에 대한 생각이 있어서 그것이 올바르다는 뜻이 아니라 "오직 마음"(唯心)일뿐이다. 이 마음은 양상을 가지고 있지 않으며, 따라서 상념을 아무리 거듭거듭 되풀이하더라도 파악되는 것이 아니다'(住於正念 是正念者 當知唯心 無外境界 卽復此心 亦無自相 念念不可得, 기신론 80). '상념의 정지'(止)는 양상을 가진 상념 하나하나를 제거하는 것이 아닌 '올바른 생각'(正念)을 가지는 것이다. 여기서 '올바른 생각'(正念)이라는 것은 진여와 마찬가지로 양상이 없이 한꺼번에 아는 것을 가리킨다. 이 점에서 '상념의 정지'(止)는 '진여에 대한 직관' 이외의 다른 것일 수 없다.

'본질의 통찰'(觀) 또한 이와 동일한 방식으로 이해될 수 있다. 앞에서 살펴본 바와 같이 기신론에 의하면, '본질의 통찰'(觀)은 '살핌'에 따라 원인과 계기에 의하여 일어나는 현상계의 변화를 정확하게 파악하는 것이다. 물론, 여기서 '원인과 계기에 의하여 일어나는 현상계의 변화'는 4념처(四念處)－신(身), 수(受), 심(心), 법(法)－를 포함하여 눈앞에 펼쳐지는 사물과 현상의 일체의 변화를 가리킨다.[5] 그러나 문제는 '그 현상계의 변화를 정확하게 파악한다는 것이 무엇을 의미하는가'라는 점이다. 기신론에서 설명하듯이, '이 세상에 살고 있는 모든 육신은 깨끗한 것이 아니요 온갖 더러운 찌꺼기로 가득 차 있어서, 즐거움의 원천이 될만한 것이 하나도 없다'(기신론 87)는 식의 통찰이 그것인가? 수행의 완성 단계에 이른 '진여와 하나가 된 수행자'(法身菩薩)의 경우에는 '삶이 곧 수행'(自然修行, 기신론 41)인 만큼 의식적인 노력을 기울이지 않더라도 그런 식의 통찰이 일어날지 모른다. 그러나 그런 경지에 이르지 못한 중생으로서는 그런 식의 통찰이 불가능하다. 애써 노력하여 일시적으로나마 그런 통찰이 일어났다고 하더라도 그 통찰은 금방 사라진다. 그러므로 그 통찰은 수행의 결과로 저절로 나타날 통찰일지언정, 수행의 방법으로서의 통찰이라고 보기는 어렵다.

---

5) 불교계에서는 일반적으로 4념처(四念處)－'자신의 몸'(身), '몸 안에서 일어나는 감각'(受), '감각을 넘어선 마음'(心), '제법의 원리'(法)－로 관수행의 대상을 설명한다(한자경, 2003, pp. 80～88). 사념처를 4선(四禪)－불교에서는 보통 4선으로 지수행의 대상을 설명한다－과 대비되는 것으로 볼 경우에(조준호, 2000, pp. 324～335), 사념처는 눈앞에 펼쳐진 사물과 현상 일체가 아닌, 그것의 특정한 부분을 가리키는 것처럼 보인다. 그러나 사념처는 따지고 보면 인간이 눈앞에 펼쳐진 사물과 현상을 대상으로 하여 생각으로 품을 수 있는 것 일체를 네 가지로 분류한 것이라고 말할 수 있다.

바로 여기에 '본질의 통찰'(觀)의 의미를 정확하게 해석할 실마리가 있다. '본질의 통찰'(觀)은 구체적인 수행의 방법이 아닌 수행의 방법상의 원리를 설명하는 것이다. '본질의 통찰'은 수행이 '현상계의 변화에 관한 통찰'을 출발점 또는 기반으로 하여 이루어진다는, 수행의 방법상의 원리를 설명하는 것이다. '본질의 통찰'(觀)을 이와 같이 해석할 경우, '상념의 정지'(止) 또한 수행의 방법상의 원리를 설명하는 것으로 해석될 수밖에 없다. 즉, '상념의 정지'(止) 또한 구체적인 수행 방법이 아닌 수행이 '진여에의 직관'을 목적으로 한다는, 수행의 방법상의 원리를 설명하는 것이다(김광민, 2004, pp. 36~57). '상념의 정지'(止)와 '본질의 통찰'(觀)을 이와 같이 해석할 경우, 양자는 '동시에'가 아니고는 달리 일어날 방법이 없다. '현상에의 통찰'이라는 수행의 기반(과정)이 없이 어떻게 '진여에의 직관'이라는 목적을 달성할 수 있으며, '진여에의 직관'이라는 목적없이 어떻게 '현상에의 통찰'이라는 수행의 기반(과정)이 의미를 가질 수 있겠는가? 이것은 '진여와 생멸심이 관계'에 관한 기신론의 견해－즉, '진여없는 생멸심'과 '생멸심없는 진여'가 각각 의미와 기반을 상실할 수밖에 없다－에서 따라오는 필연적 귀결이다.

지관문을 이와 같이 수행의 방법상의 원리로 해석한다면, 지관문 수행과 관련하여 문제는 모두 해결된 것인가? 물론, 그렇지 않다. 기신론에서는 분명히 지관문을, 전4문과 마찬가지로, 실지로 실천해야 할 하나의 수행 방법이라고 주장한다. 이 주장은 지관문이 수행의 방법상의 '원리' 이상으로 하나의 수행 '방법'이라는 것을 강조하는 것이다.[6] 그러므로 수행 방법으로서의 지관문의 성격을 밝히기 위해서는 인간의 활동 중에서 지관문 수행에 해당하는 활동 한 가지를 구체적으로 예시할 필요가 있다. 그러나 이 일은 다음 절의 과제인 '방편의 개념'을 고찰한 이후로 미루기로 하고, 여기서는 지관문 수행이 어째서 마음을 직접 진여자체상으로 만드는 수행 방법인가를 살펴볼 것이다.

물론, 이 문제에 대한 대답은 이미 밝혀진 것이나 다름없지만 굳이 되풀이하여 말하자면, 지관문 수행이 마음을 직접 진여자체상으로 만드는 수행이 될 수밖에 없는 것은 지관문 수행의 의미에서 따라오는 필연적 귀결이다. 지금까지 살펴 본 바와 같이, 지관문 수행은 '진여에의 직관'이라는 결과가 예고된 '현상에의 통찰' 행위이거나, 반대로 '현상에의 통찰'을 기반으로 한 '진여에의 직관' 행위이다. '진여에 대한 믿음'을 수반하지 않는 '현상에 대한 통찰'이나 '현상에 대한 통찰'을 기반으로 하지 않은 '진여에 대한 믿음'은 결코 지관문 수행이 될 수 없는 것이다. 이 점에서 지관문 수행은, 여래의 '행적'을 모방함으로써 간접적으로 여래의 '마음'을 물려받고자 하는 전4문과는 달리, 마음이 직접 여래의 '마음'을 물려받고자 하는 수행이라고 말할 수 있다. 다시, 전4문이 여래의 마음과 다소간 거리를 두고 이루어지

6) 따지고 보면, 지수행과 관수행을 서로 다른 두 가지 수행 방법으로 오해하는 것은 바로 여기에 그 원인이 있다고 말할 수 있다.

는 수행 방법이라면, 지관문 수행은, 그것이 곧 여래의 마음이라고 할 정도로 여래의 마음을 직접 겨냥한 수행 방법이라고 말할 수 있다.

2. 수행의 매체로서의 방편의 개념

앞 절에서는 불교에서 말하는 이러저러한 수행 방법이 어떻게 마음을 진여로 만드는가라는 문제를 고찰하였다. 그 고찰에 의하면, 불교식 수행 방법은 크게 두 가지로 나누어진다. 하나는 여래의 행적을 모방함으로써 간접적으로 마음을 여래의 마음으로 만드는 방법이며, 다른 하나는 여래의 마음을 본받음으로써 마음을 직접 여래의 마음으로 만드는 방법이다. '훈습'의 용어로 바꾸어 전자가 진여용을 겨냥하여 간접적으로 마음을 진여자체상으로 만드는 수행 방법이라면, 후자는 진여자체상을 직접 겨냥하여 마음을 진여자체상으로 만드는 수행 방법이다. 기신론의 마음관을 받아들이는 한, 불교식 수행 방법이 마음을 진여로 만든다는 것은 이와 같은 방식으로 설명될 수밖에 없다. 마음이 진여로 돌아가든지 생멸심으로 흐르든지 상관없이 마음의 운동은 모두 마음과 그 대상 사이의 상호작용이라는 동일한 구조로 이루어진다. 그러므로 마음을 진여로 만들기 위해서는 마음이 대면하고 있는 대상과 관련되어 있는, '여래의 행적'을 모방하는 간접적인 방법을 활용하면서 동시에 대상을 마주 보고 있는 마음과 관련되어 있는, '여래의 마음'을 겨냥하는 직접적인 방법을 활용할 수밖에 없는 것이다.

그러나 이것은 어디까지나 수행을 '이론적'으로 설명한 것이다. 수행은 이론적 설명 이상으로 실제적 행동, 즉 '실천'을 요구한다. 물론, 수행에 관한 이론적 설명이 불교 수행론에서 차지하는 지위는 결코 사소한 것이라고 말할 수 없다. 그럼에도 불구하고 그 이론적 설명이 보다 온전한 의미를 가지기 위해서는 그것과 실천의 관련이 분명히 밝혀지지 않으면 안된다. 방편은 수행에 관한 이론적 설명을 실제적 수행으로 연결시켜주는 개념이다. 이 점은 수행에 관한 기신론의 설명에 잘 드러나 있다.

> 앞에서는 '일체의 사물은 오직 하나인 진여의 표현이며 부처의 본체는 둘이 아니다'라고 말하였다. 그렇다면 그 '하나인 진여'만을 집중적으로 생각하며 그리워하기만 하면 될 것인데, 어찌하여 또 다시 여러 선행을 배우고 실천해야 한다고 말하는가? - 이것은 '마니'라는 큰 구슬에 비유하여 설명할 수 있다. 이 구슬은 원래 맑고 깨끗한 성질(體性)을 가지고 있지만 흙과 먼지로 때가 끼어 있다. 만약 사람이 그 구슬의 원래의 성질만을 생각하고 그리워하면서 여러 가지 방편으로 갈고 닦고 하지 않는다면 원래의 그 깨끗한 성질이 나타나지 않을 것이다. 중생의 마음도 이와 마찬가지이다. 진여는 원래 맑고 깨끗한 성질(體性)을 가지고 있지만 끝없는 번뇌로 물들고 때가 끼어서 여러 가지 방편으로 오랫동안 수행(熏修)하지 않으면 원래의 그 깨끗한 성질

이 나타나지 않는다. 그 때가 온 누리에 구석구석 퍼져 있는 만큼, 선행도 온 누리에 걸쳐 이루어져야 그것을 벗길 수 있다. 그리하여 사람이 모든 착한 일을 열심히 행하면 자신도 모르는 사이에(自然) 진여로 돌아가게 된다.

(問曰 上說法界一相 佛體無二 何故不唯念眞如 復假求學諸善之行 答曰 譬如大摩尼寶 體性明淨 而有鑛穢之垢 若人雖念寶性 不以方便 種種磨治 終無得淨 如是衆生 眞如之法 體性空淨 而有無量 煩惱染垢 若人雖念眞如 不以方便 種種熏修 亦無得淨 以垢無量 遍一切法故 修一切善行 以爲對治 若人修行 一切善法 自然歸順 眞如法故, 기신론 62)

거듭 말하거니와, 불교 수행의 궁극적 목적은 '오직 하나인 진여'를 진정으로 믿고 마음 속 깊이 받아들이는 것이다. 그럼에도 불구하고, 위의 인용문에 의하면, 오직 하나인 그 진여를 집중적으로 그리워하는 것만으로는 그 궁극적 목적을 달성할 수 없다. 그 궁극적 목적을 달성하기 위해서는 '여러 가지 방편을 활용하여' 오랜 동안 수행을 하지 않으면 안된다. 불교의 궁극적 목적을 이루기 위해서는 반드시 오랜 동안의 수행이 필요하며, 그리고 또한 수행을 하기 위해서는 방편을 활용해야 한다. 수행이라는 실천적 행위에는 방편이 필수적으로 요청되는 것이다. 그렇다면, 방편은 어째서 수행을 하는 데에 필수적으로 요청되는가? 또는, 다른 말로, 수행에서 필수적으로 요청되는 방편이라는 것은 무엇인가? 물론, 수행에서 방편이 차지하는 이와 같은 중요성에 비추어 볼 때, 기신론에서 방편을 주요 논의 주제로 삼을 것이라는 점은 충분히 짐작하고도 남는다. 사실상, 기신론에서는 상당한 정도의 지면을 할애하여 방편을 자세히 설명한다.

방편은 크게 네 가지로 나누어 설명할 수 있다. 첫째는 '근본을 실천하는 방편'(行根本方便)이다. 이것은 한편으로, 우리의 인식에 나타나는 모든 사물과 현상은 그 본래의 성질(自性)을 표현하는 것이 아님을 통찰하고 헛된 상념을 버리며 변화의 세계에 집착하지 않는 것(不住生死)을 뜻한다. 그러나 이것은 또 한편으로, 모든 사물과 현상은 원인과 계기(因緣和合)로 말미암아 생긴 결과라는 것, 행위에는 반드시 결과가 따른다는 것을 통찰하고 대비심(大悲心)을 일으켜 복받을 행위를 쌓으며 다른 사람들을 감싸서 교화하는 것을 뜻한다. 이것은 열반에 집착하지 않는 것(不住涅槃)이다. 한 마디로 말하여, 이 방편은 진여의 '머무르지 않는'(無住) 성질을 본받는 것이다. 둘째는 '죄과를 그치는 방편'(能止方便)이다. 이것은 죄과를 부끄럽게 생각하고 뉘우치며 모든 나쁜 행동을 그쳐서 그 이상 자라지 않게 하는 것을 가리킨다. 이것은 진여의 '죄과없는'(離諸過) 성질을 본받는 것이다. 셋째는 '선한 바탕을 일으키고 북돋우는 방편'(發起善根增長方便)이다. 이것은 '3보'(佛法僧)를 받들고 찬양하고 공경하며, 여러 '깨달은 자'에 대하여 찬탄하는 마음을 가지고 그 업적을 기뻐하며, 그 가르침을 애써 구하는 것을 가리킨다. 이와 같이 3보를 사랑하고 공경하는 마음을 극진히 하면 믿음이 크게 자라서 최상의 진리를 얻으려는 큰 뜻을 품을 수 있게 되며 3보의 힘(佛力, 法力, 僧力)의 수호를 받아 악업을 없애며 선한 바탕을 확실히 보존할 수 있게 된다. 한 마디로 말하여, 이 방편은 진여의 '어리석음의 장애 없는'(無癡障) 성질을 본받는 것이다. 넷째는

'온 누리가 하나로 되기를 바라는 방편'(大願平等方便)이다. 이것은 모든 중생을 남김없이 교화하여 영원히 제도하려는 대원(大願)을 가지는 것, 모든 중생을 남김없이 영원한 열반에 들게 하려는 대원을 가지는 것을 가리킨다. 이것은 진여의 '단절 없는'(無斷絶) 성질을 본받는 것이다. 진여는 광대하여 모든 중생에 두루 미치며, 그것은 너와 나의 구분 없이 모든 사람을 하나로 보는 영원한 절대세계(寂滅)이다.

(略說方便 有四種 云何爲四 一者行根本方便 謂觀一切法自性無生 離於妄見 不住生死 觀一切法 因緣和合 業果不失 起於大悲 修諸福德 攝化衆生 不住涅槃 以隨順 法性無住故 二者能止方便 謂慙愧悔過 能止一切惡法 不令增長 以隨順 法性離諸過故 三者發起善根增長方便 謂勤供養 禮拜三寶 讚歎隨喜 勸請諸佛 以愛敬三寶 淳厚心故 信得增長 乃能志求 無上之道 又因佛法僧力所護故 能消業障 善根不退 以隨順 法性離癡障故 四者大願平等方便 所謂發願 盡於未來 化度一切衆生 使無有餘 皆令究竟 無餘涅槃 以隨順 法性無斷絶故 法性廣大 遍一切衆生 平等無二 不念彼此 究竟寂滅故, 기신론 63)

위의 인용문에서는 방편을 네 가지로 구분하여 설명한다. 이 구분은 방편을, 그것이 나타내는 '효과'라는 관점에서 분류한 것이다. 예컨대, '죄과를 그치는 방편'(能止方便)은 그것을 활용한 결과로 죄과를 부끄럽게 여겨서 그런 행동을 하지 않도록 하는 효과를 가져오는 방편이다. 이 인용문에 의하면, 그 밖의 효과를 가져오는 방편으로는 '근본을 실천하는 방편'(行根本方便), '선한 바탕을 일으키는 방편'(發起善根增長方便), '온누리가 하나로 되기를 바라는 방편'(大願平等方便)이 있다.

기신론에는 방편을 '효과'라는 관점에서 분류한 것 이외에 '진여에 이르는 길'이라는 관점에서 분류하여 설명한 내용이 나온다. 이 관점에서 볼 때, 방편은 '특수적 사태에서 파악되는 방편'(차별연差別緣)과 '일반적 의미로 파악되는 방편'(평등연平等緣)으로 구분된다(外緣 有無量義 略說二種 云何爲二 一者差別緣 二者平等緣, 기신론 40). 여기서 '특수적 사태에서 파악되는 방편'이라는 것은 사람이 깨달음을 얻기 위하여 노력하는 가운데 온갖 사태에서 만나게 되는 '깨달은 자'와 수행자의 다양한 모습을 가리키며(此人依於諸佛菩薩等 從初發意 始求道時 乃至得佛 於中若見若念, 기신론 40), '일반적 의미로 파악되는 방편'이라는 것은 모든 '깨달은 자'와 수행자가 다같이 모든 중생을 괴로움에서 건지고자 하는 소망을 가지고 있다는 것을 가리킨다(一切諸佛菩薩 皆願度脫 一切衆生, 기신론 40).

물론, 기신론에는 그 밖의 몇 가지 구분이 더 나온다.7) 이 구분들은 방편이 무엇인가를 이해하고자 할 경우에 필요한 것이다. 기신론에 나오는 이 구분들 이외에도 방편의 의미를 이해하

---

7) 그 밖의 구분으로는 '진여에 이르는 시간'을 기준으로 하여 '단기적인 것'(근연近緣)과 '장기적인 것'(원연遠緣)의 구분, '진여에 이르는 경로'를 기준으로 하여 '행위를 이끄는 것'(증장행연增長行緣)과 '지식을 일깨우는 것'(수도연受道緣)의 구분, '분별이 사라진 마음으로 이끄는 것'(무분별심無分別心)과 '자유로운 행위에 의한 자연적 수행으로 이끄는 것'(자재업수행自在業修行)의 구분 등이 있다. 기신론 40, 41문단 참조.

고자 할 경우에 할 수 있는 구분으로는, 예컨대 '방편을 사용하는 사람은 누구인가, 여래인가 아니면 중생인가'라는 구분이라든가, '방편은 의도적으로 사용되는가 아니면 의도없이 사용되는가'라는 구분 등이 있다. 방편을 이해하자 할 경우에 이런 식의 구분을 하지 않고는 방편의 의미를 이해할 수 없다.

그러나 이 구분들은 어디까지나 방편의 의미를 이해하는 데 필요한 방편에 '관한' 구분일 뿐이다. '방편은 어째서 수행에서 필수적으로 요청되는가'라는 질문에서 알고자 하는 방편의 의미는 방편에 관한 구분을 통하여 드러나게 될 방편의 의미가 아니라 방편에 '관한' 구분 이전에 마땅히 알고 있어야 할 방편 그 자체의 의미를 가리킨다. 그렇다면 방편 그 자체의 의미를 알기 위해서는 어떻게 해야 하는가? 물론, 그것은 기신론 전체의 이론체계에 비추어 보지 않으면 안된다. 방편은 불교 이론에서 고립된 외톨이 개념으로 논의될 수 있는 것이 아니다. 방편은 불교 이론 전체와 관련하여, 불교 이론 전체를 수행의 맥락에서 종합적으로 포괄하는 불교의 핵심 개념이다.

불교 이론 전체와 관련하여 방편의 개념을 연구하기 위해서는 두 가지 질문에 대답할 필요가 있다. 첫째는 '무엇이 방편이 될 수 있는가, 방편으로서의 기능을 발휘할 수 있는 것에는 어떤 것들이 있는가'라는 것이며, 둘째는 '어째서 그것이 방편이 되는가, 그것이 방편으로서의 기능을 발휘하는 데는 어떤 조건이 필요한가'라는 것이다. 기신론에는 이것을 다음과 같이 설명한다.

'마하아야아나(大乘, 큰 수레)는 크게 두 가지로 설명할 수 있다. 하나는 큰 수레라는 것은 무엇을 가리키는가 하는 것(법法)이요, 또 하나는 그것을 어째서 큰 수레라고 부르는가 하는 것(의義)이다'(摩訶衍者 總說有二種 云何爲二 一者法 二者義, 기신론 7). 여기서 말하는 '큰 수레'는 모든 부처와 수행자의 마음으로서 부처와 수행자가 다같이 타고 여래의 땅으로 가는 수레를 가리킨다. 이 수레가 여래의 땅으로 가기 위해서는 그 수레를 가동시키는 힘이 필요하다. 방편은 그 수레를 가동시키는 힘이다. 그 힘은 그 수레를 통하여 발휘되며, 따라서 방편은 수레 그 자체라고 보아도 무방하다.

첫째 질문에 대답하기 위해서는 '방편은 그 자체로서 독자적인 지위를 가질 수 있는 것이 아니다'는 점을 분명히 밝힐 필요가 있다. 방편은 어디까지나 불교에서 실현하고자 하는 궁극적 상태(목적)에 의존하여 성립하는 개념이다. 그런 만큼, 방편의 의미를 이해하는 데에는 그것을 방편으로 성립시키는 궁극적 상태에 관한 이해가 필수적으로 요청된다. 누구나 알다시피, 불교에서 추구하는 궁극적 상태는 마음이 진여로 된 상태, 마음이 여래의 마음으로 된 상태이다. 이 상태에서 마음은 무명이 완전히 사라져 한순간의 생각으로 만물의 본질을 꿰뚫어 볼 수 있는 '총체적 지식'(일체지一切智)으로 되며, 이 지식을 가지고 있는 사람은 의식적인 노력이 없이 신비스러운 행위를 시방 세계에 나타내어 중생을 두루 이롭게 한다(기신론 69). 마음이 진여로 된 상태에서 이런 특징을 보여 줄 수 있는 것은 그 상태를 구현한 사람이 진여의 특징을 고스란히 물려받은 상태에서 현상계에 '온' 자, 여래이기 때문이다. 현상계에 온 이후에 진여(여래)는 이런 저런 특징을 가진 자로 기술되지만, 현상계에 오기 이전에 진여는 '말로 형용할 수도, 이름을 붙일 수도, 생각을 품을 수도 없는 존재'(離言說相 離名字相 離心緣相, 기신론 11)이며, 진여가 속한 세계는 '일체의 구분이 배제된 절대의 세계로서 변화를 겪는 일도, 송두리째 파괴되는 일도 없는 그런 세계이다'(畢竟平等 無有變異 不可破壞, 기신론 11). 그런 만큼 현상계의 관점에서 볼 때, 진여는 '아무 것도 아닌 것', '원칙상 말할 수 없는 것'일 수밖에 없다. 진여가 '인 것', '있는 것'이 되려면, 진여는 반드시 그 자신을 있는 것으로 만들어 줄 매체를 필요로 한다. 방편은 진여가 그 자신을 있는 것으로 만드는 데 필요한 매체이다.

그렇다면 진여와 방편 사이에는 어떤 관계가 성립하는가? 일상적인 사태에서는 모종의 목적을 달성하는 데 필요한 그 무엇을 수단이라고 말한다. 예컨대 이쪽 강 언덕에서 저쪽 강 언덕으로 건너가기 위해서는 '배'나 '다리'가 필요하다. 일상적인 사태에서 이 '배'나 '다리'는 강을 건너는 데 필요한 수단이다. 방편 역시 이와 동일하게 진여가 그 자신을 있는 것으로 만드는 데 필요한 수단이라고 보아야 하는가? 이 질문에 대답하기 위해서는 흔히 수단과 목적의 관계로 일컬어지는 두 항 사이의 관계가 어떤 관계로 이루어져 있는가를 살펴볼 필요가 있다. 위의 '강 건너는' 예에서 알 수 있듯이, 수단과 목적 사이의 관계에서 목적은 수단과 무관하게 결정될 수 있는 것, 그리하여 수단을 강구하기 전에도 미리 알 수 있는 그런 것이다. 그리고 수단은 그것과 무관하게 결정된 목적 달성에 도움을 주는 경우에 한하여 수단으로서의 가치를 가진다. 게다가 목적 달성에 도움을 주는 것은 그것이 무엇이든지 간에 수단이 될 수 있는 만큼, 동일한 목적을 달성하는 데에도 수단은 여러 가지가 있을 수 있다. 수단과 목적이 각각 이런 특징을 가질 수 있는 근본적 원인은 수단과 목적 사이의 관계가 사실적 관계로 이루어져 있다는 데에 있다. 수단과 목적 사이의 관계가 사실적 관계로 이루어져 있다는 것은 수단은 수단이요 목적은 목적이라는 뜻, 다시 수단과 목적은 개념상 아무런 관련이 없다는 뜻을 나타낸다.

그렇다면, 방편과 진여 사이에도 이러한 관계가 성립하는가? 다시, 진여에 대하여 방편이 가지고 있는 의미는 목적에 대하여 수단이 가지고 있는 의미와 동일한가? 물론, 그렇지 않다. 방편과 수단은 근본적으로 다르다. 이 점에 관해서는 방편에 관심이 있는 사람들 사이에 어느 정도 합의가 이루어진 듯하다. 예컨대, 한 학자는 방편이 영어로 skillful means, expediency, adapted teaching 등으로 번역되지만, 그것이 비난조의 도구주의적인 의미나 저급한 수준의 가르침이라는 의미를 가지고 있는 만큼 그 번역어 중 어느 것도 방편의 의미를 정확하게 전달하지 못한다고 주장한다(Daigan and Alicia Matsunaga, 1974, p. 51; 김승철(역),

2001 가을, p. 374). 그리고 또 한 학자는 산스크리트어 upāya가 일상적으로는 계략, 전략, 수단 등의 의미로 사용되다가 불교로 유입되면서 '특별한' 의미를 전달하기 위한 전문 용어로 바뀐 것과 마찬가지로, 중국어 방편 역시 일상적인 용어로 사용되다가 불교의 전문 용어로 바뀌면서 '특별한' 의미를 전달한다고 주장한다(Pye, 2003, pp. 8~10). 그러나 불행하게도 그는 그 특별한 의미에 관해서는 '가르침을 능숙하게(skillful) 구사할 줄 아는 것'이라는 설명 이외에 더 이상의 자세한 설명을 하지 않는다.

그 특별한 의미가 무엇인가를 분명하게 드러내기 위해서는 무엇보다도 먼저 방편과 수단이 어떤 점에서 근본적으로 다른가 하는 것이 밝혀져야 한다. 이 점을 밝히기 위해서는 진여와 방편 사이에는 사실적 관계가 아닌, 그밖의 다른 관계가 성립한다는 점이 밝혀져야 한다. 이 점을 밝히기 위해서는 진여와 생멸심의 관계에 관한 기신론의 설명을 다시 생각해 볼 필요가 있다. 진여와 생멸심의 관계는 앞 장에서 인용한 적이 있는, 마음을 보는 기신론의 기본틀에 잘 나타나 있다.

> 마음은 하나이지만 그것은 두 개의 상이한 측면에서 파악될 수 있다는 것이다. 그것을 각각 '실재의 측면에서 파악되는 마음'(心眞如門)과 '현상의 측면에서 파악되는 마음'(心生滅門)이라고 부를 수 있다. 이 두 측면은 그 각각이 '총체'로서, 각각 일체의 사물과 현상을 포괄한다. 이것은 곧 이 두 측면이 오직 개념상으로만 구분될 뿐, 각각 별도로 존재하는 것은 아니라는 뜻이다.

(依一心法 有二種門 云何爲二 一者心眞如門 二者心生滅門 是二種門 皆各總攝一切法 此義云何 以是二門 不相離故, 기신론 10)

이 인용문에 의하면, 진여와 생멸심은 '오직 개념상으로만 구분될 뿐, 각각 별도로 존재하는 것이 아니다'(以是二門 不相離故). 앞 장의 설명에 나타난 바와 같이, 이것은 진여와 생멸심이 '개념상 구분되는 것 사이의 논리적 관계'로 이루어져 있다는 뜻을 나타낸다. 진여는 그 의미의 한 부분으로 생멸심을 포함하며, 역으로 생멸심 또한 그 의미의 한 부분으로 진여를 포함하는 것이다. 양자가 이와 같이 논리적 관계를 맺을 수 있는 것은 '그 각각이 총체로서, 각각 일체의 사물과 현상을 포괄한다'(是二種門 皆各總攝一切法)는 사실에서 기인한다. 양자가 각각 총체인 한, 진여는 생멸심과 동일한 방식으로 존재할 수 없으며, 따라서 생멸심의 이면에 존재한다고 보지 않으면 안된다.

앞에서 언급한 바와 같이, 진여는 그 자체로는 그 자신의 존재를 드러낼 수 없다. 진여가 자신의 존재를 드러내기 위해서는 '불가피'하게 또는 '부득이'하게 방편이라는 매체를 활용하지 않으면 안된다. 이 점에서 진여와 방편의 관계는 '개념상 구분되는 것 사이의 논리적 관계'로 규정된다. 방편은 그 개념적 지위를 명백히 규정할 수 있는 '확정적' 개념이라고 말할 수 있는 것이다(이홍우, 2006, p. 216). 여기에 비하여 수단은 목적을 달성하는 데에 '부득이'한 것이기 때문에 사용되는 것이 아니라, 목적을 달성하는 데에 '효과적'인 것이기 때문에 사용된다. 수단은 그것이 효과적인 것으로 간주되면 무엇이든지 간에 수단으로서의 지위를 얻는 반면, 그것이 비효과적인 것으로 간주되면 무엇든지 간에 수단으로서의 지위를 상실하는 '불확정적' 개념이라고 말할 수 있다(이홍우, 2006, p. 215).

수단에 비하여 방편이 가지는 또다른 특이한 의미는 방편을 방편으로 성립시키는 '목적'과의 관련에 의하여 파악된다. 방편을 방편으로 성립시키는 '목적'은 결코 '확인'의 대상도 아니요 '완성'의 대상도 아니다. 앞에서 살펴 본 바와 같이, 수단을 써서 달성하려는 목적은 수단을 쓴 이후에 그 달성 여부를 확인할 수 있는 것은 물론이요 수단을 쓰기 이전에도 미리 알 수 있는 그런 것이다. 여기에 비하여 방편을 방편으로 성립시키는 '목적'은 수단을 써서 달성하려는 목적처럼 눈으로 확인할 수 있는 외적 결과가 아니며, 따라서 거기에는 산의 정상처럼 도달해야 할 도착점이라는 것도 없다. 그도 그럴 것이, 방편을 방편으로 성립시키는 '목적'은 진여이며, 그 진여는 '말로 형용할 수도, 이름을 붙일 수도, 생각을 품을 수도 없다.' 그런 만큼, 방편을 방편으로 성립시키는 '목적'은, 수단-목적 관계에서의 목적이 수단을 쓰기 이전에 미리 알 수 있는 것과는 정반대로, 방편을 활용하여 수행을 한 이후에라야 비로소 알게 되는 그런 것이다. 물론, 수행은 결코 '완성'될 수 없으며, 따라서 수행을 통하여 방편의 '목적'을 알게 된다고 할 때의 '알게 된다'는 말은, 엄밀히 말하자면, 그것에 가까이 접근한다든가 차라리 그것으로부터 멀리 떨어져 있다는 것을 깨닫게 된다는 뜻으로 이해되어야 한다. 이 점에서 방편을 통하여 달성하려는 진여는 보통의 의미에서의 '목적'이라고 말하기 어렵다.

이상의 논의를 바탕으로 하여 '방편으로서의 기능을 발휘할 수 있는 것에는 어떤 것들이 있는가'라는 첫째 질문에 대답한다면 어떻게 대답할 수 있겠는가? 수단과 목적 사이가 사실적 관계로 이루어져 있는 것과는 달리, 진여와 방편 사이는 논리적 관계로 이루어져 있다. 그런 만큼, 방편은 진여를 표현하는 것, 그리하여 그것을 통하여 진여로 나아가는 것이 원칙상 가능한, 일체의 사물과 현상을 가리킨다(이홍우, 2004, p. 107). 거듭 말하거니와, 진여는 그 자체로는 '말로 형용할 수도, 이름을 붙일 수도, 생각을 품을 수도 없는', '아무 것도 아닌 것', '아무 것도 없는 것'이다. 그러므로 진여는 방편을 통하지 않고는 결코 도달할 수 없다. 이 점에서 방편은 진여의 존재와 의의를 확립하는 유일한 통로라고 말할 수 있다.

지금까지의 고찰에 의하면, 진여를 표현하는 것은 무엇이든지 간에 방편이 될 수 있다. 이것은 방편에 '관한' 구분을 통하여 밝힌 방편의 개념이 아니라 방편 '그 자체'를 분석하여 드러낸 방편의 개념이다. 그러나 이렇게 밝힌 방편의 개념이 수행의 실제와 관련하여 구체적인 의미를 가지기 위해서는 방편을 활용하여 실지로 수행을 할 경우에 방편에 갖추어지지 않으면 안되는 '특별한 조건'에 관한 고찰이 별도로 요구된다. 물론, 여기서 말하는 '특별한 조건'이라는 것은 주의를 필요로 하는 말이다. 보통의 경우에 방편의 조건이라는 것은 전달 대상이나 전달 사태의 우연적 특성을 고려해야 한다는 방편 적용상의 기본 원리를 가리킨다. 만약 여기서 말하는 특별한 조건이라는 것이 전달 대상이나 전달 사태의 우연적 특성을 고려해야 한다는 방편 적용상의 원리를 가리키는 것이라면, 그 특별한 조건은 결코 논의의 대상이 될 수 없다. 전달 대상이나 전달 사태의 우연적 특성이라는 것은 일일이 열거할 수 없을 정도로 다양하며, 따라서 그것에 대해서는 '상대방의 지적, 정서적 상태를 고려해야 한다'는 식의 말 이외에 더 이상의 말을 하기 어렵다. 그러나 방편이 갖추지 않으면 안되는 '특별한 조건'에는 전달 대상이나 전달 사태의 우연적 특성을 고려해야 한다는 방편 적용상의 기본 원리만 있는 것이 아니라, 방편의 개념 그 자체에서 도출된 방편 적용상의 기본 원리도 포함된다. 방편의 개념을 연구하는 데에 해결해야 할 둘째 질문－그것은 어째서 방편인가, 그것이 방편으로서의 기능을 발휘하는 데에는 어떤 조건이 필요한가－은 바로 이 후자의 원리에 대한 고찰을 요청한다.

방편이 방편으로서의 기능을 발휘하는 데에는 어떤 조건이 필요한가? 이 질문에 대답하기 위해서는 방편에 관한 설명으로 자주 인용되고 있는 뗏목비유를 살펴볼 필요가 있다.

> 수행승들이여, 나는 그대들을 해탈하게 하고 집착에서 벗어나게 하기 위하여 뗏목의 비유를 설할 것이다. 그대들은 듣고 잘 새겨야 한다－세존이시여, 그렇게 하겠습니다－예를 들어, 수행승들이여, 어떤 사람이 여행을 가는데 큰 물이 넘치는 강을 만났다. 이 언덕은 위험하고 두렵고 저 언덕은 안온하고 두려움이 없는데 이 언덕으로부터 저 언덕으로 가는 나룻배도 없고 다리도 없었다. 그는 생각했다. '내가 풀과 나무와 가지와 잎사귀를 모아서 뗏목을 엮어서 그 뗏목에 의지하여 두 손과 두 발로 노력해서 안전하게 저 언덕으로 건너가면 어떨까?' 그 다음 그 사람은 풀과 나무와 가지와 잎사귀를 모아서 뗏목을 엮어서 그 뗏목에 의지하여 저 언덕으로 건너갔다. 저 언덕에 도달하자 그는 이와 같이 생각했다. '이 뗏목을 머리에 이거나 어깨에 메고 갈 곳으로 가면 어떨까?' 수행승들이여, 어떻게 생각하는가? 그렇게 하는 것은 그 사람이 그 뗏목을 제대로 처리하는 것인가?－세존이시여, 그렇지 않습니다(전재성(역), 「맛지마니까야」 제1권, pp. 447~448).

이 인용문에 나오는 뗏목은 흔히 방편을 비유하는 것으로 해석되고 있다. 그러나 이 비유에 의하여 방편의 개념을 해석하는 데는 주의가 필요하다. 일반적으로 방편은 이 비유에서의 뗏목처럼 임시적인 특성을 가지고 있는 것, 깨달음을 얻은 뒤에는 머리에 이거나 어깨에 메고 가서는 안되며 다른 사람의 깨달음을 위하여 남겨두거나 버리고 가야 하는 것으로 해석된다(정승석, 2004, p. 52~54). 석가모니의 설법 역시 깨닫지 못한 사람을 깨달음에 이르도록 하기 위한 방편이며, 따라서 깨달음에 이른 후에는 '버려야 하는' 임시적인 것으로 해석된다. 이 비유를 이와 같이 해석할 경우, 방편은 수단-목적 관계에서의 수단과 마찬가지로, 목적을 달성하기 전에는 필요하지만 목적을 달성한 후에는 쓸모없는 것이다. 이 점에서 이 비유는 방편의 의미를 알아내는 데에 도움을 주기는커녕 오히려 해롭다고 말할 수 있다.

그러나 방편의 의미를 이와 같이 파악하게 된 것은 강을 건넌 후에 초점을 맞추어 이 비유를 해석하는 데에 기인한다. 해석의 초점을 강을 건너기 전으로 맞춘다면 그 비유는 방편에 관하여 완전히 새로운 의미를 전달한다. 이 경우에는 결코 뗏목의 처리 문제가 중요한 논의 주제로 부각될 수 없다. 오히려 이 경우에는 '석가모니의 설법을 듣고 이쪽 강 언덕에서 저쪽 강 언덕으로 건너간다는 것은 무엇을 비유하는 것인지', '뗏목과 그것을 구성하는 짚이나 나뭇가지, 그리고 저쪽 강 언덕으로 건너가기 위하여 뗏목을 젓는 팔과 다리 등등은 깨달음의 과정에서 무엇에 비유되는 것인지' 등의 문제가 주요 논의 주제로 부각된다. 이렇게 생각해 보면, 이 비유는 방편의 '개념적 조건'을 설명하는 것이라기보다는 방편이 갖추어야 할 방편의 '경험적 조건'을 설명하는 것으로 해석될 수 있다.

사실상, 뗏목 비유는 불특정 다수를 대상으로 하여 이루어진 설교가 아니다. 이 비유는 '부처가 장애라고 설한 것도 그것을 수용하는 자에게는 장애가 되지 않는다'고 믿고 고집하면서 석가모니의 설법을 '남을 비난하거나 논쟁에 이기기 위하여' 사용하는 한 수행자를 가르치기 위한 것이다. 석가모니는 이 비유를 통하여, 뱀잡이가 뱀의 어느 부위를 잡는가에 따라서 뱀에게 치명적인 해를 당할 수도, 뱀을 성공적으로 잡을 수도 있는 것과 마찬가지로, 진리는 올바른 방법으로 이해하지 않는 한 이익을 가져다주지 않는다고 설명한다. 석가모니가 이 비유를 사용하여 설법의 올바른 이해 방법을 설명한 것은 언설이 가지고 있는 특이한 성격으로 말미암는다. 언설은 의미를 담고 있지만 언설 그 자체가 곧 의미는 아니다. 언설의 의미는 언설의 표면에 드러나 있는 것이 아니라 언설 속으로 파고 들어가서 들추어내어야 하는 그 무엇이다. 한 마디로 언설은 의미의 방편이다.[8)]

석가모니는 깨달음을 얻은 직후 중생들에게 그 깨달음을 전할 것인가 말 것인가라는 문제로 번민한 적이 있다고 한다(증일아함경, 제10권; 增谷文雄, 1993, pp. 26~28). 분명히 이것은 석가모니가 언설과 의미 사이의 불일치를 인식했기 때문일 것이다. 언설은 한편으로 의미를 담지 못하는 한계를 가지고 있다. 그러나 다른 한편으로 그 속에는 불완전하게나마 의미를 전달할 가능성을 가지고 있다. 석가모니는 이 가능성의 크기를 인식하고 중생을 위하여 자신이 얻은 깨달음을 전달하기로 결정한다. 그

8) 언설이 가지고 있는 이러한 특이성을 고려할 때 여기에 언급된 '뗏목을 머리에 이고 어깨에 메고 간다'거나 '뗏목을 버리고 간다'는 말은 위의 해석과는 달리 특별한 의미를 가지는 것으로 볼 수밖에 없다. '뗏목을 머리에 이고 어깨에 메고 간다'는 것은 언설을 '남을 비난하거나 논쟁에 이기기 위하여' 사용하는 것에, '뗏목을 버리고 간다'는 것은 언설의 표면을 파고들어 그 이면의 의미를 들추어내는 것에 비유될 수 있을 것이다.

리고 그는 그의 일생을 바쳐 언설을 방편으로 하여 자신의 깨달음을 전달한다. 석가모니는, 앞의 인용문에 나오듯이, 언설 그 자체가 가지고 있는 한계에도 불구하고 그것이 가지고 있는 가능성을 충분히 발휘하도록 언설을 사용한다. 석가모니는 언설을 어떻게 사용하였기에, 또는 언설에 어떤 조건을 덧붙였기에 그것이 방편으로서의 기능을 온전히 발휘하도록 하였는가? 사실상, 불교의 역사는 석가모니가 해결한 이 문제를 그 나름대로 해결하려는 노력의 산물이라고 말해도 과언이 아니다.[9] 그 노력은 한편으로 '언설의 한계'를 강조하는 것과, 다른 한편으로 '언설의 가능성'을 강조하는 것 사이의 어느 한 지점을 차지하는 것으로 나타난다. 그리하여 '따귀를 때리는 것' 등 언설 이외의 방법으로 깨달음에 이르려는 종파에서부터 언설 그 자체(경전 공부)를 깨달음에 이르는 주요 경로로 삼는 종파에 이르기까지 다양한 불교 종파가 역사상 등장한다. 선종 중에서 묵조선(默照禪)을 깨달음에 이르는 주요 경로로 삼는 종파가 전자를 대표한다면, 선종이 등장하기 직전 경전 구절의 해석을 깨달음에 이르는 주요 경로로 간주하는 종파는 후자를 대표한다고 말할 수 있다.

언설 이외의 것을 깨달음에 이르는 주요 방편으로 삼는 경

---

9) 마이클 파이나 슈뢰더 역시 책 전체에 걸쳐서 '불교는 방편이다'라는 식의 말을 한다(Pye, 2003, p. 3, p. 158; Schroeder, 2001, pp. 3~4). 만약 이 연구에서처럼 그들이 언급한 다양한 종류의 방편의 사례가 전달 문제에 대한 석가모니의 문제의식의 역사적 표현으로 해석될 수 있다면, 그들의 그 말은 불교의 특징을 정확히 전달한다고 말할 수 있을 것이다.

우, '거기에 어떤 조건이 갖추어져 있기에 그것이 깨달음에 이르도록 하는가'라는 질문에 대해서는 어떤 식의 대답을 할 수 있겠는가? 대나무에 기와 조각 부딪히는 소리를 듣고 깨달음을 얻는 경우가 없는 것은 아니다.

> [향엄선사(香嚴禪師)는] 속세가 싫어서 부모님께 하직하고 사방으로 다니면서 진리를 구하다가 위산(潙山) 선사의 선도량에 의지하였다. 위산은 그가 법기(法器)임을 알고 밝은 지혜를 일으켜 주기 위하여 하루는 다음과 같이 말하였다 – 책에서든 어디에서든 그대가 평생 배워서 알게 된 내용을 총동원하여, 그대가 태어나기 이전이나 태어나 동서조차 구분하지 못하던 때를 막론하고 그대가 언제나 갖추고 있는 그대의 진면목을 말해보라. 그대의 진면목을 말하면 내가 그대를 인가해 주겠다 – 향엄선사는 대답을 하지 못한 채 한참을 끙끙 앓다가 오랜 생각 끝에 몇 마디 하였으나 위산은 모두 인정하지 않았다. 향엄선사가 위산선사에게 그 대답을 부탁하였다. 그러자 위산선사는 다음과 같이 대답하였다 – 내 말을 듣고 그것을 안다고 하더라도 그것은 내 생각일 뿐, 그것이 그대의 안목에 무슨 도움을 주겠는가? – 향엄선사는 곧 방으로 돌아와 여러 곳에서 모아 온 책들을 살펴보았으나 대답이 될 만한 내용은 한 마디도 없었다. 그리하여 '그림의 떡으로는 굶주린 배를 채울 수 없구나! 금생에는 불법을 배우지 않고 죽이나 밥만 먹는 평범한 승려로 살면서 괴로움이나 면해보리라'라고 탄식하면서 그것들을 모두 불살라버렸다. 그리고 마침내 눈물을 흘리면서 위산을 하직하고 혜충국사의 유적지로 갔다. 어느 날, 향엄선사는 산에서 잡초를 베다가 대나무에 부딪쳐 나는 기와 조각 소리를 듣고 확연하게 깨달았

다. 향엄선사는 서둘러 돌아와 목욕하고 멀리 위산을 향해 향을 피우고 예배하면서 다음과 같이 말하였다. '위산선사께서 대비(大悲)로 베풀어주신 은혜는 부모의 은혜보다도 깊습니다. 만일 그때 저에게 대답을 일러주셨더라면 제가 어찌 오늘의 이 깨달음을 얻을 수 있었겠습니까!'

(厭俗辭親觀方慕道 依潙山禪會 祐和尙知其法器 欲激發智光 一日謂之曰 吾不問汝平生學解 及經卷冊子上記得者 汝未出胞胎未辨東西時 本分事試道一句來 吾要記汝 師懵然無對 沈吟久之 進數語陳其所解 祐皆不許 師曰 却請和尙爲說 祐曰 吾說得是吾之見解 於汝眼目何有益乎 師遂歸堂 遍檢所集諸方語句 無一言可將酬對 乃自歎曰 畵餠不可充飢 於是盡焚之曰 此生不學佛法也 且作箇長行粥飯 僧免役心神 遂泣辭潙山而去 抵南陽覩忠國師遺迹遂憩止焉 一日因山中 芟除草木 以瓦礫擊竹作聲 俄失笑間廓然惺悟 遽歸沐浴焚香遙禮潙山 贊云 和尙大悲恩逾父母 當時若爲我說却 何有今日事也, 전등록)

위의 일화는 흔히 자신의 진면목을 찾기 위해서는 언설이 아닌 언설 이외의 매체를 활용해야 한다는 의미를 전달하는 데에 인용된다. 이 일화에는 실지로 '책이나 주위에서 배운 내용'으로는 결코 자신의 진면목을 찾을 수 없으며, 반대로 잡초를 베다가 대나무에 기와조각 부딪히는 소리를 듣고는 자신의 진면목을 찾을 수 있다는 내용이 강조되어 있다. 이 일화뿐만 아니라 깨달음을 얻은 선사들의 일화에는 이런 종류의 내용이 수없이 많이 나온다. 그러나 이 일화를 '사실'로 받아들인다고 하더라도 이 사실을 이론적으로 설명하고자 할 경우, '대나무에 기와조각 부딪히는 소리가 어째서 깨달음에 이르도록 하는가'라는 질문에 대해서는 어떤 식의 대답을 할 수 있겠는가? 모르기는 해도, 그것이 몇 가지 간단한 규칙으로 요약하는 것이 불가능한 만큼, '마음이 깨달음에 이를 조건을 미리 갖추고 있어서'라는 식의 대답이 그것에 대한 유일한 대답일 것이다. 대나무에 기와조각 부딪히는 소리를 듣고 깨달음에 이르렀다면 그것은 '대나무에 기와조각 부딪히는 소리를 들어서'라기보다는 일일이 열거할 수 없는 수많은 그밖의 다른 경로를 통하여 마음이 이미 깨달음에 이를 조건을 충분히 갖추고 있었다는 데에 있다. 따지고 보면, 위의 일화는 이미 이런 식의 대답을 하고 있다. 위의 인용문에 나타나 있듯이, 이 일화의 주인공 향엄은 스승 위산을 만나기 전에 그 당시 이름난 선사들 문하에서 상당한 정도의 공부를 한 적이 있다고 한다. 스승 위산이 알아 챈 향엄의 법기(法器)는 틀림없이 그 공부 과정에서 형성된 것이라고 볼 수밖에 없다. 물론, 그 공부 과정에는 경전 공부, 6바라밀 등 진여를 표현하는 것은 무엇이든지 포함되어 있었을 것이다. 바로 그것이 원인으로 작용하여 '대나무에 부딪혀 나는 기와조각 소리'가 마음을 깨달음에 이르도록 한 것이라고 보아야 한다.

그렇다면 언설 그 자체를 방편으로 삼아 깨달음에 이르고자 할 경우, 그것이 갖추어야 할 조건에 대해서는 어떤 식의 설명을 할 수 있겠는가? 앞에서 살펴 본 바와 같이, 석가모니의 언설은 그 이면에 의미를 포함하고 있으며, 그런 만큼 언설이라는 방편이 갖추어야 할 조건을 설명하는 것은 언설 이외의 방편이 갖추어야 할 조건을 설명하는 것보다 쉬울 것으로 생각될지 모른다. 그러나 언설 또한 그 한계를 가지고 있는 만큼, 석가모니가 아닌 우리로서 그 한계를 극복하는 일은 그리 쉬운 일이 아니다. 그렇다고 하더라도 깨달음에서의 언설의 지위는 언설 이외의 방법을 선택한 종파에서처럼 결코 무시할 수 있는 것이 아니다. 역사적으로 볼 때, 언설의 한계에 대한 부작용으로 언설 이외의 방법을 선택한 종파는 한때의 번성에도 불구하고 곧바로 침체 상태에 빠지다가 종국에 가서는 사라진다.[10] 이 사실은 언설을 무시할 경우 불교의 수행 그 자체가 성립할 수 없다는 것을 여실하게 보여준다.

간화선(看話禪)은 한편으로 단지 언설에만 매달리는 경전 공부의 폐단과, 다른 한편으로 언설을 배제한 채 헛되이 침묵만 지키는 어리석은 묵조선의 폐단을 바로 잡기 위하여 개발된 수행 방법이다. 그것이 묵조선의 폐단을 바로 잡기 위한 수행 방법인 만큼, 간화선에서는 결코 깨달음에서의 언설의 중요성을 무시하지 않는다. 간화선에서는 '그냥' 선을 하는 것이 아니라 '화두(話頭)를 들고' 선을 하도록 한다. 화두는 스승이 제자에게 던

10) 위앙종(潙仰宗), 임제종(臨濟宗), 조동종(曹洞宗), 운문종(雲門宗), 법안종(法眼宗)은 흔히 선종5가로 불릴 정도로 한때 번성기를 맞이한 적이 있다. 그러나 간화선의 개발로 깨달음에서 언설의 지위를 인정한 임제종을 제외한 나머지 종파는 곧 그 맥이 끊어진다(강혜원, 2000, p. 155). 자세한 내용은 柳田聖山(1992), 추만호, 안영길(역), 「선의 사상과 역사」, 민족사, pp. 224~247; 정성본(2000), 「선의 역사와 사상」, 불교시대사, pp. 391~434 참조.

지는, 언설로 이루어진 일종의 질문이다. 그러나 간화선에서는 문자 공부에만 매달리는 교종의 경전학자들－즉, 교학자들－처럼 언설을 사용하지 않는다. 교학자들이 언설을 사용할 경우에, 그들은 인간의 이성적 사고에 맞추어 하나의 문제를 설명하고 난 다음에 그것에 이어지는 그 다음 문제를 해결하는 식의, 언어의 일상적 의미를 최대한 활용하는 방향으로 언설을 사용한다. 그러나 간화선에서는 이와는 반대로 언설을 사용하되 그것의 일상적 의미를 최대한 없애는 방식으로 사용한다.

간화선에서 스승이 제자에게 던져주는 화두는 언어의 일상적 의미를 활용해서는 결코 풀리지 않는 질문으로 되어 있다. 언어의 일상적 의미를 활용하려고 하면 할수록 그 질문은 제자를 더 큰 혼란으로 밀어 넣고, 제자는 만약 충분한 노력과 능력이 수반된다면, 그 질문은 언설의 일상적 의미로는 해답될 수 없다는 것을 깨닫게 될 것이다. 사실상 일상적으로 사용되고 있는 언설의 관점에서 볼 때, 화두는, 예컨대 '무엇이 부처입니까－마른 똥막대기'라는 대화에 전형적으로 나타나 있는 바와 같이, 특별한 의미를 담고 있는 것이 아니다. 다만, 화두는 의식을 집중시키는 매체일 뿐이다. 화두는 그 질문을 던진 스승에 대한 제자의 무한한 믿음과 스승이 던져준 질문에서 촉발되는 의심, 그리고 그 의심을 결단코 풀어야겠다는 제자의 의지가 한 덩어리가 되어 온 세상을 하나로 만드는 매체이며, 따라서 깨달음을 이룬 후에는 버려야 할 대상이다. 그럼에도 불구하고 화두는 마음이 깨달음에 이르도록 한다. 화두가 이런 기능을 발휘하는 것은 말할 필요도 없이 그것이 커다란 의심(大疑團)을 일으켜 주체와 객체의 구분을 비롯한 일체의 구분이 그 속으로 빨려들어 가도록 만든다는 데에 있다(윤원철, 2000; 鈴木大拙, 1999). 여기서 '커다란 의심'은 작은 의심에 대비되는 의심이 아니라 온통 의심으로 가득 찬 의심을 가리킨다.

간화선에서 수행자의 마음을 깨달음으로 이끌기 위하여 언어를 특별한 방법으로 사용한 것은 언어의 일상적 의미로는 깨달음을 전달할 수 없다는 데에 있다. 물론, 언어의 일상적 의미로는 결코 깨달음을 전달할 수 없다. 그러나 인간에게 일상적 의미를 전달하는 언어 이외에 또다른 언어가 있는 것도 아니다(정진홍, 2001, p. 53; 이홍우, 2006, p. 73). 인간은 일상적 의미를 전달하는 언어를 가지고 깨달음을 전달해야 한다. 그리하여 일상적 의미를 전달하는 언어는 깨달음을 전달할 수도, 깨달음을 전달하지 않을 수도 없는 미묘한 입장에 처해 있다. 간화선에서는 언설에 특별한 조건을 갖추어줌으로써 깨달음과의 관계에서 언어가 처한 이 미묘한 입장을 깨트린다. 그 특별한 조건이라는 것은 질문 -즉, 화두-를 제시하되, 커다란 의심을 일으키도록 제시하는 것을 가리킨다. 이 경우에 화두는 헛된 침묵에서 오는 '혼침'(昏沈)과 변덕스러운 망심에서 오는 '산란'(散亂)을 막고 의식을 하나로 집중시킴으로써 수행자를 깨달음으로 이끄는 기능을 수행한다.

지금까지 살펴본 바와 같이, 간화선은 언설이라는 방편에 어떤 조건이 갖추어져야 그것이 방편으로서의 기능을 발휘할 수 있는가라는 문제를 살펴보는 데 좋은 실마리를 제공한다. 그렇다고 하더라도 문제가 모두 해결된 것은 아니다. 앞에서 언급한 바와 같이, 화두가 의심을 일으키는 것은 화두가 모종의 의미를 포함하고 있기 때문이 아니다.[11] 일상적인 의미에 관심을 두고 볼 때, 화두는 의미를 전달하지 않는다. 화두는 단지 의식을 집중시키는 계기에 불과할 뿐이다. 그럼에도 불구하고 그것이 커다란 의심을 일으키는 것은 화두를 준 스승에 대한 믿음과 그것을 풀고야 말겠다는 제자의 의지가 큰 역할을 한다. 스승에 대한 믿음과 제자의 의지는 화두를 들기 이전부터 가지고 있던 것이 아니라 화두를 드는 순간, 화두와 더불어 가지게 된 것이라고 보아야 한다. 그것은 화두로'부터' 온 것은 아니라고 하더라도 화두와 '함께' 온 것이라고 보아야 하는 것이다. 그러나 화두가 언제나 그것들을 불러일으키는 것은 아니다. 그것은 화두를 특별한 방식으로 제시해야 가능하다. 그렇다면 화두를 어떻게 제시해야 그것이 스승에 대한 믿음과 결단코 풀고자 하는 의지는 물론이요, 더 나아가 그것에 바탕을 둔 커다란 의심을 불러일으

---

11) 그렇다고 하여 화두가 아무런 의미를 포함하지 않는다고 말할 수는 없다. 실지로 스승은 화두를 매개로 하여 제자와 말을 주고받으면서 모종의 의미를 전달한다. 이 의미는 필시 보통의 경우에 주고받는 일상적 의미가 아니라 깨달음의 세계에서 통용되는 특별한 의미라고 말해야 할 것이다. 이 점에서 간화선은 수행에 의하여 갖추게 될 수행의 결과를 수행의 과정에서 직접 전달하려고 시도한다고 말할 수 있다. 간화선은 '마음을 마음으로 전달한다'(以心傳心)는 선종의 맥을 이어받는 것으로 생각되는 것은 당연하다.

킬 수 있는가? 이 문제를 해결하기 위해서는 간화선에서의 언설의 사용 방식을 분석해야 할 것이다. 그러나 앞에서 언급한 바와 같이, 화두는 언어의 일상적 의미를 최대한 없애는 방식으로 사용되어야 한다. 그런 만큼, 화두는 결코 분석의 대상이 될 수 없다. 화두는 분석의 대상이 되는 순간, 살아 숨쉬는 언어가 아닌, 죽은 언어로 전락한다.[12] 그러므로 간화선에서의 언설의 사용 방식을 이해하기 위해서는 언설 사용 방식에 관한 다른 논의의 '도움'이 필요하다. 다음 장에서 살펴보게 될 간접전달에 관한 키에르케고르의 논의는 이 문제를 해결하는 데에 도움이 될 것이다.[13]

---

12) 「선가귀감(禪家龜鑑)」에는 화두를 죽은 언어로 만드는 열 가지 경우가 언급되어 있다. '생각으로 헤아리는 것'(意根下卜度), '눈썹을 치켜 올리고 눈을 깜박거리면서 골똘히 생각하는 것'(揚眉瞬目採根), '언어를 가지고 수행하고자 하는 것'(語路上作活計), '글에서 끌어다가 증거를 삼으려는 것'(文字中引證), '화두를 받은 즉시 알아 맞추려고 하는 것'(擧起處承當), '모든 일을 전폐하고 들어 앉아 있는 것'(颺在無事匣裡), '"있다"거나 "없다"는 것으로 판단하려고 하는 것'(作有無會), '"참으로 없다"는 것으로 판정하는 것'(作眞無會), '도리를 조작하여 이해하는 것'(作道理會), '조급하게 깨닫기를 바라는 것'(將迷待悟)이 그것이다. 이 언급에 나타난 바와 같이, 화두를 죽은 언어로 만드는 것은 대부분 언어의 일상적 의미를 활용하여 화두의 의미를 분석하려는 경우이다. 자세한 내용은 청허휴정(2003), 박재양·배규범(역), 「선가귀감」, 예문서원, pp. 144~148 참조.

13) 간화선에서 언설의 사용 방식에 관한 분석이 없는 것은 아니다. 그 대표적인 것으로는 서동명(2005), '불교 수행방법으로서의 간화선의 도덕교육적 의미', 한국교원대학교 석사학위논문이 있다. 그러나 본 연구자가 보기에, 그 분석이 가능한 것은 키에르케고르의 간접전달논의에 나타난 아이디어의 도움을 받았기 때문이다.

제4장 방편으로서의 교과 : 교과론

교과는 불교 수행의 방편과 동일한 지위를 가질 수 있는가? 이 질문은 교과의 성격에 관한 세밀한 검토를 요구하며, 앞의 제2장과 제3장은 이 검토를 위한 자료로서 필요한 것이다. 그러므로 위의 질문에 본격적인 대답을 하기 전에, 논의의 초점을 분명히 하기 위해서는 앞의 논의를 전체적으로 요약할 필요가 있다. 불교 수행론은 '이러저러한 불교 수행 방법을 통하여 마음이 어떻게 진여를 향하게 되는가'라는 문제를 하나의 일관된 이론 체계에 의하여 해결하려는 시도이다. 기신론에서는 이 문제를 '이론적 설명'과 '실제적 처방'이라는 두 가지 상호 관련된 접근에 의하여 해결한다. 전자가 불교 특유의 마음관에 비추어 수행의 실제를 '설명'하는 것이라면, 후자는 방편의 의미를 밝힘으로써 수행의 실제를 '처방'하는 것이다.

불교수행의 실제는 크게 두 가지로 나누어 설명된다. 여래의 행적 – 기신론의 용어로는 '진여용' – 을 본받아 간접적으로 마음을 진여로 향하도록 하는 방법과 여래의 마음—기신론의 용어로는 '진여자체상'—을 본받아 마음을 직접 진여로 만드는 방법이 그것이다. 불교수행의 실제가 이와 같이 설명되는 것은 마음에 관한 기신론의 설명에서 따라오는 필연적 귀결이다. 마음에 관한 기신론의 설명에 의하면, 마음이 진여를 향하게 되는 것은 여래의 마음과 여래의 행적을 각각 내적 원인과 외적 계기로 삼을 경우이며, 이와는 정반대로 마음이 진여에서 멀어지게 되는 것은 중생의 마음과 중생의 행적을 각각 내적 원인과 외적 계기로 삼을 경우이다. 그러나 여래의 마음은 중생의 마음과 다른 것이 아니라 중생의 마음이 수행한 결과로 가지게 되는 '수행의 이상(理想)' 또는 '수행의 기준'을 가리키며, 여래의 행적은 중생의 행적과 다른 것이 아니라 수행의 결과로 가지게 된 중생의 마음이 발휘하는 갖가지 신비한 행위와 훌륭한 기능을 가리킨다. 전4문은 여래가 자신도 모르는 사이에 그 마음을 드러내는 여래의 행적이며, 중생은 그 여래의 행적을 '모방'함으로써 자신도 모르는 사이에 그 속에 포함된 여래의 마음을 자신의 것으로 만든다.

수행은 정의상 진여의 표현을 통하여 중생의 마음을 여래의 마음, 즉 진여자체상(진여)으로 만드는 행위이다. 그러므로 마음을 진여로 만드는 것은 진여의 표현인 여래의 행적을 모방하는 방법 이외에 또다른 방법이 있을 것처럼 보이지 않는다. 그럼에도 불구하고 기신론에서는 전4문 이외에 지관문 수행을 별도로 제시한다. 이 수행은 진여와 생멸심의 관계에 관한 기신론의 설명에 비추어 볼 때 '진여에의 직관'이라는 결과가 예고된 '생멸(현상)에의 통찰' 행위이거나, 반대로 '생멸에의 통찰'을 기반으로 한 '진여에의 직관' 행위를 가리킨다. '진여에의 직관'이라는 결과를 가져오지 않는 '생멸에의 통찰' 행위는 정의상 지관문 수행이 될 수 없다. 이 점에서 지관문 수행은, 전4문과는 달리, 여래의 마음을 직접 겨냥한 수행 방법이라고 말할 수 있다. 이러저러한 불교의 수행 방법이 어떻게 마음을 진여로 만드는가를 이론적으로 설명하기 위해서는, 이상의 설명에 나타난 바와 같이, 반드시 그것을 마음에 관한 기신론의 견해에 비추어 해석하지 않으면 안된다.

그러나 이론적 설명만으로는 불교 수행의 '실제'를 온전히 드러냈다고 말하기 어렵다. 불교 수행은 이론적 설명 이상으로 실천적 행동을 요구한다. 방편은 수행에 관한 이론적 설명을 실천적 행동으로 연결시켜주는 개념이다. 수행은 방편을 활용하여 중생의 마음을 진여로 만드는 행위이다. 그러므로 수행의 실제를 보다 구체적으로 이해하기 위해서는 방편의 의미에 관한 고찰이 필수적으로 요청된다. 불교의 이론 전체와 관련하여 방편의 의미를 밝히기 위해서는 두 가지 질문에 대답할 필요가 있다. 첫째 질문은 '무엇이 방편이 될 수 있는가'라는 것이다. 이 질문에 대답하기 위해서는 방편과 수단이 다르다는 점을 밝히지 않으면 안된다. 수단은 그것을 사용하여 달성하려는 목적과 사실적 관계를 맺고 있다. 수단은 목적을 달성하는 데에 '효과적'

인 것으로 간주될 경우에, 또 그런 경우에는 언제나 수단으로서의 지위를 가진다. 이와는 달리, 방편은 그것을 방편으로 성립시키는 진여와 논리적 관계를 맺고 있다. 방편은 진여의 존재를 나타내기 위하여 활용하지 않으면 안되는 매체로서의 지위를 가진다. 진여는 '아무 것도 아닌 것', '말로 형용할 수도, 이름을 붙일 수도, 생각을 품을 수도 없는', '원칙상 말할 수 없는 것', 다른 말로 '마음의 본성', 즉 '심성'(心性)을 가리킨다(기신론 11). 그런 만큼, 심성은 그것을 표현하는 매체를 통하지 않는 한 자신을 드러낼 수 없으며, 방편은 다른 것이 아니라 바로 그 심성을 표현하는 매체를 가리킨다. 요컨대, 방편은 심성을 표현하는 매체로서 그것을 통하여 원칙상 심성함양이 가능한 일체의 사물과 현상을 가리키는 것이다.

방편의 의미를 밝히기 위해서는 둘째로 '방편은 어째서 방편인가, 방편이 방편으로서의 기능을 발휘하는 데에는 어떤 조건이 필요한가'라는 질문에 대답할 필요가 있다. 첫째 질문이 방편을 방편으로 성립시키는 데 필요한 방편의 '개념적 조건'을 묻는 질문이라면, 이 질문은 방편을 사용하는 데에 필수적으로 요청되는 방편의 '경험적 조건'을 묻는 질문이다. 가령 특정 사물이나 현상이 진여를 표현하는 매체라고 하더라도 그것을 방편답게 사용하지 않는 한, 그것은 방편으로서의 기능을 발휘할 수 없다. 방편을 방편답게 사용하는 것, 이것은 방편이 방편으로서의 기능을 최대한 발휘하도록 함으로써 방편이 가지고 있는 본래의 의미를 충분히 살리는 데 필수적으로 요청된다. 그런 만큼, 방편의 의미를 밝히기 위해서는 방편을 방편으로 성립시키는 방편의 개념 조건을 밝히는 것 이외에 그것과는 별도로 방편의 경험적 조건을 밝힐 필요가 있는 것이다. 물론, 방편의 경험적 조건은 방편의 개념에서 뽑아낸 것이다.

이하에서는 본 논문의 관심에 따라 '교과는 불교 수행의 방편과 동일한 지위를 가질 수 있는가'라는 질문에 긍정적인 대답을 하기 위하여 첫째로 '교과는 진여를 표현하는가'라는 질문과, 둘째로 '교과가 방편으로서의 기능을 발휘하는 데는 어떤 조건이 필요한가'라는 질문을 고찰할 것이다. '교과는 진여를 표현하는가'라는 첫째 질문은 교과의 성격 또는 개념적 지위에 관계되는 질문이다. 인식에 관한 칸트의 설명은 이 질문을 해결하는 데에 중요한 실마리를 제공할 것이다. '교과가 방편으로서의 기능을 발휘하는 데는 어떤 조건이 필요한가'라는 둘째 질문은 교과의 성격을 전달의 사태에서 다시 고찰할 것을 요구한다. 간접전달에 관한 키에르케고르의 논의는 교과의 성격을 전달의 사태에서 고찰하는 데에 중요한 실마리를 제공할 것이다. 불교 수행에서 진여가 수행의 실천(방편)을 통하여 그 의미를 드러내는 것과 마찬가지로, 교과 역시 그것을 가르치는 실천을 통하여 또는 전달 방법에 의하여 그 의미를 드러낸다. 교과의 성격과 전달 방법은 기신론에서 말하는 법(法)과 의(義)가 그렇듯이 별개의 문제가 아닌 것이다.

1. 교과의 성격

현재 학교에서는 '교과'라는 이름 아래 수학, 과학, 문학, 체육, 실과 등 다양한 종류의 교과목을 가르치고 있다. 현재 학교에서는 수학, 과학으로 대표되는, 현상을 설명하고 이해하는 데에 필요한 '이론적 지식' 이외에 실생활의 문제를 해결하는 데에 필요한 '실제적 지식'도 교과로 가르치는 것이다. 현재 학교에서 성격이 상이한 두 가지 지식을 가르치는 데에는 그럴 만한 이유가 있을 것이다. 그러나 이 연구에서 관심을 두는 것은 현재 학교에서 성격이 상이한 두 가지 지식을 가르칠 수밖에 없는 이유를 밝히려는 데에 있지 않다. 이 연구에서의 관심은 현재 학교 교육과정의 대부분을 차지하고 있는 '이론적 지식'을 가르치는 이유를 방편의 개념과 관련하여 밝히려는 데에 있다. 사실상, 이론적 지식을 배운 사람이 그것을 배우지 않은 사람에 비하여 반드시 원만한 대인관계를 유지하거나 일상생활의 문제를 현명하게 처리하는 삶을 영위하는 것은 아니다. 오히려 그와는 반대로, 일상적인 삶의 관점에서 볼 때, 이론적 지식을 배우는 데에 일생을 바친 사람이 그렇지 않은 사람에 비하여 비정상적인 삶을 영위하는 사례가 종종 목격되기도 한다. 그럼에도 불구하고 현재 학교에서는 '이론적 지식'을 가르치고 있다.

더 나아가 기이하게도, '무엇을 가르칠 것인가'에 관한 끊임없는 논쟁 속에서조차 학교에서는 이론적 지식을 지속적으로 가르치고 있으며, 아무리 이론적 지식의 가치를 의심하는 사람이라고 하더라도 과감하게 학교에서 그것을 가르치지 말아야 한다고 주장한 사람은 단 한 사람도 없다. 이것은 이론적 지식 그 자체에 사람들로 하여금 그렇게 할 수밖에 없도록 만드는 요소가 포함되어 있다는 사실을 지적한다. 이론적 지식은 어떤 특성을 가지고 있기에 사람들로 하여금 그렇게 할 수밖에 없도록 만드는가? 이 질문은 이론적 지식의 성격에 관한 자세한 고찰을 요청한다. 인식에 관한 칸트의 설명은 지식의 성격을 고찰함으로써 현재 학교에서 이론적 지식을 가르쳐야 하는 이유를 밝히는 데 좋은 실마리를 제공한다.

이론적 지식으로 구성된 이른바 '순수학문'이라는 것은 그 안에 인간의 경험을 설명하는 그 학문 고유의 개념 조직과 진위의 판단 기준을 포함하고 있어야 한다. 그 학문 고유의 개념 조직이나 진위의 판단 기준 중의 어느 하나를 포함하지 못하더라도, 학문은 칸트의 용어로 '학의 안전한 길'을 걸을 수 없다. 현재 수학이나 과학이 '학의 안전한 길'을 걷고 있다는 것을 의심할 사람은 아무도 없다. 그러나 칸트에 의하면, 수학과 과학이 처음부터 '학의 안전한 길'을 걸었던 것은 아니다. 수학이 지금처럼 '학의 안전한 길'을 걸을 수 있었던 것은 이등변삼각형의 성질을 처음 증명한 한 사람의 사고방식의 '혁명'으로 말미암는다. 칸트는 이 사고방식의 혁명을 다음과 같이 설명한다.

> 이등변삼각형의 성질을 증명한 사람은, 탈레스건 누구이건 간에, 이때까지 없었던 새로운 빛이 그의 마음속을 비추는 것을 느꼈을 것이다. 그가 알아낸 '올바른 방법'은 2등변삼각형이라는 실물 또는 실물이 없는 2등변삼각형이라는 개념을 면밀히 조사하면서 거기서 도형의 성질을 읽어내는 것이 아니라, '경험적 인식 이전'(a priori)에 스스로 형성한 개념들 속에 필연적으로 함의되어 있는 내용을 끌어내고 그 내용을 자신이 머릿속에서 그리는 도형 속에 다시 집어넣는 것이었다. 만약 그가 경험적 인식 이전에 무엇인가를 확실히 알려고 하면, 그는 자신이 가지고 있는 개념에 부합하는 것으로 머릿속에 떠오른 것에서 필연적으로 따라오는 성질 이외에 어떤 것도 도형에 뒤집어씌우지 말아야 한다(Bxi~xii).

과학 또한 이와 비슷한 사고방식의 '혁명'을 겪은 이후에서야 비로소 '학의 안전한 길'을 걸을 수 있었다. 과학이 '학의 안전한 길'을 걷게 된 것은 과학자들의 마음속에 다음과 같은 생각이 떠오른 이후이다.

> [그 자연과학자들은] 이성은 오직 이성 스스로의 계획에 따라 만들어낸 것에 대해서만 통찰을 가질 수 있다는 것, 그리고 이성은 자연이 끄는 줄을 고분고분 따라가서는 안되며, 항구불변의 법칙에 기초를 둔 판단의 원리에 따라 이성 자신이 길을 보여주면서 자신이 결정한 질문에 자연이 대답하도록 자연을 강요해야 한다는 것을 알아내었다. 미리 생각해낸 계획을 따르지 않는 우연한 관찰은 결코 필연적 법칙을 만들어내는 기초로 사용되어서는 안되며, 이 필연적 법칙을 발견하는 것은 오직 이성

> 의 몫이다. 이성은 한 손에는 그 자신의 원리－그것에 부합하는 현상을 법칙의 대응물로 받아들이는 유일한 기초로서의 원리－를, 그리고 또 한 손에는 그런 원리에 따라 이성 스스로 고안해낸 실험을 쥐고 자연에 접근하면서 자연으로부터 가르침을 받지 않으면 안된다. . . 심지어 물리학이 자연을 보는 관점에서 이룩한 혁명적 성과도 그 원동력을 거슬러 올라가면 결국 한 가지 축복받은 생각에 다다른다. 즉, 이성은, 한편으로, 이성 자신의 힘으로서는 알 수 없고 오직 자연에서 배워야 하는 것－만약 자연에서 배우는 것이 가능하다면－은 어떤 것이든지 이성이 제멋대로 만들어내어서는 안되며 어디까지나 자연 안에서 찾아야 하지만, 또 한편으로, 그 찾는 과정에 있어서는, 이성 자신이 자연에 집어넣은 내용을 안내자로 삼지 않으면 안된다는 것이다(Bxiii~xiv).

일반적으로는 이 사고방식의 '혁명'을 코페르니쿠스의 사고방식의 전환에 빗대어 '칸트의 코페르니쿠스적 전환'이라고 부른다(F. Copleston, 1986, p. 69). 코페르니쿠스는 눈으로는 별무리가 관찰자의 주위를 도는 것처럼 보이지만, 별무리가 관찰자의 주위를 돈다고 생각하기보다는 관찰자가 별무리의 주위를 돈다고 생각할 때 천문학적 현상들이 훨씬 더 잘 설명된다고 주장한다. 그와 마찬가지로, '인식이 대상을 따른다'는 관점을 취할 때보다는 '대상이 인식을 따른다'는 관점을 취할 때 인식 현상은 훨씬 잘 설명된다(Bxvi~xvii). '대상을 기준으로 하여 인식이 대상으로부터 시작된다'는 전자의 관점을 취할 경우에는 세계에 관한 보편타당한 인식을 획득할 수 없는 것은 물론이요 그 인식의 근거를 밝히는 일 그 자체가 불가능하다. 그러므로, 칸트가 보기에, 보편타당한 인식의 근거를 밝히기 위해서는 필연적으로 '인식이 대상을 따른다'는 관점으로부터 '대상이 인식을 따른다'는 관점으로의 전환이 요청된다.

위의 인용문에 나타나 있듯이, 칸트는 세계에 관한 인식이 '대상이 인식을 따른다'는 관점을 취한 이후에라야 비로소 '학의 안전한 길'에 들어설 수 있었다는 점을 수학과 과학을 보기로 하여 설명한다. 수학의 경우에든 과학의 경우에든 지식은 결코 대상을 눈으로 직접 관찰하여 얻은 것이 아니다. 오히려 이와는 반대로 수학적 지식은 '"경험적 인식 이전"에 스스로 형성한 개념들 속에 필연적으로 함의되어 있는 내용을 끌어내고 그 내용을 자신이 머릿속에 그리는 도형에 다시 집어넣는 것'을 가리키며, 과학적 지식 또한 '이성 자신이 자연에 집어넣은 내용을 안내자로 삼아 자연 안에서 찾아낸 것'을 가리킨다. 즉, 수학적 지식이나 과학적 지식은 이성이 대상 속에 집어넣은 것을 다시 끄집어내거나 아니면 그것을 안내자로 삼아 자연에서 찾아낸 것을 가리키는 것이다. 물론 칸트가 이 설명에서 사용한 '"경험적 인식 이전"에 스스로 형성한 개념들 속에 필연적으로 함의되어 있는 내용을 끌어내고 그 내용을 자신이 머릿속에 그리는 도형 속에 다시 집어넣는다'거나 '이성 자신이 자연에 집어넣은 내용을 안내자로 삼아 자연 안에서 찾아낸다'는 등의 표현은 '수학이나 과학적 지식은 다름 아닌 이성 그 자신을 기준으로 하여 성립한다'

는 것을 설명하기 위한 것이다. 그러나 이 표현들은 '대상이 인식을 따른다'는 관점의 의미를 정확하게 전달한다기보다는 오히려 그것을 비유적으로 설명한다고 말할 수 있다. 그러므로 그 의미를 정확하게 이해하기 위해서는 인식에 관한 칸트의 분석을 좀더 세밀하게 이해할 필요가 있다.

널리 알려진 바와 같이, 칸트는 인식을 '감각'(sense), '이해'(understanding), '이성'(reason)이라는 세 수준으로 나누어 설명한다. 이 세 수준의 인식은 모두 '내용'과 '형식'의 결합으로 이루어져 있으며, 이 세 가지가 수준을 나타내는 만큼 위 수준의 인식은 아래 수준의 인식의 결과를 자료 또는 '내용'으로 삼는다는 의미를 포함하고 있다(이홍우, 2006, p. 284). '감각 수준의 인식'에서는 '시간과 공간'(space and time)이라는 '형식'을, 감각기관을 통하여 받아들인 '감각자료'라는 '내용'에 적용함으로써 '직관'(intuition)이라는 결과를 얻는다. 여기서의 '내용'은 감각기관을 통하여 받아들인 자료인 만큼 인식대상의 속성이라고 말할 수 있지만, '시간과 공간'은 결코 인식대상의 속성이라고 말할 수 없다. '시간과 공간'은 감각자료를 인식주체 바깥의 특정 사물이나 현상과 연결시켜주는 감각의 '형식', 즉 감각의 '주관적 조건'이다.

'이해 수준의 인식'에서는 '범주'(category)라는 '형식'을 '직관'이라는 '내용'에 적용함으로써 '개념'(concept)이라는 결과를 얻어 내고, 그 개념을 사용하여 구체적인 사물과 현상을 판단하는 일을 한다. 물론, 여기서 '직관'은 '시간과 공간'이라는 감각의 '주관적 조건'을 감각자료에 적용한 결과로 가지게 된 이해의 '내용'을 가리키며, '범주'는 개념 또는 판단이라는 결과를 얻기 위하여 있다고 보지 않으면 안되는 이해의 '형식', 즉 이해의 '주관적 조건'을 가리킨다. 그러나 칸트는, '범주'라는 것이 개념의 내용과 무관하게 개념을 사용하여 판단하는 일 그 자체를 가능하게 만드는 판단의 '형식'을 가리키는 만큼, 범주를 알아내는 것이 불가능하지 않다고 주장한다. 인간이 사용하는 일체의 개념은 'X는 Y이다'라는 방식으로 진술되는 판단에 사용되며, 그 판단은 그 개념을 사용하여 감각기관을 통하여 들어온 감각자료를 통일한다. 그러므로 'X는 Y이다'라는 방식으로 진술된 판단을 유형에 따라 체계화하여 거기서 판단의 형식을 뽑아낼 수 있다면, 범주는 저절로 도출되는 것이다. 칸트는 이와 같은 방식으로 12가지 범주를 도출한다. 예컨대 인과성, 실체성, 단일성 등이 그것이다.

물론, 눈부신 학문의 발전을 목격한 후세대인들의 입장에서는 칸트가 열거한 12가지 범주와 관련하여 여러 가지 의문을 제기할 수도 있을 것이다(신춘호, 2005, p. 30). 그럼에도 불구하고 '범주'라는 형식을 적용하지 않고는 구체적인 사물과 현상으로부터 개념을 도출하거나 그 개념을 사용하여 판단하는 일 그 자체가 불가능하다는 칸트의 주장은 인식현상을 설명하는 데에 결정적으로 중요한 공헌을 한다. 그것은, 칸트적 의미에서의 인식－보다 정확하게는 개념을 사용하여 다양한 직관을 하나로 통일하는 인식－이 성립하기 위해서는 이해의 주관적 조건으로서의 범주가 있다고 보지 않으면 안된다는 것으로 요약된다. 직관은 감각의 형식에 의하여 일차적 통합을 거쳐 형성된 것이지만, 범주에 의하여 재통합되지 않는 한 결코 개념으로 될 수 없다. 그런 만큼, 본격적인 의미에서의 인식은 범주에 의하여 완성된다고 보아야 한다. 범주는 현상을 비교하여 규칙을 만들어내는 것 이상의, 현상을 '입법하는' 능력을 가지고 있는 것이다(A127).

칸트는 '이성'을 '추리의 능력'으로 규정하면서[1] 그와 동시에 '이해의 다양한 인식들에 최고의 통일성을 부여하는'(B361) 것 이상으로 '자신의 능력을 초월하는 문제를 스스로에게 부과하는 기구한 운명을 타고난'(Avii) '최상의 인식능력'(B355)으로 규정한다. 그리고 또한 그는, 판단이 범주에 의하여 가능한 것과 마찬가지로, 추리는 이념에 의하여 가능하다고 주장하면서, 판단을 유형별로 나누어 12가지 범주를 도출하는 것과 동일한 방식으로, 추리를 유형별로 나누어 세 가지 이념－'자아', '세계', '신'－을 도출한다. 이성은 감각이나 이해와 수준의 차이는 있다고 하더라도 그것들과 동일한 종류의 인식능력을 가리킨다고

---

1) 이성을 '추리의 능력'(the faculty of inferring, B386)으로 규정한 것과 동일한 방식으로 감각과 이해를 규정한다면, 감각은 '직관의 능력', 이해는 '판단의 능력'(a faculty of concepts, or again of judgment, a power of thought, B94/A126)으로 규정될 수 있을 것이다. 물론 여기서의 '판단의 능력'과 「판단력 비판」에서의 '판단력'은 동일한 것으로 볼 수 없다.

말할 수 있는 것이다. 그런 만큼, '이성 수준의 인식' 또한, '감각 수준의 인식'이나 '이해 수준의 인식'과 마찬가지의 방식으로, '이념'(idea)이라는 '형식'을 '개념'이라는 '내용'에 적용함으로써 모종의 결과를 얻는다는 식으로 규정될 수 있을 것이다. 그러나 칸트는 '이성은 오성의 개념과 판단에 관계한다'(B363)는 식의 말은 하지만, 이념이 개념에 관계한 결과에 대해서는 '감각 수준의 인식'이나 '이해 수준의 인식'에서처럼 명시적으로 지목하지 않는다. 그렇다면 이성은, 칸트의 규정과는 달리, 인식능력이 아니라고 보아야 하는가? 아니면, 이성은, 칸트의 규정에서처럼, 인식능력은 인식능력이되 감각이나 이해와는 다른 특별한 종류의 인식능력이라고 보아야 하는가?[2] 이 문제에 대답하는 가장 좋은 방법은 '선험적 변증론'에 나타난 칸트의 설명을 정확하게 이해하는 것이다.

그러나 인식론과 관련하여 칸트 정도의 이해 능력을 가지고 있지 못한 우리로서 '선험적 변증론'에 나타난 칸트의 설명을 정확하게 이해하는 것은 그리 쉬운 일이 아니다. 예컨대 '신 등으로 예시된 이념이 개념에 관계한다는 말을 어떻게 이해해야 하는가'라는 것이 그것이다. 물론 독자 편에서의 이해력 부족이 그 하

---

2) 이하 연구에서 밝혀질 바와 같이, 칸트는 전통 형이상학자들과 마찬가지로 이성을 감각이나 이해와는 다른 특별한 인식능력이라고 주장한다. 그러나 그의 주장과 전통 형이상학자들의 주장 사이에는 말 그대로 '천양지차'(天壤之差)에 해당하는 의미상의 차이가 존재한다. 양자의 주장은 말만 같은 뿐, 의미상의 닮은 점은 전혀 없다고 말하는 편이 보다 정확하다.

나의 원인이 될 수 있겠지만, 칸트 역시 독자의 입장을 고려하여 그 말의 의미를 친절하게 설명하지 않는지도 모른다. 아니면 칸트는 '이념이 개념에 관계한다'는 말이 이미 '시간과 공간을 감각자료에 적용한다'거나 '범주를 직관에 적용한다'는 말 속에 포함되어 있다고 간주하고 그것에 관한 별도의 설명이나 '이념이 개념에 관계한 결과'에 관한 추가적인 설명이 필요하지 않다고 생각했는지도 모른다. 만약 이 말이 맞다면, 이념이 개념에 관계한 결과가 무엇인가를 알아내기 위해서는 '이념이 개념에 관계한다'는 말의 의미를 '시간과 공간을 감각자료에 적용한다'거나 '범주를 직관에 적용한다'는 말의 의미에 비추어 자세히 따져보지 않으면 안된다. 이 일을 할 때 가장 중요한 것은 감각의 '형식' 또는 '주관적 조건'으로 지목된 '시간과 공간'과 이해의 '형식' 또는 '주관적 조건'으로 지목된 '범주'는 각각 어떤 특징을 가지고 있으며, 서로 어떻게 관련되어 있는가를 알아내는 것이다. 물론, '형식'이나 '주관적 조건'이라는 말 속에 이미 양자의 특징과 양자 사이의 관계가 나타나 있지 않은 것은 아니다. 그러나 '이성 수준의 인식'에 관한 칸트의 견해를 정확하게 이해하기 위해서는 양자의 특성과 양자 사이의 관계를 명시적으로 드러낼 필요가 있다.

'감각 수준의 인식'에서의 '시간과 공간'은 감각 수준의 인식이 성립하기 위하여 감각자료에 '앞서' 있다고 보지 않으면 안되는 그 무엇을 가리킨다. 여기서 '시간과 공간'이 감각자료에

'앞선다'는 것은 그것이 감각자료보다 '시간상 먼저' 있다는 뜻이 아니다. 그것은 감각자료가 인식으로 연결되기 위해서는 그 전제로서 '시간과 공간'이 감각자료와 무관하게 '경험적 인식 이전'에 반드시 있다고 보지 않으면 안된다는 의미를 나타낸다. '이해 수준의 인식'에서의 '범주' 또한 이와 동일한 방식으로 설명된다. 그러므로 '시간과 공간' 그리고 '범주'는 모두 대상에 관한 인식이 성립하기 위하여 그 전제로서 '인식 이전'에 반드시 있다고 보지 않으면 안되는 그것의 '논리적 가정'을 가리킨다고 말할 수 있다. '시간과 공간' 그리고 '범주'가 '경험적 인식 이전'에 속하는 것이라면, 그것은 '아프리오리'적 특성을 가진다고 말할 수 있다. 그것이 아프리오리적 특성을 가진다는 것은 그것에는 인식과 더불어 성립하는, 주체와 대상의 구분을 비롯하여 일체의 구분이 배제되어 있다는 것을 의미한다. 그럼에도 불구하고 그것으로 인하여 일체의 인식이 성립한다면, 그것에는 세상의 모든 것이 하나도 빠짐없이 들어 있다고 보지 않으면 안된다. 이렇게 말하고 보면, '시간과 공간' 그리고 '범주'는 기신론에서 말하는 진여와 동일한 인식론적 지위를 가진다고 말할 수 있다. '시간과 공간' 그리고 '범주'가 '감각 수준의 인식'과 '이해 수준의 인식'을 설명하기 위한 '논리적 가정'인 한, '이념' 또한 '이성 수준의 인식'을 설명하기 위하여 '경험적 인식 이전'에 있다고 보지 않으면 안되는 그것의 '논리적 가정'이라고 보아야 하며, '이념'은, 그것이 인식의 '논리적 가정'인 한, 인식론적 지위에 있어서는 진여와 동일한 실체를 가리킨다고 말할 수 있는 것이다.

'시간과 공간', '범주', '이념'이 모두 진여와 동일한 실체를 가리킨다면, 이 세 가지 수준의 인식의 '형식'은 결코 구분될 수 없다. 이 세 가지 수준의 인식의 구분은 칸트가 인식을 분석적으로 이해하기 위하여 취해진 불가피한 조치일 뿐이다.[3] 사실상, 인식은 이 분석에서처럼 순차적으로 따로따로 일어나는 것이 아니다. '감각 수준의 인식'에는 항상 '이해 수준의 인식'과 '이성 수준의 인식'이 수반되며, '이해 수준의 인식' 또한 마찬가지이다. 그럼에도 불구하고 칸트가 인식을 세 수준으로 구분한 것은 인식이 성립하기 위해서는, 경험론이나 합리론의 주장과는 달리, 객관적 대상과 주관적 조건이 모두 필요하다는 것, 그렇다고 하더라도 그 두 가지 요소 중에서 주관적 조건이 보다 중요하다는 것을 설명하려는 데에 있다. 이 과정에서 칸트는 '시간과 공간' 그리고 인과성, 실체성 등으로 열거되는 12가지 '범주'를 예로 들어 '주관적 조건'이 하는 일을 구체적으로 설명한다. 예컨대 '인과성'은 'X이면 Y이다'라는 판단을 가능하게 하는 판단의 '형식' - 즉, '범주' - 으로서, 과학적 지식을 성립시키는 주요한 개념이지

---

3) 물론, 이 말이 세 수준의 인식의 구분을 무효화하는 것은 아니다. '대상은 감각에 의하여 우리에게 주어지며, 감각만이 우리에게 직관을 제공한다. 여기에 반하여, 대상(직관)들은 이해를 통하여 사고되며, 이해로부터 개념들이 발생한다'(B33). 칸트의 이 주장은 감각을 일종의 낮은 단계의 이해로 보는 합리론의 주장이나 이해를 감각과 동일시하는 경험론의 주장과 반대된다 (Körner, 1972, p. 27).

만, 이 개념은 자연을 세밀하고 광범위하게 관찰한다고 하여 얻을 수 있는 것이 아닌 만큼 인식의 주관적 조건에 속한다고 보아야 하며, 자연의 잡다한 자료는 그 주관적 조건에 의하여 하나의 통일된 개념으로 만들어진다는 식의 설명이 그것이다. 말하자면, 칸트가 인식을 세 수준으로 구분하고 각각의 수준에 해당하는 각각의 형식을 제시한 것은 세계에 관한 보편타당한 인식－즉, '학의 안전한 길'에 들어선 학문－이 성립하는 데에 그 '형식'이라는 것이 구체적으로 어떤 작용을 하는지를 예시하기 위한 것이다(이홍우, 2006, pp. 285～286; 신춘호, 2005, pp. 41～42). 그러나 세 수준의 인식은 결코 별도로 일어나지 않으며, 따라서 세 수준에서의 '형식' 또한 그 지시대상에 있어서는 동일한 실체를 가리킨다고 보아야 마땅하다. 다만, 이성이 인식의 단계상 최상위 또는 가장 깊숙한 곳에 위치한 만큼, 그것의 형식인 '이념'이 모든 단계의 '형식' 또는 '주관적 조건'을 대표한다고 말할 수 있다.

'이념'은, 그것이 인식의 성립을 설명하기 위하여 있다고 보지 않으면 안되는 '논리적 가정'인 한, '선험적 이념성'(transcendental ideality)을 띤다고 말할 수 있다. '이념'이 '선험적 이념성'을 띤다면, '이념'은 사물이 존재하는 것과 동일하지도 상이하지도 않은 방식으로 존재하면서 사물의 존재 그 자체가 아닌 사물의 존재를 인식할 수 있는 '인식의 형식'을 만들어낸다고 말할 수 있다(이홍우, 2006, p. 289).[4] '이념'이 인식의 형식을 만들어낼 수 있는 것은 그것이 세계 전체를 하나도 빠짐없이 무구분의 상태로 포함하고 있기 때문이다. 이념은 '아무것도 아닌 것', '원칙상 말할 수 없는 것'이라는 특징을 가지고 있는 것이다. 이렇게 생각하고 보면, 칸트는 기신론에서처럼 인식을 마음의 중층구조에 비추어 분석한다고 말할 수 있다. 앞에서 언급한 바와 같이, '마음의 중층구조'는 마음과 대상을 포함하여 일체의 구분이 배제된 위층(진여)과, 마음과 대상의 구분 또는 대상 상호 간의 구분이 존재하는 아래층(생멸심)이 동일하지도 상이하지도 않은 관계로 연결되어 있다고 보는 사고방식 또는 사고모형을 가리킨다. 지금까지의 고찰에 의하면, 칸트의 설명에 나타난 인식의 세 수준은 모두 '내용'과 '형식'으로 구성되어 있다. 여기서의 '형식'은 마음의 중층구조의 위층과 마찬가지로 마음과 대상을 포함하여 일체의 구분이 배제된 '아무것도 아닌 것', '원칙상 말할 수 없는 것'이며, '내용'은 중층구조의 아래층과 마찬가지로 마음과 대상의 구분 또는 대상 상호 간의 구분에 의하여 존재한다. 그리고 '형식'과 '내용'은 중층구조의 위층과 아래층의 관계처럼

---

4) 이념이 선험적 이념성을 띤다고 주장하는 '선험적 관념론'(transcendental idealism)은 '경험적 실재론'(empirical realism)과 결합되면서 두 가지 주장에 반대한다. 관념이 사물을 만들어낸다고 주장하는 '경험적 관념론'(empirical idealism)과 관념이 현상 너머에 사물처럼 존재한다고 주장하는 '선험적 실재론'(transcendental realism)이 그것이다. '선험적 관념론'의 입장에서 볼 때, '선험적 실재론'은, 인간은 가상으로서의 현상만 인식할 뿐, 결코 관념 – 즉, '물자체' – 은 알 수 없다고 주장하는 '경험적 관념론'으로 연결될 수밖에 없다. 자세한 내용은 이홍우(2004), 「교과의 선험적 차원」, 미간행강의록, p. 50, pp. 198~202; 한자경(2005), 「칸트 철학에의 초대」, 서광사, pp. 63~66 참조.

'동일하지도 상이하지도 않은 관계로 연결되어 있다. 그런 만큼, 칸트의 인식론에 포함된 마음에 관한 칸트의 견해는 '마음의 중층구조'에 비추어 해석된, 마음에 관한 기신론의 특이한 견해와 일치한다고 말할 수 있다.

앞의 설명에 나타난 바와 같이, 칸트에 의하면, 학문이 '학의 안전한 길'을 걸을 수 있었던 것은 사고방식의 '혁명'으로 말미암는다. 이 사고방식의 혁명은 '인식이 대상을 따른다'는 관점으로부터 '대상이 인식을 따른다'는 관점으로의 전환으로 요약된다. 칸트는 이것을 수학과 과학의 경우를 사례로 하여 설명하면서 수학적 지식은 '"경험적 인식 이전"에 스스로 형성한 개념들 속에 필연적으로 함의되어 있는 내용을 끌어내고 그 내용을 자신이 머릿속에 그리는 도형 속에 다시 집어넣는 것'을, 과학적 지식은 '이성 자신이 자연에 집어넣은 내용을 안내자로 삼아 자연 안에서 찾아낸 것'을 가리킨다고 주장한다. 여기서 칸트가 '"경험적 인식 이전"에 스스로 형성한 개념들 속에 필연적으로 함의되어 있는 내용을 끌어내고 그 내용을 자신이 머릿속에 그리는 도형 속에 다시 집어넣는다'거나 '이성 자신이 자연에 집어넣은 내용을 안내자로 삼아 자연 안에서 찾아낸다'는 식의 비유를 사용하여 전달하고자 한 것은, 지금까지의 고찰에서 드러난 인식에 관한 칸트의 분석에 비추어 볼 때, 오직 한 가지로 해석될 수밖에 없다. 그것은 수학이나 과학을 구성하고 있는 개념은 다른 것이 아니라 이성이 그 자신－즉, '이념'－을 대상에 넣었다가 다시 끄집어낸 것을 가리킨다는 것이다. 수학이나 과학의 사례에 비추어 학문이 '학의 안전한 길'에 들어선다는 것의 의미를 보다 일반적으로 말하자면, 그것은 학문을 이루고 있는 개념은, 그것이 무엇이든지 간에, 이성이 그 자신—즉, '이념'—을 대상에 집어넣었다가 다시 끄집어내는 방식으로 만들어지지 않으면 안된다는 것으로 된다. 다시, 비유적 표현을 칸트의 학술 용어로 바꾸어 말하자면, 학문의 개념은 그 성립을 이론적으로 설명하기 위해서는 그 속에 이념이 '논리적 가정'으로 포함되어 있다고 보지 않으면 안된다. 이것이 '이성 수준의 인식'에서 칸트가 언급한 '이념이 개념에 관계한다'는 말의 한 가지 의미이다.

그러나 이 말의 의미를 보다 분명하게 이해하기 위해서는 '이성은 그 자신을 대상에 집어넣었다가 다시 끄집어내면서 개념에 대하여 어떤 일을 하는가'라는 질문에 대답하지 않으면 안된다. 칸트는 '구성적 작용'(constitutive function)과 '규제적 작용'(regulative function)을 각각 '범주'와 '이념'이 하는 일이라는 식으로 양자를 엄격하게 구분하지만,[5] '범주'와 '이념'이 그 지시대

5) 칸트가 양자를 엄격하게 구분한 것에는 그의 문제의식이 들어있다고 보지 않으면 안된다. 칸트 당시 전통 형이상학자들은 이성이 특별한 인식능력으로서 형이상자에 관한 인식을 가져다준다고 주장한다. 그러나 칸트가 보기에, 형이상자는 결코 인식의 대상이 될 수 없다. 이성이 그 성격상 형이상자를 추구하는 것이 사실이지만, 형이상자는 인식이 수렴되는 '가상의 초점'으로 존재할 뿐이다(B672). 그러나 칸트가 주장하듯이, 형이상자—즉, '이념'—가 인식을 성립시키는 인식의 주관적 조건이라면, 이하의 연구에서 드러날 바와 같이, 이념의 규제적 작용은 범주의 구성적 작용과 결코 다른 것일 수 없다.

상에 있어서는 '이념'으로 대표되는 동일한 실체를 가리키는 만큼, 양자는 동일한 실체 - 즉, '이념' - 의 상이한 작용을 설명하는 것으로 해석될 수 있다(신춘호, 2005, p. 50). 이 경우에 '구성'은 이념의 적극적 작용을 설명하는 것으로 해석된다. 구성은, 이념은 '아무것도 아닌 것', '원칙상 말할 수 없는 것'이지만, 일체의 인식을 가능하게 하는 힘을 지닌다는 점을 설명하기 위하여 사용되는 용어이다. 예컨대, 'X는 Y이다'라는 판단은 '시간과 공간' 그리고 '범주'가 각각 그 한 부분으로 구성되어 있지 않으면 안된다. '시간과 공간' 그리고 '범주'가 그 한 부분으로 구성되어 있지 않는 한, 'X는 Y이다'라는 식의 '개념에 의한 판단'은 성립하지 않는다. 그러므로 'X는 Y이다'라는 식으로 표현되는 일체의 '개념에 의한 판단'은 '이념의 작용'에 의하여 성립한다고 말할 수 있다.

'구성'이 이념의 적극적 작용을 설명하는 용어로 해석된다면, '규제'는 이념의 소극적 작용을 설명하는 용어로 해석될 수 있다. 규제는, 이념이 인식으로 하여금 자신을 향하도록 하는 힘을 지닌다는 점을 설명하는 용어인 것이다. 칸트는 이것을 다음과 같이 설명한다.

> 이념은 그 성격에 비추어 필연적인 귀중한 용도, 즉 규제적 용도를 지닌다. 이념은 이해로 하여금 어떤 목적을 지향하도록, 다시 말하여 이해의 모든 규칙들의 방향이 어느 한 지점으로 수렴되도록 이끈다. 이때 그 지점은 다만 이념(즉, 가상假想의 초점)에 지나지 않는다. 그것은 전적으로 가능한 경험의 한계 바깥

> 에 있으므로, 이해의 개념이 실지로 그것으로부터 출발한 것은 아니지만, 그럼에도 불구하고 그것은 이해의 개념들로 하여금 '최대한의 통일'(the greatest unity)과 '최대한의 확장'(the greatest extension)을 성취하도록 해주는 것이다(B672).

위의 인용문에 비교적 분명하게 설명되어 있지만, 한 가지 예를 들어 이념의 규제적 역할을 다시 설명하자면 그것은 다음과 같다. 가령, 한 과학자가 이러저러한 현상을 하나로 통일시켜 주는 법칙을 발견하는 경우를 상상해 보자. 아직 법칙이 발견되지 않은 만큼, 그는 가설이나 추측에 의존하여 현상을 이해하려고 할 것이다. 그는 A라는 가설이나 추측에 의존하여 현상을 이해할 수도 있고, B라는 가설이나 추측에 의존하여 현상을 이해할 수도 있다. 그는 그 과정에서 어떤 방식의 이해가 개념들로 하여금 '최대한의 통일'과 '최대한의 확장'을 성취하도록 하는가를 고민할 것이다. 이때 이해의 개념들로 하여금 '최대한의 통일'과 '최대한의 확장'을 성취하도록 도와주는 것이 바로 이념이며, 이념은 그 일을 통하여 그 개념들이 자신을 지향하도록 부추긴다. 그러나 과학자가 발견한 이해의 개념들은 결코 이념에 도달할 수 없다. 이념은 '가상의 초점'으로서 '이해의 모든 규칙들의 방향이 어느 한 지점에 수렴되도록' '규제'할 뿐, 실지로 도달할 수 있는 목적지는 아니다. 이렇게 말하고 보면, 이념의 규제적 작용은 결코 이념의 구성적 작용과 별도로 일어날 수 없다. 이념은 한편으로 개념을 '구성'하는 일을 하면서, 그와 동시에 다른 한편으로 그 개념으로 하여금 자신을 지향하도록 이끄는 일을 하는 것이다(정혜진, 2004, p. 31~33; 신춘호, 2005, pp. 49~53).[6] 이것이 '이념이 개념에 관계한다'는 말의 또 한 가지 의미이다.

'이념이 개념에 관계한다'는 말의 의미를 이와 같이 해석할 경우, 이념이 개념에 관계한 결과로 얻게 되는 것은 개념이라고 보아야 마땅하다. 물론, '이념이 개념에 관계한다'고 할 때의 개념과 '그 결과로 개념이 만들어진다'고 할 때의 개념은 결코 다른 것일 수 없다. 그렇다면 결국 칸트는 이성에 대하여 '이미 만들어진 개념을 또다시 만드는' 능력이라는 식의 터무니없는 설명을 한 셈이 된다. 사실상, 칸트가 드러내놓고 그런 식의 설명을 하는 것은 아니다. 그는 이해는 개념을 낳지만, 이성은 단지 '무제약자'를 추구할 뿐 그것에 관한 인식을 낳을 수 없다고 말한다. '무제약자'는 원칙상 인식의 대상이 될 수 없는 만큼, 이성은 그

---

6) 신춘호에 의하면, 「판단력비판」은 이념의 작용인 구성과 규제를 보다 온전하게 규명함으로써 '개념과 이념의 역동적 관련'을 설명하는 논술이며, 그런 만큼 그 자체가 교육학 논술이다. 그의 이 주장은 칸트의 세 비판서를 하나의 일관된 이론 체계로 파악하고자 하는 노력에서 나온 필연적 결론이다. 세 비판서가 각각 별개의 문제를 취급한다고 해석하는 기존의 연구에서는 세 비판서 사이의 관련이 설명되지 않는 데 비하여, 그의 연구에서는 선험철학의 내적 구조를 직접 연구 문제로 삼으면서 그것을 '마음의 중층구조'에 입각하여 해석한다. 자세한 내용은 신춘호(2005), '교육이론으로서의 칸트철학: 판단력 비판 해석', 서울대학교 박사학위 논문 참조. 이러한 관점에서 칸트철학을 연구한 논문으로는 장발보(2003), '판단에 의한 자연과 자유의 연결: 칸트철학의 교육학적 해석', 서울대학교 석사학위논문을 들 수 있다.

결과를 내놓을 수 없는 것이다. 이 점을 고려할 때 '이미 만들어진 개념을 또다시 만든다'는 말은 특별한 의미를 지닌다고 해석될 수밖에 없다. 이 특별한 의미를 알기 위해서는 '이념이 개념에 관계한다'는 말의 의미를 앞의 두 가지와는 다르게 해석할 필요가 있다. 즉, '이념이 개념에 관계한다'는 말은, 앞의 두 가지 설명에서처럼 '개념'에 초점을 맞추어 개념의 성립에서의 이념의 역할을 중심으로 해석하는 것과는 달리, '이념'에 초점을 맞추어 이념의 실현에서의 개념의 역할을 중심으로 재해석할 필요가 있는 것이다.

그러나 칸트는 인식에서 이념이 차지하는 역할을 중요시하면서 이념이 그러한 역할을 수행하는 것은 이념의 이러저러한 특성에서 기인한다는 식의, 이념의 성격을 밝히는 데에 관심을 기울일 뿐, 이념의 실현에 관해서는 자세한 설명을 하지 않는다. 물론, 이념과 개념이 별도의 시공간을 차지하는 두 가지 별개의 실체가 아니라는 점, 그리하여 개념의 성립과 이념의 실현 또한 별도의 시공간을 빌어 이루어지는 것이 아니라는 점에 생각이 미치고 보면, 이념의 실현에 관한 설명은 개념의 성립에 관한 설명 속에 이미 포함되어 있다고 보아야 하며, 따라서 눈 밝은 독자라면 개념의 성립에 관한 칸트의 설명에서 이념의 실현에 관한 설명을 찾아낼 수도 있을 것이다. 여기에 비하여 석가모니는, 제2장과 제3장에 나타나 있는 바와 같이, 진여가 있다는 것을 기정사실로 받아들이고 진여의 실현에 관심을 집중하면서 그것을 주요 논의 주제로 부각시킨다. 석가모니 이후 불교의 역사는, 이론적 설명의 측면에서든, 실제적 수행의 측면에서든, 진여의 실현에 관심을 기울인 역사라고 말할 수 있다. 그 중에서 특히 유식철학은, 진여의 실현을 인식과 관련하여 설명한다는 점에서, 칸트의 용어로 '이념'의 실현에서의 개념의 역할을 이해하고자 할 때 특히 관심을 끄는 불교 사상이다.[7] 그러므로 유식철학은 이념의 실현을 이해하는 데에 좋은 실마리를 제공할 것이다.

유식철학에서는, 칸트가 인식을 세 수준으로 나누어 설명하는 것과는 달리,[8] 마음을 크게 표층식과 심층식이라는 두 수준

7) 칸트 철학과 불교 사상은 모두 개인의 경험을 초월한 그 무엇을 삶의 기준으로 삼고 그것을 논의로 주제로 부각시킨다. 이 점에 주목하여 칸트 사상과 불교 사상을 비교하려는 일련의 연구들이 나타난다. 그 대표적인 것으로는 김진(2000), 「칸트와 불교」, 철학과 현실사; 김종욱(2002), 「용수와 칸트」, 운주사; T. R. V. Murti(1958), *The Central Philosophy of Buddhism: A Study of the Mādhyamika System*, George Allen & Unwin, London 등이 있다. 김진의 연구가 불교의 이론 체계로 말미암아 필연적으로 발생하는 세 가지 모순을 칸트의 이론 체계에 비추어 해결하려는 시도라면, 김종욱의 연구는 용수와 칸트가 모두 실재론적 경향을 비판한다는 점에 주목하면서 그것을 출발점으로 하여 인식의 한계를 밝히고 그것을 실천적으로 극복하고자 한다는 점에서 양자 사이의 유사점을 밝히려는 시도이다. 이와 같이 두 연구는 각각 그 주제를 달리하여 칸트 철학과 불교 사상을 비교하고 있지만, 두 연구를 성립시키는 근본 가정은 양자가 모두, 이하 연구에서 드러날 바와 같이, 개인의 경험을 초월한 그 무엇, 즉 '아무것도 아닌 것', '원칙상 말할 수 없는 것'을 핵심적 관심사로 삼는다는 데에 있다고 보아야 한다(이홍우, 2006, p. 270). 김진과 김종욱의 연구가 칸트 철학과 불교 사상의 비교 연구에 긍정적 관심을 표현한다면, 콘즈의 연구는 그것에 대한 우려를 표현한다. 자세한 내용은 E. 콘즈(1990), '불교철학에 대한 사이비 유사성들', 김종욱(편역), 「불교사상과 서양철학」, 민족사 참조.

으로 나누어 설명한다. 마음은 다시 보다 세부적으로 나뉘어 가장 표면에는 표층식으로서의 전5식(안식眼識, 이식耳識, 비식鼻識, 설식舌識, 신식身識), 그 다음에는 제6식(의식意識), 그 다음에는 제7식(말라식 末那識), 그 다음에는 제8식 심층식으로서의 아려야식(阿羅耶識)－기신론의 용어로는 '진여'－으로 분석된다(太田久紀, 1983). 칸트의 설명과 관련지어 말하자면, 전5식은 칸트의 인식론으로는 '감각수준의 인식'에, 의식은 '이해수준의 인식'에, 아려야식은 '이성수준의 인식'에 해당한다. 그러나 말라식은 칸트 철학에 없는 것으로서, 불교 특유의 사고방식을 전달하기 위하여 마련한 유식철학의 인식론적 조치라고 말할 수 있다.

유식철학에서 마음을 이와 같이 분석하는 것은 무엇보다도 진여와 인식의 관계, 즉 '진여는 인식에 의하여 형성되며, 인식은 진여에 의하여 만들어진다'는 핵심적 아이디어를 전달하기 위한 것이다. 그 핵심적 아이디어는, 보다 구체적으로 말하자면, 전5식과 제6식에서는 인식의 주체가 사물과 현상을 대상으로 하여 이것은 이렇고 저것은 저렇다는 식의 이른바 객관적 인식을 하는 것처럼 보이지만 그 인식은 아려야식이라는 진여에 의하여 만들어진 환상에 불과하다는 것, 진여로서의 아려야식은 변화하지 않는 실체가 아니라 현재 우리의 삶을 이끄는 살아 움직

8) '마음의 중층구조'에 의하여 칸트 인식론을 해석할 경우, 칸트 역시 인식을 두 층 사이의 구분과 관련으로 설명한다고 보아야 한다.

이는 삶의 기준이며 표층식에서 일어나는 인식을 받아들임으로써 끊임없이 형성되는 삶의 이상(理想)이라는 것, 말라식은 이기심을 개입시킴으로써 표층식에서부터 진여로의 이행이나 진여에서부터 표층식으로의 이행을 순조롭게 하기도 하고 가로막기도 한다는 것으로 요약된다. 만약 이기심을 개입시키지 않음으로써 욕망과 집착이 생기지 않는다면, 인식이 진여를 실현하고 진여가 인식으로 표현되는 데는 하등의 왜곡이나 불완전성이 없을 것이다. 칸트의 용어로 말하자면, 인식이 욕망과 집착에 의하여 왜곡되지 않는다면, 이념은 개념으로 표현되며, 개념은 이념을 실현한다. 이 점을 고려하여 '이념이 개념에 관계한다'는 말의 의미를 이해하자면 그것은, 이념은 개념에 관계함으로써 그 자신을 실현하는 것으로 된다. 그러나, 물론, 이념이 개념에 관계한 결과로 그 자신을 실현한다고 하더라도, 이념은 칸트의 주장대로 결코 실현이 '완성'되는, 도달 가능한 목적지로 되는 것이 아니다.

지금까지의 고찰을 종합하여 말하자면, 이념 — 기신론의 용어로는 '진여' — 은 수학과 과학을 비롯하여 학문이 '학의 안전한 길'에 들어서기 위하여 있다고 보지 않으면 안되는 '논리적 가정'이다. 그러나 수학이나 과학에 논리적 가정으로 붙박혀 있는 이념은 말 그대로 '논리적 가정'에 불과한 것이 아니라, 지금 현재 우리의 삶을 이끄는 '살아 움직이는' 삶의 기준이며 오랜 지적 노력의 결과로 획득하게 되는 삶의 이상이다. 삶의 기준, 삶의 이상으로서의 이념을 실현하는 데는, 그것이 자신을 표현하는 매체를 통하지 않는 한 결코 자신을 드러낼 수 없는 '원칙상 말할 수 없는 것'인 만큼, 수학이나 과학을 비롯하여 이미 '학의 안전한 길'에 들어선 경험적 인식－이론적 지식－을 통하는 방법 이외에 다른 방법이 없다. 수학이나 과학 등의 이론적 지식이 곧 이념을 실현하는 경로인 것이다. 그러므로 이론적 지식은 방편으로서의 지위를 가질 수밖에 없다. 더 나아가, 이론적 지식은 개념이라기보다는 이념 그 자체라고 말할 정도로 이념이 힘을 발휘하여 성립한다. 이론적 지식은 개념과 진여 그 자체를 표면과 이면으로 하여 성립한다. 다시, 이론적 지식은 그것을 이루는 개념이 진여 그 자체라고 말할 정도로 진여를 직접 표현한다. 이 점을 고려할 때, 이론적 지식을 배우는 활동은 불교 수행의 전형적 형태인 지관문 수행에 해당한다고 말할 수 있다. 그런 만큼, 지관문 수행이 어떻게 마음을 진여로 향하게 할 수 있는가를 이해하기 위해서는 교과를 통하여 이념이 실현되는 과정을 살펴볼 필요가 있다.

그러나, 물론, 교과는 진여 그 자체가 아닌 방편일 뿐이다. 그것이 방편인 한, 그것을 통하여 진여를 실현할 수 있다고 하더라도 그 실현은 결코 '완성'될 수 있는 것이 아니다. 교과는 일회적인 배움을 통하여 그 이면의 심성을 실현할 수 있는 그런 것이 아니다. 비록 한 번의 배움을 통하여 그 심성을 실현하였다고 하더라도 그 심성은 그것으로 완성되는 것이 아니라 그 다음으로 이어지는 끝없는 배움에 의하여 조금씩 조금씩 실현되어 가는 것이다. 아니, 보다 정확하게 말하자면, 교과는 그것을 배우면 배울수록 그것으로부터 멀리 떨어져 있다는 것을 일깨워주는 그런 것이다. 그러나 교과의 전달에 특별한 조건을 갖추어줌으로써 교과를 교과답게 가르치지 않는 한, 교과는 이념을 실현한다거나 이념으로부터 멀리 떨어져 있다는 것을 일깨워주는, 방편이 가지고 있는 그 본래의 의미를 실현하기 어렵다. 다음 절에서는 교과를 교과답게 가르치는 데에 필수적으로 요청되는 교과의 '경험적 조건'을 고찰할 것이다.

2. 교과의 전달

교과와 관련하여 칸트 인식론의 가장 큰 의의는 교과의 개념을 이념으로 설명한다는 것이다. 칸트에 의하면, 교과를 구성하는 개념은 눈에 보이는 사물과 현상을 대상으로 하여 그것을 설명한다는 점에서 대상을 원천으로 성립하는 것처럼 보이지만, 따지고 보면 이념을 논리적 가정으로 하지 않는 한 대상에 관한 이러저러한 설명 그 자체가 불가능하다는 점에서 교과를 구성하는 개념은 이념을 원천으로 하여 성립한다. 인식에 관한 이러한 견해를 가지고 있는 사람이라면, 그는 '어떻게 하면 이념을 실현할 수 있는가'라는 이념의 실현 문제 또한 교과를 구성하는 개념과 관련지어 그 개념의 전달이나 획득으로 설명해야 마땅하다. 그러나 칸트는 이념의 실현을 교과를 구성하는 개념과 관련지어 설명하지 않는다. 오히려 그는 교과를 구성하는 개념으로는 결코 이념에 관한 인식을 낳을 수 없다는 식의 말을 하면서 개념을 이념의 인식에 적용할 경우에 발생하는 '불가피한 오류'(B354)를 자세하게 설명함으로써 이념의 실현이 교과를 구성하는 개념과 무관하다는 주장을 한 것으로 해석될 소지를 남기기도 한다.[9] 게다가 그는 도덕이나 종교와 관련하여 이념이 삶에서 차지하는 실제적 의의를 강조함으로써 이념의 실현이 도덕적 실천과 관련된다는 주장을 한 것으로 해석되기도 한다.[10]

---

9) '선험적 변증론'에 등장하는 합리론적 영혼론(Rational Psychology), 합리론적 우주론(Rational Cosmology), 합리론적 유신론(Rational Theology)은 바로 이 점을 설명하기 위한 논술이며, 이 논술에 등장하는 초월추리(Paralogism), 이율배반(Antinomy), 이상(Ideal)은 이념을 개념으로 규정할 경우에 빠질 수밖에 없는 '불가피한 오류'를 설명하는 용어이다. 칸트가 보기에, 이 불가피한 오류는 '이성이 그 능력의 한계에도 불구하고 자신의 능력을 초월하는 문제를 스스로에게 부과하는 기구한 운명을 타고 난'(Avii) 데서 비롯된다. 그러나, 앞으로의 논의에서 드러날 바와 같이, 칸트의 이 말을 정확하게 이해하기 위해서는 '이념의 인식은 개념에 의하여 불가능하다'는 말과 '이념의 인식은 개념과 무관하다'는 말을 구분해야 한다.

10) 칸트에 의하면, 선험적 인식은 두 가지 중의 한 가지 방식으로 그 대상과 관련을 맺는다. 하나는 대상을 그저 규정하는 방식이며, 다른 하나는 그 이상으로 대상을 실현하는 방식이다. 전자의 방식은 이론의 맥락에서 이성을 사용하는 것(theoretical knowledge of reason, 이론이성)이며, 후자의 방식은 실천의 맥락에서 이성을 사용하는 것(practical knowledge of reason, 실천이성)이다(Bx). 칸트 해설가들은 칸트의 이 말을 근거로 하여 '인식'과 '도덕'이

그러나 이런 식의 해석이 이념과 관련하여 칸트가 한 말을 이해하는 유일한 방법은 아니다. 그 이외의 해석 또한 얼마든지 가능하다. 예컨대, '교과를 구성하는 개념으로는 이념의 인식을 낳을 수 없다'든가 '이념은 도덕의 영역이나 종교의 영역에서 중요한 의의를 가진다'는 그의 주장은 이념의 인식이 교과를 구성하는 개념과 '무관하다'는 뜻을 나타낸다기보다는 이념의 전달이나 획득은 개념의 전달이나 획득과 동일한 방식으로 취급되어서는 안된다는 뜻, 이념의 전달을 개념의 전달과 동일하게 취급하지 않기 위해서는 개념의 전달에 모종의 특별한 조치를 취할 필요가 있다는 뜻, 그 특별한 조치가 무엇인가를 이해하기 위해서는 도덕의 영역이나 종교의 영역에서 이념이 차지하는 실제적 의의를 살펴볼 필요가 있다는 뜻을 나타내는 것으로 해석될 수도 있다.

이념과 관련하여 칸트가 한 말을 이와 같이 해석할 경우, 이념의 전달에 필요한 특별한 조치가 무엇인가를 알아내기 위해서는, 말할 필요도 없이, 도덕이나 종교와 관련하여 칸트가 한 발

라는 두 영역에서의 이성의 역할을 다르게 규정하면서, 칸트의 그 말을 인식과는 구분되는 도덕의 독자성을 확보하기 위한 발언으로 해석한다(김진, 2000, p. 48, p. 69; 김종욱, 2002, pp. 142~143). 그들이 칸트의 그 말을 이와 같이 해석하는 것은 실천이성을 이론이성과 구분되는 또하나의 이성이라고 생각하는 데서 기인한다. 그러나 이성을 실천이성과 이론이성으로 구분하는 것은 이성의 정의상 맞지 않는다. 이성은 '경험내용에 물들기 이전', 즉 '원칙상 말할 수 없는 것'을 의미한다.

언을 살펴보아야 할 것이다. 그러나 불행하게도 도덕이나 종교에 관한 칸트의 발언에서는 이념의 전달에 필요한 그 특별한 조치가 무엇인가를 알아내기가 어렵다. 도덕의 영역에서 칸트의 일차적 관심은 '도덕적 실전이 어떻게 가능한가'를 실명하는 데 집중된다. 그리고 이 문제를 설명하기 위하여 칸트는 이념의 성격을 인식의 영역에서와 다르게 규정한다. 도덕의 영역에서 이념은 단순히 '논리적 가정'에 그치는 것이 아니라 도덕적 실천을 위하여 필연적으로 '요청'되는 것이다(김진, 2000, pp. 51~71, pp. 177~187).[11] 그러나 칸트의 설명대로 이념이 도덕적 실천을 위하여 필연적으로 요청되는 것이라면, 개념과의 관련에서 이념이 가지는 본래의 의미－개념을 성립시키는 논리적 가정이면서 개념이 지향해야 할 기준－는 축소되며, 최종적으로 이념은 도덕에 종속되는 결과를 초래할 수밖에 없게 된다.[12] 그리하여 이

11) 칸트에 의하면, 도덕적 행위는 최고선을 실천하기 위한 것이다. 최고선은 덕과 행복의 결합으로 달성된다. 그러나 덕과 행복이 사실적 관계를 맺고 있는 만큼, 덕과 행복이 결합되기 위해서는 '자유'와 '신'과 '영혼불멸'이라는 이념이 요청되는 것이다.

12) 그러나 칸트의 선험철학이 가지는 의의를 최대한 존중하여 도덕에 관한 그의 견해를 되살려낸다면, 도덕의 영역에서의 이념 역시 인식의 영역에서의 이념과 동일한 성격을 가지는 것으로 해석될 수 있다. 자세한 내용은 박재문(2000), '칸트윤리학의 비판적 검토: 도덕형이상학원론을 중심으로', 「도덕교육연구」 12(2), 한국도덕교육연구회; 황종관(2004), '칸트윤리학의 도덕교육적 함의: 도덕성의 형식으로서의 자유', 「도덕교육연구」 16(1), 한국도덕교육연구회; 신춘호(2005), '칸트윤리학에 비추어 본 도덕과 교육의 성격', 「도덕교육연구」 17(1), 한국도덕교육연구회 참조.

념의 실현은, 인식의 영역에서와 마찬가지로, 관심 밖으로 밀려난다. 이것은 칸트처럼 이념의 실현을 염두에 두지 않은 채 개념의 성립이나 도덕적 실천을 '설명'하는 데에만 관심을 집중하는 한 발생할 수밖에 없는 결과이다. 이와는 달리, 키에르케고르의 간접전달 논의는, 비록 윤리-종교적 지식의 전달에 국한된 논의이기는 하지만, 개념의 전달에 의한 이념의 실현을 주요 관심사로 부각시킨다. 그러므로 교과를 구성하는 개념과 관련하여 이념의 실현에 필요한 특별한 조치가 무엇인가를 알아보기 위해서는 키에르케고르의 간접전달 논의를 살펴볼 필요가 있다.

키에르케고르의 간접전달 논의에서 핵심적인 위치를 차지하는 것은 '실존'이라는 개념이다. 인간은 실존을 그 존재적 특징으로 하지 않는 한 간접전달을 필요로 하지 않는다. 그러므로 간접전달에 관한 키에르케고르의 논의를 이해하기 위해서는 실존의 개념을 이해하는 것이 필수적으로 요청된다. 실존은 한 마디로 무한과 유한, 영원과 시간이라는 서로 모순되는 두 가지 요소의 종합으로서, 무한과 영원을 부단히 추구하지만 결코 그것에 도달하지 못하는 것으로 요약된다(임병덕, 2003, p. 90). 그러므로 실존적 존재로서의 인간은 시간의 제약 속에서 자신을 영원한 진리에 관련지으려고 노력하지만 언제나 유한한 존재로 남아 있을 수밖에 없는 존재, 그렇다고 하여 영원한 진리에의 추구를 멈출 수도 없는 그런 존재이다.

이와 같이 인간은 진리에의 열정적 추구에도 불구하고 언제나 유한한 존재로 남아 있을 수밖에 없는 근본적 한계를 지닌 존재이지만 진리에의 열정적 추구 과정에서 존재의 변화를 겪는다. 존재의 변화는 자아의 가능성을 그 현실성으로 실현시키는 자아 발달의 과정으로 나타난다. (여기서 말하는 '실현'이라는 것은 관념의 형태에 머물러 있던 자아의 가능성이 자아의 현실성과 관련을 맺음으로써 삶의 모든 국면을 지배하는 근본 원리가 되는 것을 의미한다.) 인간의 자아 발달은 '심미적 실존', '윤리적 실존', '종교적 실존'라는 세 가지 서로 다른 존재의 양상으로 나타난다.[13] 그런 만큼, 실존의 개념을 구체적으로 이해하기 위해서는 이 세 가지 존재의 양상이 각각 무엇을 의미하는지를 알아볼 필요가 있다.

심미적 실존은 즉각적인 현재의 삶에서 오는 일체의 쾌락을 즐김으로써 현실성에 안주하려는 삶의 태도를 나타내거나, 이와는 정반대로 현실적 제약에 대한 고려없이 이상적 가능성을 맹목적으로 추구하려는 삶의 태도를 나타낸다. 심미적 실존은 아직 현실성과 가능성이 관계를 맺지 못한, 그리하여 진정한 의미에서의 자아 또는 실존이 시작되지 않은 단계이다. 여기에 비하여 윤리적 실존은 세상에서 보편적으로 인정하는 인간성, 즉

13) '논리의 체계는 가능하지만, 실존의 체계는 불가능하다'(CUP, p. 99)는 그의 말에 나타난 바와 같이, 키에르케고르가 실존을 모든 저작에서 일관성있게 이 세 가지로 구분하는 것은 아니다. 경우에 따라서는 아이로니, 유모어, 종교성 A, 종교성 B라는 실존을 언급하기도 한다(김종두, 2002, p. 132).

'보편적 인간성'을 자아의 가능성으로 선택하는 삶의 태도를 나타낸다.[14] '보편적 인간성'을 자아의 가능성으로 선택하고 그것을 실현하려는 노력이 쉬운 것은 아니지만, 그렇다고 하여 그것의 실현 그 자체가 불가능한 것은 아니다. 그러나 종교적 실존은 원칙상 실현 불가능한 '신'(神)을 자아의 가능성으로 선택하려는 삶의 태도를 나타낸다.

위의 설명에 나타난 바와 같이, 세 가지 실존은 서로 다른 삶의 태도를 나타내고 있지만 모두 '가능성과 현실성의 관계'로 설명된다. 다만, 그 관계는 한 단계에서 다음 단계로 이행할 때마다 각각 다른 양상으로 나타날 뿐이다. 조금 전에 언급한 바와 같이, 심미적 실존에서 가능성과 현실성은 서로 관계를 맺지 못한 채 따로 따로 존재한다고 말할 수 있지만, 해석하기에 따라서는 가능성이 현실성과 미분화된 상태로 겹쳐 있다고 말할 수도 있다. 이 단계는 자기 자신이 되기를 절망적으로 거부하지만 나름대로 안정을 유지한다. 그러나 어떤 원인에 의해서든지 그 안정이 깨질 경우에 안정을 회복하기 위해서는 상위 단계의 가능성을 선택하지 않으면 안된다. 이때 가능성과 현실성 사이에는 거리가 생길 수밖에 없으며, 단계가 이행됨에 따라 그 거리는 점점 더 멀어져 종교적 실존에 이르러 극대화된다. 윤리적 실존이 선택한

---

14) 「이것이냐/저것이냐」에 등장하는 두 명의 가명 인물은 심미적 실존과 윤리적 실존을 대표한다. 이 책에서는 두 명의 가명 인물이 반사적 대조의 사태를 전개하고 있다(만하이머, 2003, p. 121).

'보편적 인간성'으로서의 가능성은 현실성과 거리를 두고 있지만 원칙상 도달 불가능한 거리를 유지하고 있는 것이 아님에 비하여, 종교적 실존의 가능성으로 선택된 '신'은 인간으로서는 도저히 도달 불가능한 절대적 거리를 두고 있는 것이다.

세 가지 실존의 양상이 각각 이런 특징을 가지고 있다면, 인간의 삶에서 이 세 가지 실존의 양상은 각각 어떤 위치를 차지하며 또 서로 어떻게 관련되어 있는가? 위의 설명에 어느 정도 시사된 바와 같이, 이 세 가지 실존의 양상은 한 개인이 거쳐야 하는 자아 발달의 '위계 순서'를 나타내는 것으로 해석될 수도 있으며, 한 개인이 구체적인 상황에서 선택해야 할 '삶의 태도'를 나타내는 것으로 해석될 수도 있다. 전자의 경우에, 한 개인은 '신'을 자아의 가능성으로 선택하는 삶의 태도를 구현한 경우에라야 비로소 온전한 의미에서의 자아를 실현한 것으로 된다. 이와는 달리, 후자의 경우에, 한 개인은 신을 자아의 가능성으로 선택하는 삶의 태도와 그밖의 것을 자아의 가능성으로 선택하는 삶의 태도가 동등한 위치에서, 그리고 동시에 주어진 상황에서, 그 중의 어느 하나를 선택해야 하는 처지에 놓여 있는 것으로 된다.

실존의 양상의 관계에 대한 이 두 가지 해석은 자아 발달의 과정에 관한 상이한 해석 방식을 나타낼 뿐이다.[15] 그러나 이 두

---

15) 만하이머에 의하면, 이 세 가지 실존의 양상은 '삶의 태도' 뿐만 아니라 '단계'와 '계면'을 가리킨다. 삶의 태도는 개인이 자신의 경험을 해석하는 관점을, 단계는 단선적인 계열, 또는 낮은 단계, 높은 단계 등과 같은 위계를, 계면은 넓게

가지 해석 방식은 존재의 변화를 실현하려는 교육과 관련하여 교사의 지위 문제를 생각하는 데에 대단히 중요한 시사점을 제공한다(임병덕, 2003, p. 95~96). 전자의 해석에 의하면, 교육은 교사가 학생으로 하여금 상위의 가능성을 선택하도록 함으로써 학생 편에서의 존재의 변화를 일으키려는 행위로 파악된다. 교육을 이와 같이 파악할 경우, 교사는 학생과 상이한 위치에 있는 존재로 파악된다. 그러나 후자의 해석에 의하면, 교육은 교사가, 한편으로 자신으로 하여금 동등한 위치에서 동시적으로 주어진 여러 가지 자아의 가능성 중에서 종교적 삶의 태도를 자아의 가능성으로 선택하도록 함으로써 교사 편에서의 존재의 변화를 일으키려는 행위임과 동시에, 다른 한편으로 학생으로 하여금 자신이 선택한 것과 동일한 삶의 태도를 자아의 가능성으로 선택하도록 함으로써 학생 편에서의 존재의 변화를 일으키려는 행위로 파악된다. 교육을 이와 같이 파악할 경우, 교사는 학생과 동일한 위치에 있는 존재로 파악된다. 말하자면, 교사는 학생과 상이한 위치에 있으면서 그와 동시에 동일한 위치에 있는 '파라독스적' 존재인 것이다. 이 설명대로라면, 교육은 반드시, 그것이 실존과 관련하여 존재의 변화를 의도하는 한, 교사로 하여금 파라독스적 존재가 되기를 요청한다고 말할 수 있다.

이 점은 교육(전달)의 사태에서 존재의 변화 과정을 살펴볼

펼쳐진 지면을 나타낸다(만하이머, 2003, pp. 240~241)

경우에 보다 분명하게 나타난다. 교사 편에서의 존재의 변화든 학생 편에서의 존재의 변화든, 존재의 변화를 일으키기 위해서는 교사가 학생에게 무슨 내용인가를 가르쳐야 한다. 그렇다면 교사는 학생에게 무슨 내용을 가르쳐야 존재의 변화를 일으킬 수 있는가? 키에르케고르에 의하면, 존재의 변화를 일으키기 위해서는 반드시 객관적 지식이 아닌 주관적 지식을 전달해야 한다. 인간의 관심은 주체 '밖'에 있는 대상으로 향하든지, 아니면 주체 '안'에 있는 자아로 향하든지 두 가지의 중의 하나에 집중된다. '객관적 지식'(objective knowledge)은 인간의 관심이 대상에 집중하게 된 결과로 얻게 된 지식을 가리키며, '객관적 사고'(objective thinking)는 그 지식을 얻는 과정에서 하게 되는 사고를 가리킨다. 객관적 사고의 결과로 객관적 지식을 얻게 된 경우, 그 지식의 진위 여부는 오직 그것이 대상과 일치하는지의 여부에 달려 있다. 그런 만큼, 객관적 사고에서 인간 자신은 관심 밖으로 밀려날 수밖에 없다. 사고 과정에 인간 자신을 끌어들이기 위해서는 관심을 대상이 아닌 주체의 자아에 집중시킬 필요가 있다. '주관적 사고'(subjective thinking)는 관심을 주체 안으로 집중시킬 경우의 사고를 가리키며, '주관적 지식'(subjective knowledge)은 그 사고의 '결과'로 얻게 된 지식을 가리킨다. 주관적 사고를 할 경우 무엇보다도 중요한 것은 인식의 주체가 인식의 대상과 어떻게 관계를 맺을 것인가에 관심을 집중해야 한다는 것이다.

> 진리에 관한 질문이 객관적인 방식으로 제기될 경우, 진리는 인식주체가 관계하는 인식대상처럼 객관적 반사의 대상이 된다. 여기서는 관계에 대한 반사는 일어나지 않으며 반사의 초점은 단지 인식주체가 관계하는 인식대상의 진리 여부에 맞추어질 뿐이다. 이 경우에는 오로지 인식주체에 관계하는 대상이 진리일 경우에 한하여, 인식주체는 진리 가운데 있다. 이와는 달리, 진리에 관한 질문이 주관적으로 제기될 경우, 반사의 초점은 주관적으로 개인이 인식대상과 맺고 있는 관계에 맞추어진다. 이 경우에는 그 관계의 양식이 진리 가운데 있기만 하면, 설사 그 개인이 진리가 아닌 그 무엇에 관계한다고 하더라도 그는 진리 가운데 있는 것이다(CUP, p. 178).

위의 인용문에 의하면, 인식의 대상과 관련하여 무엇인가를 가르칠 경우에는 전달되는 내용이 무엇인가 하는 것이 중요한 문제로 부각된다. 이 경우에 관심은 대상에 맞추어져 있으며, 교사의 실존이나 학생의 실존은 관심의 영역에서 제외된다. 그리하여 '관계'에 관한 사고는 일어나지 않는다. 여기에 비하여 인식의 주체와 관련하여 무엇인가를 가르칠 경우에 관심은 '관계'에 맞추어져 있다. 이 경우에는 인식의 주체와 인식의 대상이 어떤 관계를 맺고 있는가 하는 것이 주요 관심사로 부각된다. 물론, 여기서 주목해야 할 것은 '인식의 주체와 인식의 대상이 맺는 관계'라는 것이 무엇을 의미하는가 하는 점이다.

그 의미는 실존에 관한 키에르케고르의 견해에 비추어 밝혀지지 않으면 안된다. 앞에서 언급한 바와 같이, 실존은 무한과 유한, 영원과 시간이라는 서로 모순되는 두 요소 사이의 종합으로서, 무한과 영원을 부단히 추구하지만 결코 그것에 도달하지 못하는 인간의 근본적 한계를 설명하는 개념이다. 키에르케고르가 보기에, 여기서 말하는 '무한'과 '영원'은 인식의 주체 밖에 그것과 무관하게 존재하는 사물이나 현상처럼 대상화하여 사고할 수 있는 것이 아니다. 실존적 존재로서의 인간은 원칙상 '무한'이나 '영원'을 사고할 수도, 거기에 도달할 수도 없다. 이 점에서 '무한'이나 '영원'은 '마음의 중층구조'에서의 위층-'원칙상 말할 수 없는 것'-에 해당한다고 말할 수 있다(임병덕, 2001, p. 31). '무한'이나 '영원'에 대하여 인간이 할 수 있는 유일한 일은 그것과의 관계에 관심을 집중하는 것, 그리하여 그것과 올바른 관계를 맺도록 노력하는 것뿐이다. 주관적 사고와 주관적 지식은 다른 것이 아니라 '무한'이나 '영원'과 올바른 관계를 맺기 위하여 관심을 집중할 경우에 하는 사고와 그 사고의 '결과'를 가리킨다.

키에르케고르가 보기에, 수학적 지식과 과학적 지식은 객관적 지식을 대표한다. 그런 만큼, 그것이 세계에 관한 다양한 정보를 알려주는 것은 사실이지만 자아에 관해서는 전혀 알려주는 것이 없다. 수학적 지식이나 과학적 지식은, 그것을 아무리 잘 가르치고 배운다고 하더라도, 가르치는 당사자나 배우는 당사자의 존재의 변화를 일으키지 않는다. 존재의 변화를 일으키기 위해서는 세계가 아닌 자아를 주요 탐구 주제로 하여 얻게 된 '주관적 지식'을 가르쳐야 하는 것이다. 키에르케고르가 보기에, 윤리

-종교적 지식은 주관적 지식을 대표한다(CUP, p. 177). 윤리-종교적 지식은, 예컨대 '인간이 살아가는 이 세상은 어떤 세상이며 이 세상을 살면서 인간은 어떤 일을 하는가', 그리고 '그 일을 할 때 인간의 마음에는 어떤 변화가 일어는가'라는 식의 질문을 탐구한 결과로 얻게 된 지식으로 구성되어 있다.

그러나 키에르케고르가 보기에, 윤리-종교적 지식으로 대표되는 주관적 지식에서의 '지식'은 과학적 지식으로 대표되는 객관적 지식에서의 지식과 동일한 의미를 가질 수 없다. 객관적 지식은, 과학적 지식에서 볼 수 있는 바와 같이, 탐구자의 편견이나 느낌 등의 주관적 요소를 극소한 결과로 얻게 된 지식으로서 언어에 의하여 완결된 형태로 표현될 수 있다. 그런 만큼, 객관적 지식을 전달하고자 할 때 교사는 어려움을 겪을 필요가 없다. 교사가 언어로 무엇인가를 가르치고 학생이 그것을 언어로 되풀이하여 말할 수 있으면 객관적 지식은 전달된 것이다. 여기에 비하여 주관적 지식은 언제나 변화의 과정 중에 있는 그 무엇인 만큼, 원칙상 완결된 형태로의 표현이 불가능하다.[16) 한마디로 말하여, 주관적 지식은 '원칙상 말할 수 없는 것', 칸트의 용어로는

16) 키에르케고르는 객관적 사고와 주관적 사고의 차이를 다음과 같이 설명한다. 객관적 사고는 모든 것을 결과로 번역하며, 그것으로 인하여 온 인류가 그 결과를 그대로 베끼고 기계적으로 외우게 함으로써 사기를 조장한다. 반면, 주관적 사고는 모든 것을 과정 속에 두며 결과를 생략한다. 이것은 주관적 사고를 하는 당사자가 끊임없이 만들어지는 과정 중에 있는 실존적 존재이기 때문이다(CUP, p. 68).

'이념'이다. 윤리-종교적 지식은 원칙상 표현 불가능한 그 무엇을 언어로 '직접' 표현해 놓은 것이다. 그리하여 윤리-종교적 지식을 통하여 존재의 변화를 일으키기 위해서는 그것을 특별한 방식으로 전달하지 않으면 안된다. 키에르케고르는 그 특별한 방식의 전달을 '간접전달'이라고 부르면서 그것을 다음과 같이 설명한다.

> 간접전달은, 직접전달과는 정반대되는 방식으로 이루어지는 전달 방법으로서, 다음 두 가지 방식 중의 어느 한 가지 방식으로 일어난다. 간접전달이 일어나기 위해서는 '전달을 복제하는 기술'(the art of reduplicating the communication)이 필요하다. 이 기술의 성공 여부는 전달자 자신을 무(無)－즉, 순수하게 객관적인 그 무엇－로 만든 다음, 균형을 유지하는 가운데 질적으로 대립되는 내용들을 끊임없이 제시하는 것에 달려 있다. 가명 저작에서 '2중반사'(double reflection)라고 부르는 것은 바로 이것을 가리킨다. 이 방식에 해당되는 간접전달의 사례는 농담과 진담을 변증법적 매듭의 형태로 제시하면서 그와 동시에 전달자 자신을 무(無)로 만드는 것에서 잘 나타난다. 이런 종류의 전달에서 무엇인가를 얻고자 하는 사람은 그 자신의 힘으로 그 매듭을 풀지 않으면 안된다(TC, p. 117～118).

그러나 간접전달은, 이와는 달리, 전달 (내용)과 전달자 사이의 관계 여하에 따라서도 일어난다. 전자의 방식으로 일어나는 간접전달에서는 전달자가 관심 밖으로 밀려나는 반면에, 이 방식으로 일어나는 간접전달에서는 전달자가 관심의 영역으로

> 들어와 전달의 한 요소로 된다. 물론, 여기서 주의해야 할 것은 이것이 '부정적 반사'(negative reflection)와 더불어 이루어진다는 점이다. 그러나, 사실상, 요즈음 시대에 조잡한 강의 방식 이외에 다른 전달 방법을 알고 있는 사람은 없다. 그들은 '실존한다'는 것이 무엇인지를 까맣게 잊고 있다. 실존과 관련된 일체의 전달은 전달자를 필수적인 요소로 포함한다. 다른 말로, 전달은 전달 내용의 '복제' (reduplication)이다. 여기서 말하는 복제라는 것은 이해한 내용 안에 실존한다는 것을 의미한다(TC, p. 118).

위의 인용문에 나오는 설명대로라면, 간접전달은 두 가지 방식 중의 어느 한 가지 방식으로 일어난다. 전달자가 자신의 주장을 감춘 채 질적으로 대립되는 내용들을 제시함으로써 최종적으로는 학습자로 하여금 그 내용 중의 어느 한 가지를 선택하도록 하는 방식이거나, 아니면 전달자 자신이 모범적인 삶을 시범함으로써 피전달자로 하여금 그것에 비추어 자신의 결함을 깨닫고 전달자의 삶에 구현된 삶의 태도를 자신의 삶의 태도로 받아들이도록 하는 방식이 그것이다(이영문, 1987, p. 48; 엄태동, 1998, p. 220~236). 이 두 가지 간접전달을 구분하는 기준은 전달 과정에서 전달자가 관심의 영역으로 들어오는가의 여부에 있다. 물론, 위의 인용문에 관한 이런 식의 해석이 불가능한 것은 아니다. 그러나 그 두 가지 간접전달의 관계 및 그것을 가능하게 하는 전달 방법상의 기본 원리를 밝히고자 할 경우, 위의 인용문은 또다른 의미로 해석될 수 있다.

간접전달이든 직접전달이든, 전달이 일어나기 위해서는 반드시 전달자와 피전달자, 그리고 전달내용이 있어야 한다. 앞에서 언급한 바와 같이, 간접전달을 통하여 전달하고자 하는 내용은 '주관적 지식', 보다 정확하게는 '원칙상 말할 수 없는 것', 칸트의 용어로는 '이념'이다. 윤리적 실존이나 종교적 실존의 가능성으로 언급된 '보편적 인간성'이나 '신'은 언어로 표현할 수 없는 그 무엇을 '직접' 언어로 표현한 윤리-종교적 지식에 해당된다. 그런 만큼, 키에르케고르가 보기에, 윤리-종교적 지식은 객관적 지식처럼 전달자가 언어로 무엇인가를 '직접' 일러주는 방식으로는 결코 전달되지 않는다. 전달자가 그것을 언어로 직접 일러주는 방식으로 전달할 경우에, 윤리-종교적 지식은 관념의 형태에 머물 뿐, 존재와 관계를 맺음으로써 존재의 변화를 일으키는 것으로 연결되지 못한다. 윤리-종교적 지식이 존재의 변화를 일으키는 것으로 연결되도록 하는 방법은 그것을 '전달을 복제하는 기술'을 구사하여 제시하는 것뿐이다. 예컨대, 전달자가 질적으로 대립되는 여러 가지 관점이나 태도를, 그것들 사이에 갈등과 긴장이 최대한 고조되도록 제시함으로써 피전달자로 하여금 그 중의 어느 한 가지를 선택하여 자신의 전존재를 걸고 열정적으로 추구하도록 하는 것, 또는 농담과 진담을 변증법적 매듭의 형태로 제시하면서 그와 동시에 전달자 자신을 무(無)로 만드는 것, 이것이 '전달을 복제하는 기술'의 가장 좋은 보기이다.

위의 인용문에 언급된 '2중반사'는 '전달을 복제하는 기술'

을 구사하여 윤리적 실존이나 종교적 실존의 가능성을 전달한 경우에 일어나는, 피전달자의 심리과정을 설명한다. 전달자에 의하여 윤리-종교적 지식이 언어로 제시되면 피전달자는 그것을 주체적으로 사고하면서 그 결과를 자기 자신에게 반사한다. 이것이 '1차반사'이다. 만약 피전달자가 전달자에 의하여 언어로 제시된 윤리-종교적 지식을 자신의 삶의 태도로 받아들일 수 있다면, 전달은 '직접전달'에 의하여 가능한 1차반사로 충분하다. 그러나 1차반사만으로는 윤리-종교적 지식의 형태로 제시된 가능성이 삶의 태도와 관계를 맺지 못한 채 관념의 형태, 즉 '죽은 문자'로 남아 있으면서도 그것을 자신의 몸의 일부분으로 만들었다는 착각에 빠지게 할 위험이 높다. 이 위험에서 벗어나기 위해서는 피전달자가 그것을 전존재를 걸고 열정적으로 추구하도록 할 특별한 조치가 마련되지 않으면 안된다. 이 특별한 조치가 바로 위에서 언급한 '전달을 복제하는 기술'이다. 이 기술을 구사하기 위하여 전달자는 피전달자보다 자아 발달의 위계상 상위 단계에 있으면서도 그 단계를 고스란히 유지한 채 피전달자의 단계로 내려와 자신을 '무'(無)로 만들지 않으면 안된다. 이 경우에라야 비로소 언어로 일러준 윤리-종교적 지식은 피전달자의 현실성에 다시 반사되어 그의 일부분이 된다. 이것이 '2차반사'이다.

피전달자에게 2중반사가 일어나는 것은 전달자가 윤리-종교적 지식을 내면화하고 있거나 이미 내면화한 상태에 있기 때문이다. 전달자가 전달내용을 내면화한 상태에 있지 않는 한, 피전달자의 2중반사는 일어나지 않는다. 복제는 1차적으로 전달자가 전달내용을 내면화하여 존재의 변화가 일어난 상태를 설명한다. 이 상태에서 전달자는 자신이 내면화한 전달내용 속에 실존한다. '전달자가 자신이 내면화한 전달내용 속에 실존한다'는 것은 전달내용과 전달자가 한 덩어리가 되어 어디까지가 전달내용이고 어디까지가 전달자인지가 구분되지 않는 상태로 된다는 것을 의미한다. 이 경우의 전달에서는 전달자가 전달의 필수적 요소로 포함되어 그의 존재로 표현된 모든 것이 전달내용이 된다. 피전달자는 그 전달자의 전달을 들으면서 전달자의 존재의 변화를 자신의 것으로 복제한다. 이것이 복제의 2차적인 의미이다. 말하자면, 전달은 '전달자에 의한 전달내용의 복제'와 '피전달자에 의한 전달자 존재의 복제'라는 2중의 복제에 의하여 성립한다. 그러므로 전달이 일어나기 위해서는 전달자가 전달의 필수적 요소로 포함되지 않으면 안되는 것이다.

물론, 전달자가 전달의 필수적 요소로 포함된다고 하더라도, 그것은 '조잡한 강의'에서처럼 전달자가 전달의 전면에 등장하는 방식으로 이루어지는 것은 아니다. 전달자는 자신이 내면화한 내용 속에 실존하는 만큼, 자신을 전달내용에 포개어 전달의 요소로 포함시킨다. '아이러니', '속임수', '부정성' 등의 용어로 표현되는 전달의 방식은 전달의 과정에서 전달자가 자신을 전달내용에 포개어 놓음으로써 자신의 개입을 사소한 것으로 만들기 위한, 그리하여 전달의 궁극적 책임을 전달자가 아닌 피전달자에게 부과하기 위한 전달 방법상의 기법이다. 전달의 궁극적인 목적이 피전달자의 존재의 변화에 있는 한, 전달자는 그런 식의 기법을 사용할 수밖에 없다. 앞의 인용문에 나오는 '전달자 자신을 무(無)－즉, 순수하게 객관적인 그 무엇－로 만든다'든가 '부정적 반사'라는 말은 그런 식의 기법이 사용될 때 나타나는 전달자의 모습을 설명한다. 전달자가 그런 모습으로 나타날 경우에, 전달자는 전달에서 사소한 존재처럼 보일 수도 있다.

그러나 전달자가 전달내용을 복제한 결과로 전달내용 속에 실존하지 않는 한 피전달자의 2중반사는 일어나지 않는다는 점, 피전달자의 존재의 변화는 다른 것이 아니라 전달자의 존재의 변화를 자신의 것으로 복제한 결과라는 점에 생각이 미치고 보면, 전달에서 전달자는 결코 사소한 존재로 될 수 없다. 앞에서 언급한 바와 같이, 전달내용을 끊임없이 자신의 것으로 내면화하면서 그 결과로 전달을 복제하는 기술을 교묘하게 구사하는 전달자가 없다면, 전달은 일어나지 않으며, 따라서 피전달자의 존재의 변화 또한 일어나지 않는다. 거꾸로 말하여, 존재의 변화를 의도하는 전달이 일어나기 위해서는 전달자가 전달내용을 끊임없이 자신의 것으로 내면화하면서 그 결과로 '전달을 복제하는 기술'을 교묘하게 구사하지 않으면 안되는 것이다. 이 점으로 말미암아 존재의 변화를 의도하는 전달에서 전달자는 피전달자에 비하여 자아 발달의 위계상 상위의 단계에 있음에도 불구하고 피전달자와 동일한 위치에서 자아 발달을 도모하는 실존적 존재라는 특징을 지닐 수밖에 없는 것이다.

앞의 인용문을 이와 같이 해석하고 보면, 그것은 간접전달의 두 가지 방식을 설명한다기보다는 간접전달이 일어나는 데 필수적으로 요청되는 간접전달의 개념적 조건을 설명하는 것으로 해석될 수 있다. '2중반사'는 전달자 편에서 갖추어야 할 간접전달의 개념적 조건으로, '복제'는 피전달자 편에서 갖추어야 할 간접전달의 개념적 조건으로 해석될 수 있는 것이다. 다시, 2중반사를 통한 피전달자의 존재의 변화와 복제를 통한 전달자의 내용의 내면화라는 두 가지 조건이 갖추어지지 않는 한, 간접전달은 일어나지 않는다고 말할 수 있다.[17] 그러나 간접전달이 이 두 가지 개념적 조건을 필요로 하는 것은 보다 근본적인 데에 그 이유가 있다. 앞에서 언급한 바와 같이, 그것은 간접전달의 전달내용이 '원칙상 말할 수 없는 것', 칸트의 용어로는 '이념'이라는 점, 그러나 그것을 전달하기 위해서는 언어를 사용할 수밖에 없다는 점에 있다. 말하자면, '간접전달'이라는 특별한 방법을 구사할 수밖에 없는 것은 전달내용이 '원칙상 말할 수 없는 것'이라는 점, 전달자편에서의 복제와 피전달자편에서의 이중반사는

17) 위의 인용문을 이와 같이 해석할 경우, '간접전달은 다음 두 가지 방식 중의 어느 한 가지 방식으로 일어난다'는 인용문의 구절은 '간접전달은 다음 두 가지 조건 중의 어느 한 가지 조건이라도 갖추어지지 않으면 일어나지 않는다'는 의미로 이해되어야 한다.

바로 그 '말할 수 없는 것'을 전달하기 위하여 필수적으로 요청되는 것이다.

현재 학교에서는 수학과 과학으로 대표되는 객관적 지식을 교과로 가르치고 있다. 키에르케고르의 주장대로라면, 수학이나 과학을 가르치는 것은 그것을 배우는 당사자에게 대상에 관한 정보를 알려주기 위한 것일 뿐, 그의 존재의 변화를 일으키기 위한 것은 아니다. 이 주장이 맞다면, 수학이나 과학을 가르쳐서 다양한 정보를 알려주는 목적은 어디에 있다고 보아야 하는가? 이 질문은 '우리의 삶에서 대상에 관한 지식이 가지는 의의는 무엇인가'라는 또다른 질문을 불러일으킨다. 따지고 보면, 객관적 지식에 관한 키에르케고르의 그 특이한 견해는 그의 문제의식에서 비롯된 것이라고 말할 수 있다. 널리 알려진 바와 같이, 그의 문제의식은 '기독교인의 형성'을 위한 전달방법을 정련된 형태로 제시하는 데 있었다. 그가 생각하기에, 그 방법을 제시하기 위해서는 그 방법과 밀접하게 관련된 주관적 지식의 성격을 밝히지 않으면 안되며, 주관적 지식의 성격을 밝히기 위해서는 그것과 대비되는 객관적 지식의 성격을 밝히지 않으면 안된다. 객관적 지식에 관한 그의 특이한 견해는 이 과정에서 형성된 것이다. 그러나 키에르케고르의 논의에서처럼 관심의 초점을 주관적 지식의 성격을 밝히는 데 맞춤으로써 객관적 지식의 성격을 그것과의 대비에 의하여 부수적으로 설명하는 것이 아니라, 처음부터 관심의 초점을 수학이나 과학으로 대표되는 이른바 '객관적 지식'의 성격을 설명하는 데 맞춘다면, 앞 절에서 살펴 본 칸트의 인식론에 나타난 바와 같이, 객관적 지식을 가르치는 목적은 키에르케고르의 주장과는 다르게 규정된다.

칸트에 의하면, 수학이나 과학적 지식으로 대표되는 객관적 지식은 '원칙상 말할 수 없는 것', 즉 이념을 논리적 가정으로 하여 성립한다. 그런 만큼, 수학적 지식이나 과학적 지식을 가르칠 때에는 대상에 관한 이러저러한 지식만 전달하는 것이 아니라 지식 '이외'에 또 다른 것도 전달한다고 보지 않으면 안된다. 그것은, 말할 필요도 없이, '원칙상 말할 수 없는 것', 기신론의 용어로 '진여'이다. 그러므로 수학이나 과학적 지식을 가르칠 때에 교사와 학생은 지식 이외에 그 지식의 논리적 가정인 '원칙상 말할 수 없는 것', 키에르케고르의 용어로 '주관적 지식'을 주고받는다고 보지 않으면 안된다. 그러므로 수학이나 과학적 지식의 전달 역시, 윤리-종교적 지식의 전달과 마찬가지로, 존재의 변화를 일으킬 수 있다고 말해야 마땅하다. 이 점은 대상에 관한 지식의 성립 과정에서의 마음의 작용 양상을 살펴보면 좀더 분명하게 드러난다.

대상에 관한 지식은 마음이 그 바깥에 있는 사물이나 현상을 대면하여 그것을 파악한 결과로 형성된다. 이때의 마음은 그것이 대면하고 있는 사물이나 현상과의 구분에 의하여 성립하는, 대상에 집중된 마음이다. 이 마음은 기신론의 용어로 '생멸심'에 해당한다. 그러나, 마음에 관한 기신론의 설명에 나타나 있는 바와 같이, 마음은 그 마음만으로 이루어진 것이 아니다. 마음에는 그 마음 이외에 마음과 대상의 구분을 비롯하여 일체의 구분이 배제된 '마음 그 자체', 기신론의 용어로 '진여'도 있다. 진여는 대상을 파악하는 데 작용하는 마음에 '논리적 가정'으로 포함되어 있다. 그런 만큼, 마음은 '대상'에 관심을 가짐으로써 대상에 관한 지식을 만들어내는 일을 하는 것과 동시에, 그 결과로 '마음 그 자체'를 되돌아봄으로써 존재의 변화를 일으키는 일을 하기도 한다고 보아야 한다. 거꾸로 말하여, 마음이 '마음 그 자체'를 되돌아봄으로써 존재의 변화를 일으키는 것은 마음이 '대상'에 관심을 가짐으로써 대상에 관한 지식을 만드는 일과 동시에 이루어진다고 보지 않으면 안된다. 그러므로 수학이나 과학적 지식을 배우는 사람은 그 지식을 전달받는 것과 동시에 존재의 변화를 일으키는 것은 물론이요, 더 나아가 수학이나 과학적 지식을 배우지 않고는 존재의 변화를 일으킬 수 없다고 말할 수 있다.

그렇다고 하더라도 교사가 수학이나 과학적 지식을 가르치기만 하면 저절로 반드시 존재의 변화가 일어나는 것은 아니다. 이것은 수학이나 과학적 지식을 가르치는 사태에서 언제나 목격되는 현상이다. 그럴 수밖에 없다. 수학적 지식이나 과학적 지식을 '가르치는' 사태는 수학적 지식이나 과학적 지식의 성격을 '설명하는' 사태와 모든 면에서 동일할 수는 없다.[18] 그러므로

18) 두 가지 사태는 '현상 실현의 사태'와 '현상 설명의 사태'라고 부를 수 있다. 전자가 교육학의 주요 관심의 대상이라면, 후자는 철학의 주요 관심의 대

수학이나 과학을 가르치는 경우에도, 윤리-종교적 지식을 전달하는 경우와 동일한 의미에서의 특별한 방법은 아니라고 하더라도, 전달 방법상의 기본 원리에 입각한 특별한 방법을 필요로 한다고 말할 수 있다. 앞에서 밝혀진 바와 같이, 전달이 피전달자의 존재의 변화를 목적으로 하는 한, 거기에는 피전달자 편에서의 지식 추구의 열정과 전달자 편에서의 열정의 부추김이 수반되지 않으면 안된다. 수학이나 과학의 전달 또한 존재의 변화를 목적으로 하는 만큼 여기서 무엇보다도 중요한 것은 학생이 그것을 열정적으로 추구하도록 그의 자발적인 노력을 불러일으키는 일이다. 이 일은 그 지식을 내면화한 상태에 있거나 적어도 내면화하는 과정에 있는 '살아 있는' 교사를 포함하지 않는 한 불가능하다. 교사가 자신이 내면화한 지식 속에 스스로 '실존'함으로써 어디까지가 교사이고 어디까지가 지식인지를 구분할 수 없을 정도로 그 전달에 개입하지 않는 한, 다시 교사가 자신이 알고 있는 지식은 앞으로 배워야 할 지식에 비하여 지극히 미약하다는 것, 그리하여 지식을 추구하는 일은 끝이 없다는 것을 시범

상이다. 두 사태 사이에는, 비록 '내용'상의 차이가 생기는 것은 아니지만, 언제나 '비대칭 관계'가 성립한다. 다시 말하여, 현상 설명의 사태에서는 심성의 표현과 심성의 획득 사이의 비대칭 관계가 성립하지 않는 반면, 현상 실현의 사태에서는 언제나 심성의 표현과 심성의 획득 사이의 비대칭 관계가 성립하는 것이다. 자세한 내용은 이홍우(2005), '도덕교육의 동양적 전통', 「도덕교육연구」 17(1), 한국도덕교육연구회; 박채형(2003), '주역의 교육과정이론', 서울대학교 박사학위논문 참조.

보이지 않는 한(김광민, 2001), 학생의 자발적인 노력은 불러일으킬 수 없는 것이다. 이상적으로 말하여, 교사는 살아 움직이는 지식 그 자체이다. 교사는 수업에서 표면에 드러난 지식을 말하면서 그와 동시에 그 이면에 들어 있는 '원칙상 말할 수 없는 것'을 자신의 독특한 스타일로 시범보임으로써 학생으로 하여금 전존재를 걸고 그것을 추구하고 또 그것에 비추어 자신의 인간됨을 스스로 되돌아보게 한다(유한구, 2002, p. 203).

사실을 두고 말하자면, 현재 학교에서 교과를 가르치는 교사는 불완전하게나마 이미 케에르케고르가 말한 전달 방법상의 특별한 조치를 총동원하여 그 일을 하고 있다고 보아야 한다. 예컨대, 주어진 개별 사실로부터 학생 스스로 원리를 발견할 수 있도록 다양한 질문을 제기한다거나, 상식적인 견해 이외의 다른 견해도 있다는 것을 알도록 하기 위하여 상식적인 견해를 부정하는 발언을 한다거나, 교과를 학생이 이해할 수 있도록 적절한 용어로 번역하는 등, 교과를 가르치는 동안에 일상적으로 하는 교사의 일체의 행위는 지식 추구에 대한 학생의 열정을 불러일으킴으로써 그로 하여금 지식에 대한 올바른 태도와 가치관을 가지도록 하기 위한 교육 방법상의 특별한 조치라고 말할 수 있다. 교사가 이런 식의 조치를 취하여 교과를 가르치는 것은, 키에르케고르의 논의에서 밝혀진 바와 같이, 교사가 학생보다 상위의 단계에 있으면서도 그 단계를 고스란히 유지한 채 학생과 동일한 단계로 내려오지 않는 한 학생과의 진정한 이해관계를 형성할 수 없다는 데에, 그리하여 교과를 통한 존재의 변화 또한 일으킬 수 없다는 데에 그 이유가 있다. 이렇게 말하고 보면, 현재 학교에서 교과를 가르치는 교사는 누구나 그 일을 하면서, 자신도 모르는 사이에, '원칙상 말할 수 없는 것', 기신론의 용어로 '진여'를 전달한다고 말할 수 있다. 교사의 그 전달은, 오랫동안의 훈습이 서서히 옷감에 냄새를 배게 하듯이, 서서히 학생에게 스며들어 학생의 존재를 보다 온전한 것으로 만들어간다.

이상의 고찰은 키에르케고르의 간접전달에 관한 논의를 바탕으로 하여 '현재 학교에서 이루어지고 있는 교과교육이 기신론의 용어로 "진여"를 실현하도록 하는가'라는 문제를 살펴본 것이다. 이것은, 다시, 교과가 방편으로서의 기능을 발휘하는 데 필요한 조건을 밝히기 위하여 전달의 맥락에서 교과의 성격을 재고찰한 것이다. 이 고찰에 의하면, 학생이 '살아 있는' 교사의 부추김에 힘입어 주체적으로 지식 추구에의 열정을 가지게 되면, 학생은 지식을 추구하는 과정에서 존재의 변화를 가능하게 하는, 지식 이외의 그 무엇—즉, '진여'—을 전달받는다. 그러므로 교과가 방편으로서의 기능을 발휘하기 위해서는 학생의 지식 추구에의 열정과 교사의 지식 추구에의 열정이 필수적으로 요청된다고 말할 수 있다. 물론, 이 두 열정은 모두 교과—보다 정확하게는 교과에 논리적 가정으로 붙박혀 있는 '진여'—를 원천으로 한다. 교과교육의 사태를 이와 같이 교과가 방편으로서의 기능을 발휘하는 사태로 파악할 경우, 학생에게 있어서 교과

교육의 목적은 자신의 존재를 보다 크고 아름답게 만드는 것으로 된다. 이것은 학생이 교과를 배우면서 중점적으로 해야 할 것이, 교사가 가르쳐 준 내용을 그대로 말로 따라한다거나 교사가 바라는 행동을 하는 등, 배운 결과로 나타나기를 바라는 '행동적' 증거를 드러내어 보이는 데에 있는 것이 아니라는 것을 의미한다. 학생이 배운 증거를 행동적으로 드러내 보이지 않더라도 교과를 배움으로써 교과에 대한 동경심을 품고 그것을 바탕으로 지식 추구에의 열정을 가지게 되었다면, 그것으로 학생의 교과 학습은 이미 그 목적을 달성한 것이나 다름없다.[19]

교과를 방편으로서의 지위를 가지는 것으로 파악하는 것은, 교과 학습의 목적에 대해서와 마찬가지로, 교사의 역할에 대해서도 새로운 관점을 가질 것을 요구한다. 표면적으로 볼 때, 교사가 교과를 가르치면서 하는 일은 이미 알고 있는 지식을 학생에게 전달하는 것이다. 그러므로 그 일은 아무리 많이 오랫동안 한다고 하더라도 최소한 교사에게는 어떤 변화도 일으키지 않는

19) 현재 학교 교육과정에서는 '평가'가 중요한 부분을 차지하고 있다. 아니, 평가를 중심으로 교육과정이 운영된다고 말할 수 있을 정도로, 평가는 교육의 핵심적 지위를 차지하고 있다. 그러나 정상적으로 생각할 때, 교육이나 학습은 교과를 가르치고 배우는 일로 한정되어야 마땅하다. 타일러처럼 교육과정을 종합적으로 체계화하는 식의 교육과정 연구가 아니라 브로우디나 피닉스처럼 교육내용의 분석에 관심을 두는 식의 교육과정 연구를 하는 사람이라면, 그는 필시 행동적 증거를 보이는가의 여부로 교육의 결과를 판단하려고 하지 않는 것은 물론이요, 평가 자체를 교육과정에서 제외시킬 것이다. 자세한 내용은 이홍우(1992), 「증보교육과정 탐구」, 박영사, p. 142 참조.

것처럼 보인다. 그러나 교과를 가르쳐 본 사람은 누구나 경험하는 바와 같이, 교사가 교과를 가르치면서 하는 일은 학생이 교과를 배우면서 하는 일과 성격상 다르지 않다. 교사는 교과를 가르치면서 교과 이면의 '사고방식', 즉 '원칙상 말할 수 없는 것'을 재현하기 위하여 자신의 내면 가장 깊숙한 곳까지 파고 들어가 그것을 찾아내고 또 그것을 학생에게 전달 가능한 언어로 번역하는 일을 한다. 물론, 이 일이 가능한 것은 교사가 이미 교과를 자신의 '사고방식'으로 만들었기 때문이다. 그러나 교과가 방편으로서의 지위를 가지는 한, 교과를 자신의 사고방식으로 만드는 일은 한번에 '완성'될 수 있는 것이 아니다. 학생의 지식 추구에의 열정을 불러일으키기 위하여 교과를 학생에게 전달 가능한 언어로 번역한다든가 그것을 다른 교과와 관련지어 설명하는 등의 다양한 활동을 하면서, 교사는 교과 이면의 '원칙상 말할 수 없는 것'을 보다 완성된 형태로 자신의 몸의 일부분으로 만든다. 이것은 학생이 교과를 배움으로써 자신의 존재를 크고 아름답게 만드는 일과 성격상 다르지 않은 것이다.

이렇게 말하고 보면, 현재 학교에서 교과를 가르치는 교사의 모습은 모든 중생을 하나도 빠짐없이 '깨달음의 세계'로 안내하고자 하는 여래의 모습과 조금도 다르지 않은 것으로 된다. 기신론에서는 여래의 모습을 감동적인 언어로 다음과 같이 묘사하고 있다.

여래－'깨달은 자'나 '진여와 하나인 자'－는 원래 수행자들과 똑같은 세상(因地)에 살면서 여러 바라밀을 행한다. 그들은 대자비심을 일으켜 중생을 어루만져 교화하며 대서원(大誓願)을 일으켜 모든 중생을 빠짐없이 건져내고자 한다. 그들의 노력은 과거와 현재, 그리고 미래에 이르기까지 영원토록 계속된다. 그들은 중생을 자신과 동일한 존재로 생각하면서도 그들 자신이 중생과 동일한 존재로 되지는 않는다. 한편으로, 그들은 중생과 그들 자신이 진여와 한 가지로 차이가 없다는 것을 분명히 알고 있다. 그러나 또 한편으로, 그들은 대방편지(大方便智)를 가지고 있어서, 자신의 마음에서 무명을 없애며 진여와 한 몸(法身)이 된다. 그들은 특별한 의식적 노력을 하지 않고도(自然) 신비스러운 행위와 갖가지 훌륭한 기능을 나타낸다. 그들은 진여와 한 가지로 모든 곳에 두루 퍼져 있지만, 그 기능은 특정한 양상으로 파악되지 않는다. 왜냐하면 그들은 다름아닌 '진여의 화신'(法身), '지혜의 화신'(智相之身)이며, 그들이 나타내는 진리는 절대적 진리(第一義諦)로서 세상 사람들이 가지고 있는 상대적 지식의 경지를 벗어나기 때문이다. 그들의 행위는 특별한 의도에 의하여 이루어지는 것이 아니지만, 중생은 각각 자신이 보고 듣는 바에 따라 거기서 이익을 얻는다.

(所謂諸佛如來 本在因地 發大慈悲 修諸波羅蜜 攝化衆生 立大誓願 盡欲度脫 等衆生界 亦不限劫數 盡於未來 以取一切衆生 如己身故 而亦不取 衆生相 此以何義 謂如實知 一切衆生 及與己身 眞如平等 無別異故 以有如是 大方便智 除滅無明 見本法身 自然而有 不思議業 種種之用 卽與眞如 等遍一切處 又亦無有用相可得 何以故 謂諸佛如來 唯是法身 智相之身 第一義諦 無有世諦境界 離於施作 但隨衆生 見聞得益故, 기신론 45)

교사는 한편으로 교과를 내면화한 결과로 자신의 마음속의 무명을 제거하여 '진여와 한 몸'이 된 자, 의식적인 노력을 하지 않고도 '자신도 모르는 사이에' 신비스러운 행위와 갖가지 훌륭한 기능을 발휘하는 자이다. 다시, 최고 수준에서 '마음이 곧 교과'로 된 교사는 머리를 짜내어 효과적인 방법을 고안하지 않더라도 '자신도 모르는 사이에' 말과 몸짓 등 그의 일체의 행동거지를 통하여 학생이 존재의 변화를 일으킬 수 있도록 학생 수준에 맞는 다양한 전달 방법을 구사한다. 그러나 다른 한편으로 교사는, 중생 제도를 위하여 중층의 위층에서 아래층으로 '내려온' 여래와 마찬가지로, 학생을 자신과 동일한 존재로 만들기 위하여 '진여와 한 몸'으로서의 자신의 상태를 고스란히 유지한 채 학생의 위치로 '내려온' 자이다. 다시, 교사는 그 한 측면에 인간으로서의 속성을 그대로 유지하고 있는 실존적 존재이다. 그런 만큼, 교사는 결코 극복할 수 없는 실존적 제약 속에서 슬프게도 위대한 약속을 실현하기 위하여 교과를 가르치는 일을 할 수밖에 없는, 칸트의 표현대로, '기구한 운명'을 타고난 존재이다.

이제, 마지막으로 지금까지의 고찰을 바탕으로 하여, 앞 장에서 미루어 두었던 질문, '간화선에서의 언어 사용 방법이 방편으로서의 기능을 발휘할 수 있는 것은 거기에 어떤 특별한 조건이 갖추어져 있다고 보지 않으면 안되는가'라는 질문에 대답하고자 한다. 앞 장의 설명에 나타난 바와 같이, 간화선은 언어의 일상적 의미를 활용해서는 결코 풀리지 않는 질문—즉, 화두—

을 제기함으로써 수행자로 하여금 깨달음에 이르도록 하는 선종의 수행 방법이다. 이 방법은 언어를 사용하되, 그것의 일상적 의미를 최대한 없애는 방식으로 그것을 사용한다. 물론, 선종에서 언어를 이런 방식으로 사용하는 것은 사람들이 '진여' 또는 '부처'에 관한 이러저런 설명을 듣고 그것을 자신의 몸의 일부분으로 만들지도 못한 채 그것을 자신의 것으로 만들었다는 착각을 하기 때문이다. 이것은 키에르케고르 당시 윤리-종교적 지식을 듣고 그것을 자신의 것으로 만들었다고 착각한 덴마크 사람들의 경우와 마찬가지이다. 이런 상황에서 그들의 견해가 그릇되다는 것을 알리는 유일한 방법은 그들의 견해와 다른 견해를 제시함으로써 그들로 하여금 그들의 견해를 의심하도록 하는 것이다. 예컨대 '부처는 마른 똥막대기'와 같은 종류의 발언이 그것이다.

그러나 이 발언이 방편으로서의 기능을 발휘하는 것은 거기에 특별한 조건이 갖추어져 있을 경우에 한하여 가능하다. 간접전달에 관한 키에르케고르의 논의에 나타난 바와 같이, 수행자의 진리 추구에의 열정과 스승의 진리 추구에의 열정이 한 데 어우러져 혼연일체가 되지 않는 한, 그 발언은 방편으로서의 기능을 발휘할 수 없다. 보다 자세히 말하자면, 간화선에 제시된 화두가 '대의단'(大疑團)을 일으킴으로써 수행자를 깨달음으로 이끄는 것은 스승이 한편으로 경전공부나 참선수행 등을 통하여 열정적으로 진리를 추구하면서, 다른 한편으로 수행자의 진리 추구에의 열정을 불러일으키기 위하여 화두를 제시하되 진리추구에 대한 자신의 열정을 화두에 '겹쳐서' 제시하기 때문이다. 그러나 화두는 특별한 의미를 담고 있지 않다. 키에르케고르의 논의에서 아이러니, 속임수, 부정성 등의 전달 방식이 윤리-종교적 지식을 통하여 '주관적 지식' — 보다 정확하게는 '원칙상 말할 수 없는 것', 칸트의 용어로는 '이념 — 을 전달하기 위한 전달 방법상의 특별한 조치로서 그 의미를 가지는 것과 마찬가지로, 화두는 그 자체로 의미를 가지는 것이 아니라 경전의 문자를 영혼의 문자로 만드는 데 그 의미가 있다고 말할 수 있다.

여기에 비하여, 교과는 그 지식에 담겨진 표면의 의미는 물론이요 그 이면에 그것의 논리적 가정인 '진여'도 포함하고 있다. 그런 만큼, 교과와 더불어 진여를 전달하려는 교과교육은, 화두를 제시함으로서 깨달음에 이르도록 하는 간화선에 비하여, 진여를 전달하는 보다 안전한 방법이라고 말할 수 있다. 말하자면, 교과는 원칙상 말할 수 있는 것을 언어로 설명한 것인 만큼, 그 언어에 담겨진 의미를 충실하게 전달하는 것만으로도 그 이면에 논리적 가정으로 포함된 진여 — '원칙상 말할 수 없는 것' — 를 전달할 수 있는 것이다. 이 점에서 교과교육은 해당 교과의 의미를 있는 그대로 되살려 정상적으로 전달하는 것만으로도 그 전달의 목적을 충분히 달성한다고 말할 수 있다. 그러나 윤리-종교적 지식은 교과의 지식 이면에 담겨진 그 논리적 가정 — '원칙상 말할 수 없는 것' — 을 언어로 설명함으로써 그것을 직접 전달하려는 시도이다. 그런 만큼, 윤리-종교적 지식은 '화두'라든가 '속임수' 등의 특별한 기법을 사용함으로써 언어로 표현된 윤리-종교적 지식을 간접적인 것으로 만들지 않는 한 전달자나 피전달자로 하여금 '원칙상 말할 수 없는 것'을 자신의 것으로 만들지도 못한 채 자신의 것으로 만들었다는 착각에 빠지도록 할 위험이 높다. 이 점에서 윤리-종교적 지식은 전달방법상의 특별한 기법을 동원하지 않는 한 그 전달의 목적을 달성할 수 없다고 말할 수 있다.[20)]

---

20) 위의 설명에서처럼 간접전달을 언설을 통하여 '원칙상 말할 수 없는 것'을 전달하는 사태로 규정할 경우, 윤리-종교적 지식은 그것의 전달문제를 계기로 하여 간접전달을 본격적인 논의 주제로 부각시킨 것이 사실이지만 간접전달의 전형적인 사례라고 말하기는 어렵다. 간접전달을 그것의 기본 취지로 이해한다면, 오히려 교과를 가르치는 사태가 간접전달의 전형적인 사례에 해당한다고 말할 수 있다.

제5장 요약 및 결론

이 연구의 목적은 '교과가 방편으로서의 지위를 가질 수 있는가'라는 질문에 긍정적인 대답을 함으로써 방편을 중심으로 전개되는 불교수행론이 그대로 교과교육론이 될 수 있다는 점을 밝히는 데에 있다. 그러나 교과교육은 개념의 전달을 핵심적 활동으로 삼는 데에 비하여 방편을 활용하여 마음을 진여로 만드는 불교수행은 개념을 떠나는 것을 주요 목적으로 삼는다. 다시, 교과교육은 개념을 떠나서는 활동 그 자체가 성립 불가능한데 비하여 불교수행은 개념을 떠나는 것을 활동의 주요 목적으로 삼는다. 이 점에서 불교수행론이 그대로 교과교육론으로 되는 것은 도저히 불가능할 것처럼 보인다. 그러므로 이 연구의 목적을 달성하기 위해서는, 한편으로 불교수행은 어떻게 개념을 떠나 마음을 진여에 이르도록 하는지를, 그리고 다른 한편으로 교과교육은 개념을 가르쳐서 무슨 목적을 달성하려고 하는지를 밝히지 않으면 안된다. 그리고 이 두 가지 문제를 해결하기 위해서는 불교수행에 필수적으로 요청되는 '방편의 의미'와 교과교육의 핵심적 지위를 차지하는 '교과의 성격'을 자세히 고찰하지 않으면 안된다.

방편은 불교 이론체계 내에서 고립된 외톨이 개념으로 논의될 수 있는 것이 아니다. 방편은 불교 이론 전체를 수행의 맥락에서 종합적으로 포괄하는 불교의 핵심 개념이다. 불교의 이론 전체와 관련하여 방편의 의미를 밝히기 위해서는 두 가지 질문에 대답할 필요가 있다. 첫째 질문은 '무엇이 방편이 될 수 있는가, 방편으로서의 기능을 발휘하는 것에는 어떤 것들이 있는가'라는 것이다. 이 질문은 방편을 방편으로 성립시키는 데 필요한 방편의 '개념적 조건'을 밝힐 것을 요구한다. 둘째 질문은 '어째서 그것이 방편이 되는가, 방편이 방편으로서의 기능을 발휘하는 데에는 어떤 조건이 필요한가'라는 것이다. 이것은 방편의 본래적 의미를 최대한 발휘하도록 하는 데 필수적으로 요청되는 방편의 '경험적 조건'을 밝힐 것을 요구한다.

앞의 제3장 논의에서 밝혀진 바와 같이, 첫째 질문은 불교 이론 전체에서 핵심적 지위를 차지하는 기신론의 마음관에 비추어 대답되지 않으면 안된다. 기신론에 의하면, '마음은 하나이지만 그것은 진여와 생멸심이라는 두 개의 상이한 측면에서 파악될 수 있다. 이 두 측면은 그 각각이 "총체"로서, 각각 일체의 사물과 현상을 포괄한다. 이것은 곧 이 두 측면이 오직 개념상으로만 구분될 뿐, 각각이 별도로 존재하는 것이 아니라는 것을 의미한다'(기신론 10). 마음에 관한 기신론의 이 규정은 '마음의 중층구조'라고 불리는, 마음을 보는 특이한 사고방식과 정확하게 일치한다. 여기서 말하는 '마음의 중층구조'라는 것은 마음과 대상의 구분을 포함하여 일체의 구분이 배제된 위층과, 마음과 대상의 구분 또는 대상 상호 간의 구분이 존재하는 아래층이 동일하지도 상이하지도 않은 관계로 연결되어 있다고 보는 사고방식 또는 사고모형을 가리킨다.

중층구조의 위층－기신론의 용어로는 '진여'－은, 중층구조의 아래층－기신론의 용어로는 '생멸심'－을 의미있게 설명하기 위해서는 있다고 보지 않으면 안되는, 생멸심의 '논리적 가정'이다. 그러나 생멸심의 의미를 설명하기 위하여 논리적으로 가정되는 진여는 말 그대로 '논리적 가정'에 불과한 것이 아니라 생멸심에 대하여 끊임없이 영향력을 발휘하는 생멸심의 기준이며, 오랜 수행의 결과로 획득되는 살아 움직이는 생멸심의 이상(理想)이다. 기신론의 표현대로 진여는 '생멸심을 낳는'(生一切法), 생멸심의 '논리적 원인'인 것이다. 진여가 생멸심에 대하여 기준이나 이상(理想)으로서의 역할을 수행할 수 있는 것은 그것이 '말로 형용할 수도, 이름을 붙일 수도, 생각을 품을 수도 없는 것', '변화를 겪는 일도 송두리째 파괴되는 일도 없는', '일체의 구분이 배제된 절대의 세계'(기신론 11), 한 마디로 생멸심과 차원을 달리하여 존재하는 '아무것도 아닌 것'이라는 특징을 가진다는 데에 있다. 그러나 진여는 이러한 특징을 가지는 한 스스로 자신의 존재를 표현하거나 실현하는 일을 할 수 없다. 진여가 그 존재를 표현하거나 실현하기 위해서는 그 표현이나 실현을 가능하게 하는 매체를 불가피하게 요청하며, 방편은 다른 것이 아니라 바로 그 진여를 표현하는 매체를 가리킨다. 말하자면, 방편은 진여를 표현하거나 실현하는 일을 가능하게 하는 일체의 사물과 현상을 가리키는 것이다.

기신론에 의하면, '진여는 [진여]자체상과 [진여]용으로 표현된다'(기신론 7). 그러므로 방편은 진여자체상과 진여용의 구분을 따라 크게 두 가지로 나누어진다. 여래(如來)가 말 그대로 '진여'(眞如)에서 '온'(來) 자, 비유적으로 말하여 중층의 위층에서 아래층으로 내려'온' 자를 가리키는 만큼, 진여자체상과 진여용은 다른 것이 아니라 진여가 '억지로' 몸을 부여받아 중층의 아래층에 나타난 '여래의 마음'과 '여래의 행적'을 가리킨다. '마음의 운동'에 관한 기신론의 설명에 의하면, 인간의 마음이 진여로 향하게 되는 것은 여래의 마음과 여래의 행적이 각각 '내적 원인'과 '외적 계기'로 작용하는 경우이다. 이와는 정반대로, 중생의 마음과 중생의 행적이 각각 '내적 원인'과 '외적 계기'로 작용할 경우에 인간의 마음은 진여에서 멀어지게 된다. 그러나 여래의 마음은 중생의 마음과 다른 것이 아니라 수행의 결과로 가지게 되는 수행의 이상(理想) 또는 기준을 가리키며, 여래의 행적은 중생의 행적과 다른 것이 아니라 수행의 결과로 가지게 되는 중생의 마음이 발휘하는 갖가지 신비한 행위와 훌륭한 기능을 가리킨다.

기신론에서 수행의 방법으로 열거한 시문(施門), 계문(戒門), 인문(忍門), 진문(進門)(이하, 전4문前四門)은 여래가 자신도 모르는 사이에 그 마음을 드러내는 여래의 행적이며, 중생은 그 여래의 행적을 '모방'함으로써 자신도 모르는 사이에 그 속에 포함된 여래의 마음을 자신의 것으로 만든다. 물론, 이 수행에 활용되는 방편은 '진여용', 다른 말로 '여래의 행적'과 관련된다. 마음에 관한 기신론의 설명에 비추어 볼 때, 기신론에 언급된 수행오문(修行五門) 중에서 여래의 행적과 관련된 수행 방법으로는 전4문을 손꼽을 수 있지만, 여래가 그 마음을 드러내는 것은 전4문에 한정된다고 말할 수 없다. 여래는 일상의 삶 어디에서나 한도 끝도 없이 다양한 방식으로 그 마음을 드러낸다. 여래는 '때로는 가족이나 부모나 친척, 때로는 하인, 때로는 친구, 때로는 원수의 모습, 때로는 이른바 "네 가지 교육적 자세"로 나타난다'(기신론 40). 이 점에서 일상의 삶에서 경험하는 '세상의 모든 좋은 것', 일상의 삶에서 반드시 지키도록 되어 있고 또 다소간 지키고 있는 '사회적 규범'은 여래가 자신도 모르는 사이에 그 마음을 드러내는 여래의 행적이라고 말할 수 있다. 인간은 '사회적 규범'을 지키면서, 그리고 '세상의 모든 좋은 것'을 경험하면서 자신도 모르는 사이에 여래의 마음을 가지게 된다. 그런 만큼, 수행은 결코 일상의 삶과 별도로 이루어지는 것이 아니다. 수행은 일상의 삶이 올바른 형식을 갖출 때 전형적으로 나타나는 삶의 모습을 가리키는 것이다. 그럴 수밖에 없다. 불교의 사고방식에 의하면, 고(苦)로부터의 해탈은 고(苦)로서의 삶을 발판으로 하여 달성될 수밖에 없는 것이다.

그러나 기신론에서는 전4문 이외에 지관문이라는 별도의 수행 방법을 제시한다. 전4문이 진여의 두 가지 표현 중의 한 가지 표현인 진여용과 관련하여 방편을 활용하는 수행 방법이라면, 지관문 수행은 진여의 또다른 표현인 진여자체상과 관련하여 방편을 활용하는 수행 방법이다. 앞에서 언급한 바와 같이, 진여자체상은 중생이 수행한 결과로 가지게 된 여래의 마음을 가리킨다. 그러나 중생의 마음이든 여래의 마음이든, 마음은 원칙상 눈으로 확인할 수 있는 것이 아니며, 그런 만큼 진여자체상은 중생의 행적이나 여래의 행적처럼 진여의 표현이라고 말하기 어렵다. 그럼에도 불구하고 기신론에서는 진여자체상을 진여의 표현이라고 주장하면서 그것과 관련된 수행 방법으로 지관문 수행을 언급한다. 게다가, 수행은 결코 일상의 삶과 별도로 이루어지는 것이 아니다. 수행은 일상의 삶을 발판으로 하지 않는 한 실천 그 자체가 불가능하다. 그럼에도 불구하고 일상의 삶을 발판으로 하여 이루어지는 전4문 이외에 그것과는 전혀 다른 종류의 지관문 수행을 제시하는 것은, 오직 삶과 머릿속으로만 구분되는 수행을 삶에서 따로 떼어내어 별도의 시공간에서 실천하는, 명백히 형식논리상의 오류로 간주되는 '추상의 오류'를 저지르는 것이다. 그 오류를 무릅쓰고 기신론에서 지관문 수행을 별도의 수행 방법으로 제시하는 데에는 그럴 만한 이유가 있다고 보지 않으면 안된다. 이 점을 이해하기 위해서는 지관문 수행이 정확하게 무엇을 의미하는지를 밝힐 필요가 있다.

'진여와 생멸심의 관계'에 관한 기신론의 설명에 비추어 볼 때, 지관문 수행은 '진여에 대한 믿음'이라는 결과가 예고된 '현상에의 통찰' 행위이거나, 반대로 '현상에의 통찰'을 기반으로 한 '진여에 대한 믿음' 행위로 규정된다. 진여에 대한 믿음을 수반하지 않는 '현상에 대한 통찰' 행위이거나 '현상에 대한 통찰'을 기반으로 하지 않는 '진여에 대한 믿음'은 정의상 지관문 수행이 될 수 없는 것이다. 이 점에서 지관문 수행은, 전4문이 여래의 행적－'진여용'－을 모방함으로써 간접적으로 마음을 진여로 향하도록 하는 수행 방법인 것과는 달리, 여래의 마음－'진여자체상'－을 본받아 마음을 직접 진여로 만드는 수행 방법이라고 말할 수 있다.[1)] 그러나 지관문 수행이 이와 같이 규정된다고

1) 이렇게 말하고 보면, 기신론에서는 인류의 위대한 사상가라면 누구나 하는 말을 불교의 수행과 관련하여 설명한 셈이 된다. 자세한 설명을 필요로 하는 말이지만 간단하게 말하자면, 인류의 위대한 사상가들은 모두 인간을, '몸'과 '마음'이라는 2중구조를 가진 존재로 파악한 후 인간의 올바른 삶을 그 2중구조와 관련하여 설명한다. 그 설명에 의하면, 인간이 올바른 삶을 살기 위하여 해야 할 일은 '몸'과 '마음'의 관계를 파악하는 방식에 따라 다르게 나타난다. '마음'에 비하여 '몸'을 중요시하는 입장에서는 몸과 관련된 활동이 올바른 삶을 사는 데 보다 중요한 역할을 수행한다고 주장하며, 이와는 반대로 '몸'에 비하여 '마음'을 중요시하는 입장에서는 '마음'과 관련된 활동이 올바른 삶을 사는 데 보다 중요한 역할을 수행한다고 주장한다. 한비자가 전자에 해당하는 대표적인 사상가라면, 성리학자는 후자에 해당하는 대표적인 사상가이다(지정민, 2003). 여기에 비하여 기신론에서는 '몸'과 '마

하더라도 '지관문 수행이 어떻게 마음을 진여로 향하도록 하는지', 그리고 '지관문 수행을 하려면 구체적으로 무슨 일을 어떻게 해야 하는지'에 대해서는 별도의 고찰을 통하여 밝혀지지 않으면 안된다. 그러나 불교의 이론 체계 안에서 이 문제의 해결의 실마리를 찾는 일은 그리 쉽지 않은 것처럼 보인다.

방편의 의미를 밝히기 위해서는 둘째로 '방편은 어째서 방편으로서의 기능을 발휘할 수 있는가, 다시 방편이 방편으로서의 기능을 발휘하는 데에는 어떤 조건이 필요한가'라는 질문에 대답할 필요가 있다. 방편은 방편답게 사용할 경우에 방편으로서의 기능을 최대한 발휘할 수 있는 만큼, 다시, 진여를 표현하는 일체의 사물과 현상은 그것에 특별한 조건을 보태어 사용할 때 비로소 방편으로서의 기능을 발휘할 수 있는 만큼, 방편의 의미를 밝히기 위해서는 방편의 개념적 조건과는 별도로 방편의 경험적 조건을 추가로 밝히지 않으면 안된다. 물론, 이 경험적 조건은 방편의 개념에서 필연적으로 도출된 조건이다. 진여의 두 가지 표현 방식에 따라 불교 수행 방법이 각각 다르게 설명되는 것과 마찬가지로, 각각의 수행 방법에 활용되는 방편의 경험적 조건 또한 두 가지로 나누어져 각각 다르게 설명된다. '행동'과 '언

음'이 모두 올바른 삶을 사는 데 중요한 역할을 수행한다고 말한다. 다만, 올바른 삶을 사는 데 몸과 관련된 활동이 보다 온전한 역할을 수행하기 위해서는 마음과 관련된 활동의 도움을 필요로 할 뿐이다. 이것은 교육이론에서 '행위를 통한 교육' 이외에 '교과를 통한 교육'을 교육의 주요 경로로 취급할 수밖에 없는 것과 동일한 이치이다.

설'이 바로 그것이다. 물론, 행동을 통하여 깨달음에 이르는 경우가 종종 목격되는 만큼, 행동이 방편으로서의 지위를 가진다는 사실에 대해서는 누구도 의심할 수 없다. 예컨대 부처님의 10대 제자 중의 지계제일(持戒第一)로 알려진 우바리의 행동이나 두타제일(頭陀第一)로 알려진 마하가섭의 행동이 그 좋은 사례이다. 그러나 '행동은 어째서 방편으로서의 효력을 발휘할 수 있는가'에 대해서는 '마음이 깨달음에 이를 준비를 이미 갖추고 있어서'라는 식의 대답 이외에 또다른 대답을 할 수 있을 것처럼 보이지 않는다.

이와는 달리, 언설은 원칙상 '의미'—'원칙상 말할 수 없는 것'—의 방편인 만큼, 언설이 방편으로서의 효력을 발휘할 수 있도록 하는 그 경험적 조건에 대해서는 별도의 설명을 할 수 있을 것처럼 보인다. 그러나 불교의 이론 체계 안에서는 그 조건을 밝히기 어렵다. 그것을 밝히기 위해서는 불교의 이론 체계가 아닌 다른 논의의 도움을 받지 않으면 안된다. 교과교육은 언설을 핵심으로 하는 인간 활동이다. 언어에 관한 이해가 없는 한, 교과교육에 대한 이해는 불가능하다. 이것은 언어의 한계와 그 극복 방안에 관한 문제가 교육학 논의에서 핵심적 지위를 차지할 수밖에 없다는 것을 의미한다. 그러므로 이 연구의 핵심 질문인 '교과는 방편으로서의 지위를 가질 수 있는가'라는 질문을 단서로 하여 전개되는 교과교육에 대한 고찰은 지관문 수행과 관련하여 제기되는 질문—즉, '지관문 수행을 하려면 구체적으로 무슨 일을 해야 하는지', '그 지관문 수행이 어떻게 마음을 진여로 향하도록 하는지', '언설은 어째서 방편으로서의 기능을 발휘하는지' 등등의 질문 - 에 대답하기 위하여 요청되는 것이라고 말할 수도 있다.

교과는 방편으로서의 지위를 가질 수 있는가? 이 질문에 긍정적인 대답을 하기 위해서는 교과가 성격상 진여의 표현이라는 점, 그리고 교과가 방편으로서의 효력을 발휘하기 위해서는 거기에 특별한 조건을 갖추어 가르치지 않으면 안된다는 점이 밝혀져야 한다. 전자가 교과의 성격 또는 교과의 개념적 지위를 고찰하는 것이라면, 후자는 전달의 맥락에서 그것을 다시 고찰하는 것이다. 이 두 가지 고찰은 각각 교과의 개념적 지위와 교과의 전달 방법을 밝히는 것이라는 점에서 서로 구분된다. 그러나 기신론에서 말하는 '법'(法)과 '의'(義)와 마찬가지로, 교과의 전달 방법은 교과의 개념적 지위에서 필연적으로 도출되며, 교과의 개념적 지위는 그것을 가르치는 실천을 통하여 또는 전달 방법에 의하여 드러난다는 점에서, 두 가지 고찰은 각각 별개의 문제라고 말하기 어렵다.

앞의 제4장 논의에서 고찰한 바와 같이, 교과가 진여의 표현이라는 점을 밝히기 위해서는 칸트의 인식론을 살펴볼 필요가 있다. 칸트에 의하면, 인식은 감각, 이해, 이성이라는 세 가지 수준으로 구분된다. 세 수준의 인식은 모두 '내용'과 '형식'의 결합으로 이루어진다. 감각 수준의 인식은 '시간과 공간'이라는 형식을, 감감기관을 통하여 받아들인 '감각자료'라는 내용에 적용함으로써 '직관'이라는 결과를 만들어낸다. 이해 수준의 인식은 '범주'라는 형식을, '직관'이라는 내용에 적용함으로서 '개념'을 만들어낸다. 이성 수준의 인식 또한, 그것이 감각이나 이해 수준의 인식과 마찬가지로 인식능력을 가리키는 것인 한, 감각이나 이해 수준의 인식과 동일한 방식으로 설명되어야 마땅하다. 세 가지 인식이 수준의 차이를 나타내는 만큼, 두 수준의 인식에 관한 칸트의 설명과 동일한 방식으로 이성 수준의 인식을 설명하자면, 그것은 '이념'이라는 형식을 '개념'에 적용하여 모종의 결과를 낳는다는 식으로 진술되어야 하는 것이다. 그러나 칸트는 이성 수준의 인식에 관하여 '이성은 개념에 관계한다'는 식의 말만 할 뿐, 이념이 개념에 관계한 결과에 대해서는 앞의 두 수준의 인식에서처럼 명시적으로 언급하지 않는다. 그러므로 이성 수준의 인식의 결과를 알기 위해서는 두 수준의 인식에 관한 칸트의 설명을 재해석할 필요가 있다.

칸트는 두 수준의 형식으로 지목된 '시간과 공간', 그리고 '범주'가 언어로 열거할 수 있는, 구체적인 내용을 가진 그 무엇으로 설명하지만, 그것은 인식을 분석적으로 이해하기 위한 불가피한 조치일 뿐이다. 두 수준의 형식은 경험적 인식이 성립하기 위하여 그 전제로서 반드시 있다고 보지 않으면 안되는, 그것의 '논리적 가정'을 가리킨다. 그것이 '인식 이전'에 속하는 것인 한, 그것은 인식과 더불어 성립하는, 주체와 대상의 구분을 비롯하여 일체의 구분을 포함하고 있지 않다는 것을 의미한다. 두 수준의 형식이 이런 특징을 가지고 있다면, 이성 수준의 형식 또한, 그것이 '형식'인 한, 이와 동일한 특성을 가지고 있다고 보지 않으면 안된다. 이 점에서 '시간과 공간', '범주', '이념'은 모두 주체와 대상의 구분을 비롯하여 일체의 구분을 포함하지 않는 '아무 것도 아닌 것' 또는 '원칙상 말할 수 없는 것'으로서, 인식론적 지위에 있어서는 진여와 동일한 실체를 가리킨다고 말할 수 있다. 다만, 이성이 인식의 단계상 최상위에 위치한 만큼, 이념이 모든 단계의 형식을 대표한다고 말할 수 있다.

경험적 인식을 설명하기 위하여 '논리적 가정'으로 있다고 보지 않으면 안되는 이념은, 생멸심에 대하여 진여가 가지고 있는 지위와 마찬가지로, 그냥 '논리적 가정'에 불과한 것이 아니라 개념에 대하여 끊임없이 영향력을 발휘하면서 개념을 만들어내는 '구성적 작용'을 하는 것은 물론이요 그 개념으로 하여금 자신을 지향하도록 하는 '규제적 작용'을 한다. 칸트에 의하면, 이념은 개념에 의하여 도달할 수 없는 '가상의 초점'에 불과하지만, 개념으로 하여금 '최대한의 통일성'과 '최대한의 확장'을 성취하도록 한다. 이념은 개념을 낳는 그것의 '논리적 원인'인 것이다. 그러므로 이성 수준의 인식에서 이념이 개념에 관계한 결과로 만들어지는 것은 개념이라고 말할 수밖에 없다.

그러나 분명히 말하여, 칸트가 감각이나 이해 수준의 인식과는 별도로, 이성 수준의 인식이 있다고 주장한 것은 이성의 한계를 밝힘으로써 '그 한계 너머의 것이 인간에게 중요하다는 것, 그것이 없이는 한계 안쪽이 의미를 가질 수 없다는 것을 보여주기 위한 것일 뿐'(이홍우, 2004, p. 82), 그 인식이 개념을 만들어낸다는 식의 주장을 하기 위한 것이 아니다. 칸트는 이해는 개념을 낳지만, 이성은 단지 '무제약자'를 추구할 뿐 그것에 관한 인식을 낳을 수 없다고 주장한다. 그런 만큼, 이성 수준의 인식에서 '이념이 개념에 관계'한 결과를 알아내기 위해서는, '개념의 성립'에 초점을 맞추어 개념과 이념의 관계를 살펴보는 것과는 별도로, '이념의 실현'에 초점을 맞추어 개념과 이념의 관계를 살펴볼 필요가 있다. 그러나 불행하게도 예리한 독자가 아니라면 칸트의 인식론에서 이념의 실현에 관한 설명을 찾아보기는 쉽지 않다. 다만, 칸트와 동일한 사고방식 – 이성의 한계 너머의 것에 대한 관심 – 을 그와는 반대편에서 드러내 보인 유식철학의 마음관에 비추어 볼 때, 이념 – 기신론의 용어로는 '진여' – 은 개념을 통하지 않는 한 실현할 방법이 없다. 진여는 개념에 의하여 인식될 수는 없지만, 개념을 통하지 않고는 실현될 수 없는 것이다. 개념은 이념을 실현하는 유일한 방편이다.

학교에서 가르치는 교과는 개념으로 이루어져 있다. 그런 만큼, 교과는 이념(진여)에 이르는 방편으로서의 지위를 가진다고 말할 수 있다. 게다가, 수학이나 과학적 지식에 나타나 있는 바와 같이, 교과의 대부분을 차지하고 있는 이론적 지식은 현상에 대한 통찰을 핵심적 관심사로 하여 형성된 것이다. 그리하여 교과를 가르치는 활동 – 즉, '교과교육' – 은 의미상 지관문 수행과 동일한 활동이라고 말할 수 있다. 교과교육과 지관문 수행은 모두 '진여에의 직관'이 예고된 '현상에 대한 통찰' 행위로 규정될 수 있으며, 따라서 교과를 배우는 것은 지관문 수행과 다르지 않은 것이다. 아니, 그 이상으로 교과를 배우는 것은 지관문 수행의 전형적 형태를 보여준다고 말할 수 있다. 그러므로 지관문 수행이 어떻게 마음을 진여로 만드는지를 이해하기 위해서는 교과를 배우면서 마음이 진여로 향하는 과정을 살펴볼 필요가 있다. 이것은 교과의 성격을 전달의 사태에서 재고찰함으로써 교과가 방편으로서의 기능을 발휘하기 위하여 갖추어야 할 그것의 경험적 조건을 밝힐 것을 요구한다. 이 문제를 해결하기 위해서는 간접전달에 관한 키에르케고르의 논의를 살펴볼 필요가 있다.

키에르케고르 논의에서 간접전달이 요청되는 것은 전달내용이 '실존'으로서의 인간 존재라는 점과 밀접하게 관련된다. 키에르케고르에 의하면, 인간은 실존적 존재로서 '무한과 유한, 영원과 시간이라는 서로 모순되는 두 요소의 종합'으로 규정된다. '무한과 영원' 그리고 '유한과 시간'이 서로 모순되는 두 요소임에도 불구하고 인간 존재 안에 하나로 종합될 수 있는 것은 두 요소가 동일한 차원에 속하지 않기 때문이다. 실존적 존재로서의 인간은 한편으로 '무한과 영원', 다른 한편으로 '유한과 시간'으로 대표되는 두 개의 층으로 이루어진 존재이다. 여기서 '무한과 영원'이라는 것은 끊임없는 추구의 대상이지만 결코 도달할 수 없는 것, 그리하여 인간에게 언제나 미지의 대상으로 남아있는 그 무엇이다. 이렇게 말하고 보면, 실존적 존재로서의 인간은 기신론의 마음관이나 칸트의 인식론에서처럼 중층구조의 사고방식을 전형적으로 예시한다고 말할 수 있다.

앞의 논의에서 드러난 바와 같이, 중층구조의 위층에 속하는 진여나 이념은 '원칙상 말할 수 없는 것'이다. 그것을 표현하거나 실현하기 위해서는 그것을 가능하게 하는 매체를 불가피하게 요청하며, 방편은 다른 것이 아니라 바로 그것을 표현하거나 실현하는 매체를 가리킨다. 이와 꼭 마찬가지로, 실존의 한 측면을 이루는 '무한과 영원'을 전달하기 위해서는 반드시 그것을 표현하는 매체를 필요로 한다. 키에르케고르에게 있어서 윤리-종교적 지식은 '원칙상 말할 수 없는 것'을 전달하기 위하여 그것을 '직접' 언어로 설명해 놓은 것이다. 그런 만큼, 그 언어적 설명을 듣는 피전달자나 그 설명을 하는 전달자는 그것을 자신의 것으로 삼지 못한 채 자신의 것으로 만들었다는 착각에 빠질 위험이 높다. 그리하여 전달자는 언어로 '직접' 설명해 놓은 '원칙상 말할 수 없는 것'을 다시 '간접'적인 것으로 만들 필요가 있는 것이다. 전달자가 구사한 아이로니, 속임수, 부정성 등은 언어로 직접 설명한 내용을 무효화함으로써, 또는 간접적인 것으로 만듦으로써, 피전달자로 하여금 전존재를 걸고 열정적으로 '원칙상 말할 수 없는' 그것을 선택하도록 하기 위한 전달 방법상의 특별 조치이다. '2중반사'는 이때 일어나는 피전달자편에서의 심리과정을 설명한다. 그러나 전달자편에서의 '복제'가 일어나지 않는 한 피전달자편에서의 2중반사는 일어나지 않는다.

복제는 1차적으로 전달자가 전달내용을 열정적으로 내면화하여 존재의 변화가 일어난 상태를 가리킨다. 이 상태에서 전달자는 자신이 내면화한 전달내용 속에 스스로 '실존'함으로써 전달내용과 한 덩어리가 되어 어디까지가 전달내용이고 어디까지가 전달자인지를 구분할 수 없는 상태로 된다. 피전달자는 존재 자체가 전달내용으로 된 전달자의 일거수일투족을 보면서 그것을 자신의 것으로 복제한다. 이것이 2차적인 의미에서의 복제이다. 말하자면, 전달은 '전달자에 의한 전달내용의 복제'와 '피전달자에 의한 전달자 존재의 복제'라는 2중의 복제에 의하여 성립하는 것이다. 그러므로 간접전달이 일어나기 위해서는 전달자가 전달의 필수적 요소로 포함되지 않으면 안되는 것이다. 그러나 이 경우에 전달자는 피전달자보다 위계상 상위의 단계에 있으면서도 그 단계를 고스란히 유지한 채 피전달자의 단계로 내려와 피전달자와 동일하게 전달내용을 열정적으로 추구하는 '파라독스적 존재'로 되지 않으면 안된다.

이상의 고찰을 종합해 볼 때, 키에르케고르 논의에서 간접전달이 요청되는 핵심적 이유는 전달하고자 하는 내용이 '원칙상 말할 수 없는 것'이라는 데, 그러나 그것을 전달하기 위해서는 불가피하게 언설을 사용할 수밖에 없다는 데에 있다. 칸트 인식론의 도움을 받아 알게 된 바와 같이, 교과 또한 마음이 '원칙상 말할 수 없는 것', 기신론의 용어로는 '진여'로 향하도록 하기 위한 그것의 방편이다. 그런 만큼, 교사는 교과를 가르치면서 자신도 모르는 사이에 표면에 드러난 지식 '이외'에 그 이면에 논리적 가정으로 포함된 '원칙상 말할 수 없는 것'－칸트의 용어로는 '이념'－도 더불어 전달한다. 그러나 교과가 논리적 가정으로 '진여'를 포함한다고 하더라도 교과를 교과답게 가르치지 않는 한, 교과는 방편으로서의 효력을 발휘하기 어렵다. 교과가 방편으로서의 효력을 발휘하기 위해서는 윤리-종교적 지식을 전달하는 경우와 동일한 의미에서의 특별한 방법은 아니라고 하더라도 전달 방법상의 노력을 필요로 하지 않는 것은 아니다. 교과교육이 지식의 전달 이상으로 존재의 변화를 목적으로 하는 한 거기에는, 윤리-종교적 지식의 전달의 경우와 마찬가지로, 학생의 지식 추구에의 열정이 필수적으로 요청된다. 그러나 지식을 내면화한 상태에 있거나 열정적으로 내면화하는 과정 중에 있는 교사가 없는 한, 다시 교사가 자신이 알고 있는 지식은 앞으로 배워야 할 지식에 비하여 지극히 미약하다는 것, 그리하여 지식을 추구하는 일은 끝이 없다는 것을 시범보이지 않는 한, 또다시 교사가 자신이 내면화한 지식 속에 실존함으로써 어디까지가 교사이고 어디까지가 지식인지를 구분할 수 없을 정도로 그 전달에 개입하지 않는 한, 학생의 지식 추구에의 열정은 불러일으킬 수 없다.

사실을 두고 말하자면, 교사는 교과를 가르치면서 불완전하게나마 이미 키에르케고르가 말한 전달 방법상의 특별한 조치를 총동원하여 그 일을 하고 있다고 보아야 한다. 학생 스스로 원리를 발견하도록 다양한 질문을 제기한다거나, 상식적인 견해 이외에 다른 견해도 있다는 것을 알리기 위하여 상식적인 견해를 부정하는 발언을 한다거나, 교과의 언어를 학생이 이해할 수 있도록 적절한 용어로 번역하는 일 등등이 그것이다. 교사가 교과를 가르치면서 이런 종류의 기법을 사용하는 이유는, 키에르케고르의 설명대로, 교사가 파라독스적 존재로 되지 않는 한 학생의 지식 추구에의 열정을 불러일으킬 수 없다는 데에, 그리하여 그의 존재의 변화를 일으킬 수 없다는 데에 있다. 이렇게 말하고 보면, 교사와 학생은 모두, 대부분 이론적 지식으로 이루어진 교과를 가르치고 배우면서 자신도 모르는 사이에, 오랫동안의 훈습이 서서히 옷감에 냄새를 배게 하듯이, 그 존재를 서서히 변화시키고 있는 것으로 된다.

학교는 교사와 학생이 전적으로 이 일만을 할 수 있도록 그들을 일상의 삶에서 따로 떼어내어 격리시킨 장소이다(김안중, 1995; 김승호, 2003). 학교는 일상의 삶에서 벗어나서 교과만을 가르치고 배우도록 하기 위하여 만들어진 특별한 장소인 것이다. 이렇게 말하고 보면 교과를 가르치는 일은, 오직 일상의 삶과 머릿속으로만 구분되는 수행을 일상의 삶에서 따로 떼어내어 별도의 시공간에서 실천하도록 한 지관문 수행과 마찬가지로, 명백히 형식논리상의 오류로 간주되는 '추상의 오류'를 저지르는 셈이다. 교과를 가르치는 일이 지관문 수행의 전형적 형태를 예시하는 한, 그럴 수밖에 없다. 문제는 인류는 어째서 추상의 오류를 무릅쓰고 학교라는 별도의 시공간을 마련하여 교과를 가르칠 수밖에 없는가 하는 점이다.

이 문제는 유식철학의 마음관에 비추어 볼 때 비교적 쉽게 해결된다. 인간은 일상의 삶을 영위하기 위해서는 눈앞에 보이는 사물과 현상에 관한 이해와 지식을 추구하지 않을 수 없다. 그러나 이때의 이해는 일상의 삶을 영위하는 데 '필요'한 것으로 한정되는 만큼, 대상에 관한 '있는 그대로'의 이해가 아니라 인간의 욕구를 핵심적 관심사로 하여 이루어지는, 대상에 관한 '부분'적 이해에 머물 뿐이다. 유식철학에서는 일상의 삶 속에서 이루어지는 이해가 필요와 욕구를 핵심적 관심사로 하여 이루어질 수밖에 없다는 점을 설명하기 위하여 말라식을 마음의 한 부분으로 포함시킨다. 앞의 제4장에서 살펴본 바와 같이, 유식철학에서 말라식은 표층식에서부터 진여로의 이행이나 진여에서부터 표층식으로의 이행을 순조롭게 하기도 하고 가로막기도 하는 이기심을 가리킨다. 만약 이기심을 개입시키지 않음으로써 욕망과 집착이 생기지 않는다면, 대상에 관한 이해는 왜곡됨 없이 진여를 실현하고 진여는 인식으로 표현될 것이다. 그러므로 이기심으로부터 진여를 보호하기 위해서는 추상의 오류라는 오명을 쓰더라도 불가피하게 '학교'라는 특별한 장소를 만들어 교과를 가르칠 수밖에 없는 것이다.

또는, 보다 적극적으로 말하여, 교과가 방편으로서의 지위를 가진다는 점을 고려할 때 추상의 오류를 저지르지 않는 한, 교과를 가르치는 일은 원칙상 불가능하다고 말할 수 있다. 교과가 방편으로서의 지위를 가진다면, 교과는 결코 교과 바깥의 무엇인가를 위한 수단으로서 중요성을 가지는 것이 아니라 그 자체로서 중요성을 가진다는 것을 의미한다. 특정 사물은 일상적으로는 그 사물 '바깥'의 목적 달성에 공헌한다는 점에서 그 가치가 인정된다. 일상의 삶에서 인간의 활동과 관련된 일체의 사물과 현상은 거의 대부분 수단-목적 관계에 의하여 그 가치가 설명되는 것이다. 그러나 교과는 그 '안'에 논리적 가정으로 붙박혀 있는 진여를 실현한다는 점에서 그 가치가 설명된다. 진여는 결코 수단-목적 관계에서의 목적처럼 외적 결과로 나타나는 것이 아니며, 그런 만큼 교과의 가치 또한 외적 결과에 의하여 측정될 수 없다. 그리하여 학생이 교과를 배운 결과는 몇 마디 말이나 시험문제에 정답을 맞추는 방식으로는 완전히 표현될 수 있는 것이 아니다. 그뿐만 아니라, 비록 시험문제에 정답을 맞추지 못했다고 하더라도 교과에 대한 동경이 생겼다면 그것으로 학생의 교과 학습의 목적은 달성된 것이나 다름없다. 그리하여 초등학교에 갓 입학한 학생도 진여를 실현했다고 말할 수 있는 것이다. 그러나 교과가 방편으로서의 지위를 가지는 한, 교과를 가르치고 배우는 일은 원칙상 '완성'이라는 것이 있을 수 없다. 교과의 이러한 특성으로 인하여 교사는 학생보다 교과를 먼저 배운 사람임에도 불구하고 학생에게 교과를 가르치는 그 순간에도 학생과 마찬가지로 끊임없이 교과를 학습할 수밖에 없는 것이다.

그러나 위의 설명에서처럼 교과의 가치를 교과 안에 포함된 진여에 의하여 설명하는 정당화 논의 방식은 수단-목적 관계에 의하여 사물의 가치를 설명하는 정당화 논의 방식에서 볼 때 명백히 오류로 지적되는 '순환론의 오류'를 저지르는 것이다. 추상의 오류가 삶과 머릿속으로만 구분될 뿐인 수행을, 삶과 분리하여 별도의 시공간에서 실천하도록 하는 데에서 발생하는 오류 ―즉, 삶에서의 수행(교과교육)의 위치를 파악하는 방식에서 발생하는 오류―를 가리킨다면, 순환론의 오류는 교과의 가치를 파악하는 방식에서 발생하는 오류를 가리킨다(이홍우, 2005, p. 17). 메타프락시스는 명백히 오류로 지적된 이 순환론의 오류를 철학적으로 정당화하는 담론 형식이다. 메타프락시스는 메타피직스와의 구분에 입각하여 종교적 담론 형식의 성격을 밝히기 위하여 사용된 용어이다(Kasulis, 1992, pp. 173~184; Schroeder, 2001, pp. 5~6). 메타프락시스와 메타피직스는, 메타피직스가 '존재', '실재', '세계'에 관한 설명을 핵심 주제로 취급하는 담론 형식이라면 메타프락시스는 '실천'을 핵심 주제로 취급하는 담론 형식으로 구분된다. 그러나 문제는 '메타프락시스가 실천을 핵심 주제로 취급하는 담론 형식'이라는 것이 무엇을 의미하는가 하는 점이다.

이 문제를 해결하기 위해서는 메타피직스와 메타프락시스

에 모두 사용된 '메타'라는 단어가 '한 차원 높인'이라는 의미를 가진다는 점에 주목할 필요가 있다. 이 경우에 메타피직스가 이론을 한 차원 높인 이론을 의미하는 '이론의 이론'으로 규정되는 데에 비하여, 메타프락시스는 실천을 한 차원 높인 실천을 의미하는 '실천의 실천'으로 규정된다. 여기서 '이론의 이론'이라는 것이 수행과 무관하게, 또는 수행을 하기 이전에, 수행이 도달해야 할 세계의 완전한 모습을 설명하는 담론 형식을 의미한다면, '실천의 실천'이라는 것은 수행이라는 실천 행위 그 자체가 수행이 도달해야 할 세계 – 즉, 진여 – 를 정당화하는 담론 형식을 의미한다(이홍우, 2005, p. 20). 물론, 그것이 도달해야 할 세계를 정당화하는 것으로서의 수행은 그것이 도달해야 할 세계의 표현, 즉 방편을 활용하는 실천으로 규정되어야 한다. 그리하여 메타프락시스는, 수행은 그것의 무차별적 원인인 진여의 표현을 활용하는 실천이라는 점과, 진여는 그 실천에 의하여 그 의의와 정당성이 확립된다는 두 가지 요소 아이디어로 구성된다.

방편은 메타프락시스적 개념이다(Schroeder, 2001, p. 7). 방편은 메타프락시스적 개념인 한 메타프락시스를 규정하는 위의 두 가지 요소 아이디어를 포함하고 있어야 한다. 사실상, 제3장의 설명에 나타난 바와 같이, 방편이라는 하나의 개념에 의하여, 수행은 진여를 표현하거나 실현하는 일을 가능하게 하는 일체의 사물과 현상 – 즉, 방편 – 을 활용하는 실천이라는 점과, 진여는 방편을 활용하는 바로 그 수행을 실천에 옮기지 않고는 그 의

의와 정당성을 확립할 수 없다는 점이 설명된다. 이와 마찬가지로 교과라는 하나의 개념에 의하여, 교과교육은 이념, 즉 진여를 적용하는 행위임에 못지않게 진여를 확립하는 행위임이 설명된다. 그러므로 방편을 중심으로 전개되는 불교수행론과 교과를 중심으로 전개되는 교과교육론은 담론 형식으로서의 메타프락시스의 전형적 형태를 보여준다고 말할 수 있다. 말하자면, 불교수행에서의 방편과 교육에서의 교과 사이에는 단순히 양자가 모두 진여에 이르는 데에 동원되는 내용 또는 경로가 된다는 형식적 유사성 이상으로, 양자가 불교수행과 교과교육을 동일한 이론체계로 설명할 수 있게 해준다는 실질적 동일성이 확인되는 것이다.

그럴 수밖에 없다. 불교수행과 교과교육을 통하여 도달하고자 하는 진여는 실천이 아니고는 결코 그 존재를 확인할 수도, 확립할 수도 없는 '원칙상 말할 수 없는' 삶의 기준이다. 진여는 수행을 하기 전에 또는 교과교육을 받기 전에는 결코 그 가치를 알 수 없는 것, 반대로 수행의 결과에 의하여 또는 교과교육의 결과에 의하여 비로소 그 가치를 알게 되는 그런 것이다. 그런 만큼, 불교수행이나 교과교육의 가치는 그것을 실천에 옮기기 전에 알 수 없는 것은 물론이요 교육을 받는 도중에 의식될 가능성도 매우 희박하다. 불교수행이나 교과교육이 '추상의 오류'를 저지를 수밖에 없는 이유는 바로 여기에 있다. 불교수행과 교과교육은 삶 속에서 눈에 보이지 않게 그것이 올바른 형식을 갖추도록 이끄는 삶의 기준인 만큼, 그 가치의 중요성을 부각시키기 위해서는 인위적으로 일상의 삶과 떨어진 한적한 장소를 만들어 그것을 실천하지 않는 한-즉, 추상의 오류를 저지르지 않는 한-긴박하게 일어나는 일상의 문제 사태에 휩쓸려 그 가치를 실현할 방법도, 그리하여 그 가치를 인정받을 방법도 없어지게 되는 것이다.

그러나 불교수행의 경우는 차치하더라도, 일상의 삶과 떨어진 한적한 장소에서 교과를 가르치는 것은, 이상의 고찰에서 드러난 바와 같이, 삶에서 교과교육이 차지하는 위치로 말미암아 취할 수밖에 없는 불가피한 조치라는 점 이상으로, 교과는 종교에서처럼 개인을 초월한 그 무엇을 믿고 존중하는 경우에 한하여 교과답게 가르쳐질 수 있다는 점에 그 원인이 있다고 말하는 편이 보다 정확할지 모른다. 앞의 제2장에서 살펴본 바와 같이, 교과 이면에 논리적 가정으로 붙박혀 있는 진여는 교과의 표면을 이루는 지식과 모든 면에서 정반대의 특징을 가지고 있다. 교과의 표면을 이루는 지식은 마음이 눈앞에 보이는 사물과 현상에 '고문을 가하여' 자신이 바라는 것을 얻어낸 결과로 형성된다. 이 지식을 얻기 위하여 마음은 사물과 현상을 대상으로 하여 탐색하고 검사하며, 비교하고 분석하며, 추상하고 종합하는 등등 매우 적극적인 사고 활동을 전개한다. 이와는 정반대로, 교과의 이면에 붙박혀 있는 진여는 대상과의 무구분을 특징으로 하는 마음을 가리키는 만큼 결코 눈앞에 보이는 사물과 현상을 대상으로 하여 적극적인 사고 활동을 전개할 수 없다. 적극적인 사고 활동과 대비시켜 설명하자면, 진여는, 만약 작용한다면, 적극적인 사고 활동 밑바닥에서 드러나지 않게, 눈에 보이는 것을 그대로 받아들이는 식의 '노력없는 인식'을 전개한다. 피이퍼에 의하면, 적극적인 사고 활동의 결과로서의 지식이 인간의 영역에 속하는 것이라면, 노력없는 인식의 결과로서의 진여는 인간의 영역을 벗어난 '신의 영역'에 속한다(Pieper, 2005, p. 13). 물론, 진여에 도달하기 위해서는 적극적인 사고 활동이 필수적으로 요청되지만, 적극적인 사고 활동을 전개한다고 하여 반드시 진여에 도달하는 것은 아니다. 피이퍼의 말대로 진여는 '신(神)의 은사(恩賜)'로 주어지는 것이다.

신의 은사를 받으려면, 인간은 특별한 정신적 태도를 갖추지 않으면 안된다. 피이퍼는 본래적 의미에서의 '여가'가 그 특별한 정신적 태도를 뜻한다고 설명한다.

> 여가는 마음가짐이요 정신적 태도입니다. 여가는 단순히 외적 요인의 결과, 다시 말하여 남는 시간, 휴일, 주말, 휴가 등등 때문에 억지로 떠맡게 되는 것이 아닙니다. 여가는 무엇보다도 정신적 태도요 영혼의 상태이며, 따라서 그것은... 일의 세 가지 측면, 즉 '활동', '수고', '사회적 기능' 각각이나 그 모두의 면에서 '노동자'가 추구하는 이상과 완전히 반대됩니다(p. 35).
>
> 여가는 침묵의 한 형태, 말하자면 실재를 감지하는 데에 전제 조건이 되는 그런 침묵입니다. 여기서 말하는 침묵은 '입을 다물고 있는 것'도 '소리를 내지 않는 것'도 아닙니다. 그것은, 어

> 느 편인가하면, 실재에 '응답하는' 영혼의 힘이 산만하게 흐트러지지 않은 상태에 있다는 것을 의미합니다. 여가는 수용적 자세와 관조의 태도이며, 창조된 세계 전체에 몰입하게 하는 계기일 뿐만 아니라 그 능력입니다(p. 36).

현대적 의미에서의 여가는 일상의 삶에서 언제나 일어나는 '일'을 하고 난 다음에 남은 시간을 뜻한다. 그러나 본래적 의미에서의 여가는 '그 자신의 존재에 묵묵히 복종하는 것'(p. 36), '모든 것을 있는 그대로 받아들이는 정신태도'(p. 37)를 뜻한다. 이 태도는 순수학문, 즉 '교과'를 배운 결과로 형성되지만, 거꾸로 '실재에 응답하는 영혼의 힘이 산만하게 흐트러지지 않은 상태' ―즉, '여가'―에 있지 않는 한, 교과를 배우는 일은 원칙상 불가능하다. 그리하여 실재에 응답하는 영혼의 힘이 흐트러지지 않도록 하기 위해서는 학교가 번잡한 도회지에서 떨어진 한적한 장소에 마련되는 것은 말할 것도 없고, 더 나아가 플라톤의 아카데메이아에서는 구성원 중의 한 명을 명시적으로 지명하여 종교 의식을 거행하는 제도적 장치를 마련하기도 한다. 이 점은 조선시대 교육기관에서도 확인된다. 예컨대 서원을 번잡한 도시나 읍내보다는 자연속의 한적한 장소에 세우거나(우용제, 1999, p. 26), 성균관이나 향교에 문묘(文廟)를 설치하고 성현(聖賢)에게 향사(享祀)함으로써 그곳을 신성한 장소로 승화시키는 것(박종배, 2003, pp. 58~59) 등이 그것이다. 물론, 이 말을 하는 것은 현재 학교에서도 아카데메이아나 서원을 본받아 이런 제도적 장치를 마련해야 한다는 주장을 하기 위한 것이 아니다. 다만, '학교'는 신성숭배를 위하여 별도로 예비해 놓은 신전(神殿)처럼 교과를 가르치기 위하여 일상의 삶으로부터 인위적으로 따로 떼어 놓은 '특별한 장소'라는 점, 현재 학교에서 가르치고 있는 '교과'에는 신의 은총으로 주어지지 않는 한 결코 자신의 것으로 만들 수 없는, '신(神)의 고귀한 선물'이 감추어져 있다는 점, 교과를 가르치는 '교사'는 신을 대신하여 신의 뜻을 전달하는 사제처럼 그 신의 선물을 전달하는 '신의 대행자'라는 점 - 이것을 상기하고 싶을 뿐이다.

참고문헌

1. 대승기신론 번역 및 주석서

김탄허(1982), 「기신론」, 교림.

오고산(1977), 「대승기신론강의」, 보연각.

오진탁(1992), 「감산의 기신론 풀이」, 서광사.

원순(2003), 「큰믿음을 일으키는 글」, 法供養.

은정희(1991), 「대승기신론소별기」, 일지사.

이기영(2004), 「대승기신론강의 상, 하」, 한국불교연구원.

이홍우(2006), 「대승기신론통석」, 김영사.

전종식(2001), 「대승기신론정해」, 대승기신론연구회.

可藤豊文(2005), 김세곤(역), 「명상의 심리학」, 양서원.

高振農(2000), 「大乘起信論校釋」, 中華書局.

Hakeda, Yoshito S.(1967), *The Awakening of Faith,* Columbia University.

Richard, Timothy(1961), *The Awakening of Faith,* Charles Skilton.

Suzuki, D. T.(1990), *Aśvaghosha's Discourse on the Awakening of Faith in the Mahāyāna,* Open Court Publishing Company.

2. 불교사상 및 철학 관련 문헌

「景德傳燈錄」

「雜阿含經」

「長阿含經」

「增一阿含經」
강혜원(1985), '북종선에 있어서의 방편', 「한국불교학」 제10집, 한국불교학회.
______(2000), '선종사에서의 간화선의 위치', 「보조사상」 13집, 보조사상연구원.
고익진(1982), '원효의 화엄사상', 불교문화연구소(편), 「한국화엄사상연구」, 동국대학교 출판부.
______(1989), 「한국고대불교사상사」, 동국대학교 출판부.
______(2002), '원효의 「기신론소별기」를 통해 본 진속원융무애관과 그 성립이론', 고영섭(편저), 「원효」, 예문서원.
교육원불학연구소(편저)(2005), 「수행법 연구」, 조계종출판사.
권오민(2004), 「인도철학과 불교」, 민족사.
길희성(1984), 「인도철학사」, 민음사.
김동화(1984), 「불교학개론」, 보연각.
김재길(1989), '대승기신론의 一心사상 연구', 고려대학교 석사학위 논문.
김정빈(1999), 「근본불교의 가르침: 사제 팔정도를 중심으로」, 불광출판부.
김종욱(2002), 「용수와 칸트」, 운주사.
김준호(2000), '초기경전에 나타난 지관개념', 「한국선학」 1호, 한국선학회.
김진(2000), 「칸트와 불교」, 철학과 현실사.
김형준(2000), '原始禪의 본질 및 그 수습구조에 관한 一考', 「불교학연구」 창간호, 불교학연구.
박성규(2004), '주자철학에서의 귀신론', 서울대학교 박사학위 논문.
박성배(2002), '원효사상 전개의 문제점', 고영섭(편저), 「원효」, 예문서원.
박태원(1994), 「대승기신론사상연구(1)」, 민족사.
배관성(2001), '대승불교의 방편사상 연구', 동국대학교 석사학위 논문.
빅쿠 붇드하빠-라(2000), 「불교수행의 이론과 실제」, 근본불교학교출판사.
오지섭(1986), '대승기신론의 진여훈습론에 대한 연구', 서강대학교 석사학위 논문.
오지연(1999), 「천태지관이란 무엇인가」, 연기사.

윤원철(2000), '한국불교의 수행전통과 그 현대적 의미', 「동양철학연구」 23, 한국동양철학연구회.

은정희(2002), '원효의 삼세, 아려야식설의 창안', 고영섭(편저), 「원효」, 예문서원.

이중표(2002), 「근본불교」, 민족사.

이평래(1987), '여래장설과 원효', 「원효연구논총」, 국토통일원.

인경(2001), '초기불교에서의 지관과 四禪', 「보조사상」 16집, 보조사상연구원.

임승택(2001), '사띠(sati)의 의미와 쓰임에 관한 고찰', 「보조사상」 16집, 보조사상연구원.

임승택(2001), '초기불교의 경전에 나타난 사마타빠싸나', 「인도철학」 제11집, 인도철학회.

전재성(역)(2002), 「맛지마니까야」 제1권, 한국빠알리성전협회.

전종식(1993), 「대승기신론정해」, 대승기신론연구회.

정성본(2000), 「선의 역사와 사상」, 불교시대사.

정승석(2004), 「100문 100답」, 민족사.

정진홍(2001), 「종교문화의 논리」, 서울대학교 출판사.

조은수(1986), '대승기신론에 있어서의 깨달음의 구조', 서울대학교 석사학위 논문.

조준호(2000), '초기불교에 있어 지관의 문제', 「한국선학」 1호, 한국선학회.

______(2001), 'Vipassanā의 인식론적 근거', 「보조사상」 16집, 보조사상연구원.

청허휴정(2003), 박재양 · 배규범(역), 「선가귀감」, 예문서원.

최유진(1988), '원효의 화쟁사상 연구', 서울대학교 박사학위 논문.

한자경(2003), 「불교 철학의 전개」, 예문서원.

홍성기(1994), '용수의 연기설 해석과 부정의 의미', 「철학」 제42권 1호, 한국철학회.

鈴木大拙(1999), 「禪問答と悟り」, 鈴木大拙禪選集, 新裝版, 제2권(제3

쇄), 동경: 春秋社, 서명석 · 김종구(역), 「가르침과 배움과 현상학」, 경서원.

柳田聖山(1992), 추만호·안영길(역), 「선의 사상과 역사」, 민족사.

子安宣邦(2006), 「귀신론」, 이승연(역), 「귀신론」, 역사비평사.

增谷文雄(1993), 이원섭(역), 「아함경 이야기」, 현암사.

太田久紀(1983), 정병조(역), 「불교의 심층심리」, 현암사.

Conze, E.(1990), '불교철학에 대한 사이비 유사성들', 김종욱(편역), 「불교사상과 서양철학」, 민족사.

Daigan and Alicia Matsunaga(1974), 'The Concept of Upāya in Mahāyāna Buddhist Philosophy', *Japanese Journal of Religious Studies* 1(1).

Kalupahana, David(1976), *Buddhist Philosophy: A Historical Analysis,* University of Hawaii.

Kasulis, Thomas P.(1992), 'Philosophy as Metapraxis', F. Reynolds and D. Tracy(eds.), *Discourse and Practice,* SUNY.

Lahula, Walpola(2002), *What the Buddhist Taught and Noble Eightfold Path,* 전재성(역), 「붓다의 가르침과 팔정도」, 한국빠알리성전협회.

Murti, T. R. V.(1958), *The Central Philosophy of Buddhism: A Study of the Mādhyamika System,* George Allen & Unwin.

Pieper, J.(2005), 이홍우·이미종(역), 「여가」, 미출판 간행물.

Pye, Michael(2003), *Skilful Means: A concept in Mahayana Buddhism,* Routledge.

Schroeder, J. W.(2001), *Skillful Means: The Heart of Buddhist Compassion,* University of Hawaii.

Yu, David C.(1974), 'Skill-in-means and the Buddhism of Tao-sheng: A Study of a Chinese reaction to Mahāyāna of the fifth centory', *Philosophy East and West* 24(4).

3. 칸트 및 키에르케고르 관련 문헌

김종두(2002), 「실존사상과 현대인의 자아이해」, 엠-애드.

박재문(2000), '칸트윤리학의 비판적 검토: 도덕형이상학원론을 중심으로', 「도덕교육연구」 12(2), 한국도덕교육연구회.
신춘호(2005), '교육이론으로서의 칸트 철학: 판단력 비판 해석', 서울대학교 박사학위 논문.
______(2005), '칸트윤리학에 비추어 본 도덕과 교육의 성격', 「도덕교육연구」 17(1), 한국도덕교육연구회.
이영문(1987), '키에르케고르의 주관적 지식과 도덕교육', 서울대학교 석사학위 논문.
이홍우(2004), 「교과의 선험적 차원」, 미간행 강의록.
임병덕(1987), '키에르케고르의 간접전달의 교육학적 의의', 서울대학교 석사학위 논문.
______(2001), '키에르케고르와 왕양명: 교육원리로서의 주관성', 「도덕교육연구」 13(1), 한국도덕교육연구회.
______(2003), 「키에르케고르의 간접전달」, 성경재.
장발보(2003), '판단에 의한 자연과 자유의 연결: 칸트철학의 교육학적 해석', 서울대학교 석사학위 논문.
정혜진(2004), '칸트 철학과의 관련에서 본 프뢰벨의 교과이론', 서울대학교 박사학위 논문.
한자경(2005), 「칸트 철학에의 초대」, 서광사.
황종관(2004), '칸트윤리학의 도덕교육적 함의: 도덕성의 형식으로서의 자유', 「도덕교육연구」 16(1), 한국도덕교육연구회.
Copleston, F.(1986), History of Philosophy, Vol., 6, 임재진(역), 「칸트」, 중원문화신서 인문·사회과학 시리즈, 중원문화.
Kant, Immauel(1972), *Critique of Pure Reason,* 최재희(역), 「순수이성비판」, 박영사.
______(1963), *Critique of Pure Reason,* trans. N. K. Smith, London: Macmillan.
Kierkegaard, S.(1941), *Concluding Unscientific Postscript to the Philosophical Fragments,* trans. by Swenson, D and Lowrie, W., Princeton: Princeton University Press. (CUP)
______(2004), *Training in Christianity,* trans. by Lowrie, W., Princeton:

Princeton University Press, 1970. (TC)

Körner, S., *Kant,* Penguin.

Manheimer, R.(2003), *Kierkegaard's Educator,* Berkeley: University of California Press, 1977, 이홍우, 임병덕(역), 「키에르케고르의 교육이론」, 교육과학사.

4. 교육이론 관련 문헌

강현영(2003), '불교사상을 통해서 본 수학교육의 정신도야적 가치: 대승기신론을 중심으로', 서울대학교 석사학위 논문.

구리나(2004), '마음의 중층구조에 비추어 본 이해의 개념: 부버와 대승기신론', 서울대학교 석사학위 논문.

김광민(2001), '교과교육에서의 교사의 위치: 인성교육에 주는 시사', 「도덕교육연구」 13(2), 한국도덕교육연구회.

______(2004), 「지눌의 교육이론」, 교육과정철학총서8, 성경재.

김남희(2002), '법화경의 방편에 관한 교육학적 해석', 서울대학교 석사학위 논문.

김승호(2003), 「스콜라주의 교육목적론」, 교육과정철학총서7, 성경재.

김안중(1995), '학교의 본질: 오늘날 학교의 기능은 그 본질에 충실한가?', 「교육학 연구」 33(4), 한국교육학회.

노영실(2006), '주희 귀신론의 교육학적 해석: 교육의 종교적 차원', 충북대학교 박사학위 논문.

민경환(1995), '불교의 교화방편에 대한 교육학적 고찰', 「한국불교학」 제20집, 한국불교학회.

박종덕(2004), '교육이론으로서의 심법', 서울대학교 박사학위 논문.

박종배(2003), '조선시대 학교의례 연구', 서울대학교 박사학위 논문.

박채형(2003), 「주역의 교육과정이론」, 교육과정철학총서11, 성경재.

서동명(2005), '불교 수행방법으로서의 간화선의 도덕교육적 의미', 한국교원대학교 석사학위 논문.

엄태동(1998), 「교육적 인식론 탐구」, 교육과학사.

우용제(1999), 「조선후기 교육개혁론 연구」, 교육과학사.

유한구(2002), 「교과이론과 교과정책」, 성경재.

이승은(2003), '대승기신론에 나타난 개념적 사고의 교육학적 의의', 서울대학교 석사학위 논문.

이홍우(1992), 「증보교육과정탐구」, 박영사.

______(2001), 「방편과 심성」, 미간행 강의록.

______(2005), '도덕교육의 동양적 전통', 「도덕교육연구」 17(1), 한국도덕교육연구회.

이홍우, 유한구, 장성모(공저)(2002), 「교육과정이론」, 교육과학사.

지정민(2003), 「한비자의 도덕교육이론」, 교육과정철학총서13, 성경재.

한상원(2000), '여래와 교사: 대승기신론의 교육학적 의미', 서울대학교 석사학위 논문.

Boyd, William(1994), *The History of Western Education,* 이홍우, 박재문, 유한구(역), 「서양교육사」, 교육과학사.

찾아보기

→는 관련을 표시하며, ↔는 대립을 표시한다.

인명

주제

저자약력

이 미 종

서울교육대학교 초등교육과(교육학사)
한국고전번역원 부설 고전번역교육원(연수부 졸업)
건국대학교 일반대학원 철학과 동양철학전공(문학석사, 박사수료)
서울대학교 대학원 교육학과(교육학 석사, 박사)

주요논문

'방편개념에 비추어 본 도덕의 기초'
'대승기신론의 연구 동향에 관한 한 해석: 교육의 종교적 측면'
'심성함양의 방법적 원리로서의 불교수행론'
'균여의 생애사를 통해 본 고려초기교육 서설'

불교수행과 교과교육

2010년 7월 20일 1판 1쇄 인쇄
2010년 7월 25일 1판 1쇄 발행

저 자 : 이 미 종
펴낸이 : 김 동 규
펴낸곳 : 교육과학사

저자와의 협의하에 인지생략

경기도 파주시 교하읍 문발리
파주출판문화정보산업단지 514-5
전화 (031) 955-6956~8 / 팩스 (031) 955-6037
Home-page : www.kyoyookbook.co.kr
E-mail : kyoyook@chol.com
등록 : 1970년 5월 18일 제2-73호

낙장·파본은 교환해 드립니다.
Printed in Korea.

정가 10,000원
ISBN 978-89-254-0400-4